中国
新城市

迈向现代化的
创新转型和突破

澎湃新闻　编

学林出版社

新城市与中国的新未来

序言 | PREFACE

作为移动互联网时代诞生的优秀时政思想类媒体平台，澎湃新闻总是能洞见时代发展的大势，并以"原创新闻报道 + 冷静思想分析"的方式，做出媒体应有的反映。这部结集而成，体现中国区域经济、城市发展最新变化的《中国新城市：迈向现代化的创新转型和突破》就是一例。

2017 年 5 月，来自"一带一路"沿线的 20 国青年曾把高铁、扫码支付、共享单车、网购评为中国的"新四大发明"。我自己也常常思考，中国最重要的发展成果是什么。

总括来说，经济快速发展和社会长期稳定是中国的两大奇迹。而这两大奇迹最重要的结合点，在我看来就是城镇化。城镇化与工业化的结合，催生了中国制造、外向型加工工业的崛起，带动了有就业依托的非农化的持续转移。这一城镇化的历史进程，总体上是非常扎实、牢固和稳定的。

这场人类历史上最大规模的城市化进程，使中国人的生活也发生了深刻改变。1978 年中国只有 1.7 亿人在城镇居住，2022 年已有 9.2 亿人在城镇常驻，城镇居民的受教育年限和预期寿命也大大提高，整个民族的文明福祉有了长足提升。

诺贝尔经济学奖得主约瑟夫·斯蒂格利茨（Joseph Eugene Stiglitz）

曾经预言："21世纪对世界影响最大的两件事，一是美国的高科技产业，二是中国的城镇化。"他对中国城镇化的评价是准确的。我们已经看到，中国的一些现代化大都市圈，如长三角、大湾区，正在成为世界级的经济、科创增长极。中国的城镇化不仅在影响中国，也将影响世界，这在未来的十年二十年将表现得更加清晰。

产业发展与城镇化的互动，是中国城镇化演进的基本动力。从产业角度看，我们大致经历了劳动密集型的乡镇企业和轻工业主导的城镇化，资本密集型的重工业主导的城镇化，以及服务业主导的城镇化。从空间形态看，则大致经历了小城镇建设异军突起和新城市大量设立的阶段，功能区建设如火如荼的阶段，综合功能的新城新区建设不断深化的阶段，现代化都市圈内集约互动的阶段。现在，我们又看到了城市更新和城市创新的时代的到来。

而在整个城镇化演进中，对外开放、人口流动、政府和市场的关系、产业竞争力、治理现代化、城镇的社会资本和软实力建设等，始终是决定城镇命运的重要变量。城镇与城镇之间的竞争，既有政绩导向的驱动，也有以人为本、"远者来，近者悦"的追求，都使得中国的城镇充满了变化、变革与创新活力。

我本人也做过一些区域和城市的调研，澎湃新闻这本书中的不少地方也是我曾经的采访对象。最近这些年，我看到一个重要变化，就是各地政府对于产业发展采取了更加主动的态度，有了更多的战略牵引。这主要是因为在百年未有之大变局下，政府在事关国家产业安全和产业链稳定方面必须有更多的"有为之治"，同时也是因为过去那种比较自然主义的产业发展模式本身也遇到了许多挑战。在这种情况下，城市需要把"国之大者"的战略自觉与产业自觉，市场化法治化国际化营商环境的营造，更好地结合在一起。这也对城市的高质量发展提出了新的要求。

与此同时，我们也必须看到城镇化发展也在遭遇比过去更多的约束条件，如老龄化、总人口减少、人口流出、经济增速放缓导致存量经济的占比越来越大、"房地产＋基建"的边际投入效益递减，等等。因此今天城市的发展，也要防止缺少内涵有机发展的规模增长，缺少核心竞争能力的产业重复建设，而要因地制宜，因城施策，加大开放，深化改革，通过人才、资本等创新要素的集聚，实现产业突破，优化服务功能，于变局中开新局，以有限的"物理空间"催生活力无限的"化学反应"。

我在地方调研中还发现，社会资本的重要性日益凸显。所谓社会资本，就是能让社会成员产生信任的软性资本，主要体现为人与人之间的交往机制更为可信，法人与法人之间的交易成本更低，经济社会中的顾客意识、服务意识、规则意识、契约意识更强。有些在基层工作的朋友觉得社会资本这个概念不太好理解，我曾经从外来投资者的角度给他们提出过几条建议：一是接待外来投资者时喝酒自愿，不劝酒；二是对外来投资者的承诺要算数，合同要兑现；三是政府从上到下，部门从左到右，还有从政府到社会，方方面面的文明程度要对齐；四是要让外来投资者有充分的、全方位的安全感。我感觉，一个地方的社会资本的发育程度，要比招商引资政策的优惠程度更重要。

一位美国专栏作家曾经写道，公元前2000年时世界最重要的城市是伊拉克的乌尔，公元前1500年时是埃及的底比斯，公元前1000年时没有哪个城市可以称雄，不过有人会提到黎巴嫩的西顿；然后是公元前500年时波斯的波斯波利斯，公元元年时的罗马，公元500年时的中国西安，公元1000年时的中国开封，公元1500年可能是意大利的佛罗伦萨，公元2000年则是纽约……

在21世纪，世界最重要的城市和城市群是哪些？在哪里？如果在中国，是哪些？还要多久才能实现？我深信一些中国城市和城市群正走在这样的路上，也希望有更多的《中国新城市》去记载这条路上的探索与创新，光荣与梦想。

人文财经观察家、中国商业文明研究中心联席主任

2023年2月

圈群城市进行时

锚定高质量发展

转型升级探新路

大交通推动大发展

人才是第一资源

打造特色城市名片

圈群城市
进行时

以都市圈为增长极，
促进长三角一体化高质量发展

2022 年 3 月，《中共中央　国务院关于加快建设全国统一大市场的意见》发布。在建设全国统一大市场和实现经济高质量发展的过程中，长三角城市群应起到标杆性的作用。其中，我认为最为重要的抓手就是围绕几个核心大城市，打造现代化都市圈，形成高质量发展的新的增长极。

在集聚中走向平衡的高质量发展格局

当前中国已经形成了规模大小不等的城市群"抱团取暖"的发展格局，在每一个城市群内部，也已经形成了中心城市向外辐射的发展格局。

在长三角城市群内部，围绕中心城市，也已初步形成了上海、南京、杭州、合肥四大都市圈。第七次全国人口普查显示，长三角城市群内部出现了人口向上海、南京、杭州和合肥等中心城市及周边地区，以及沿海和沿长江地区集中的态势。

在人口集聚的过程中，不必过于担心区域发展的不平衡。事实上，江苏、浙江、安徽省内均出现了城市间人均 GDP 差距不断缩小的良好态势，而且不同城市之间呈现出差异化发展的格局。

在新的发展阶段，通过统一市场建设发挥规模经济效应变得越来越重要。制造业内部，产业的规模化驱使产业链上下游企业在城市群内集聚，同时，服务业和制造业之间也出现深度融合的趋势。城市群整体的制造业越强，中心城市的服务业在城市群发展中的引领功能越强，中心城市服务业在自身 GDP 中的比重不断提升。

在上述经济规律驱动下，长三角的不同城市间已经呈现出分工深化、优势互补、梯度发展的格局。上海、南京、杭州、合肥等中心城市生产性服务业赋能于自身及其他城市的制造业，且具有发展消费性服务业的强大规模经济，并建设成消费中心城市。苏锡常、浙江沿海都市带、皖江都市带等地理条件较好的城市集聚占地较多的制造业。较外围的皖北、皖南、苏北发展各具特色的产业、资源产业、旅游、农业等。

都市圈建设是长三角一体化高质量发展的关键

从全球发展趋势来看，随着经济现代化水平逐步提高，城市群一体化的趋势越来越明显，中心城市及周边的中小城市必然形成一体化程度最强的都市圈，成为生产要素高效集聚的增长极。围绕核心大城市，在半径几十甚至上百公里的范围内，建成网络化的轨道交通和高速公路，人口、土地、资本等生产要素由市场力量进行配置，都市圈成为日常"通勤圈"。

《长江三角洲区域一体化发展规划纲要》已经提出"一极三区一高地"的战略定位中，其中，放在首位的是"全国发展强劲活跃增长极"。长三角三省一市的人口规模近 2.4 亿，面积近 36 万平方公里，人口是日本的两倍，总面积接近日本全国，但平原面积远超日本，还拥有世界上其他城市群难以比拟的长江中下游黄金水道。但客观上来说，长三角城市群的经济与日本还有较大的差距，2021 年，长三角三省一市 GDP 总量为 4.14 万亿美元，而日本的 GDP 总量为 4.9 万亿美元。面向长远的未来，在长三角城市群如果能够形成两倍于日本的经济总量，将不负引领整个中国经济发展的重大使命。

无论是国家的发展，还是城市群的发展，都需要形成以大城市为核心的都市圈，作为一体化高质量发展的增长极。近年来，上海、南京、杭州、合肥等大城市正在形成与周边中小城市一体化发展的都市圈，合肥在近年来的发展尤其引人瞩目。但如果与日本的都市圈相比，长三角的几大都市圈仍有差距。

日本经济与人口高度集中在东京都市圈、大阪都市圈和名古屋都市圈这三大都市圈。三大都市圈构成"4小时经济圈"，人口占日本总人口的比例为52.42%。其中，东京都市圈在13000平方公里的面积上集聚了超过3700万的人口，人口占全日本的三分之一，2020年GDP总量达15200亿美元，也大约占全日本的三分之一。如果以东京都市圈为参照，长三角的都市圈发展还远远不够。以上海为例，上海地处长江经济带的龙头与亚太沿海城市带的交点处，正加快打造国内大循环的中心节点、国内国际双循环的战略链接。上海与紧邻的江浙中小城市形成的潜在都市圈11000平方公里范围内，人口约为3100万。如果将上海和苏州相加，两市的人口总量3764万人，GDP总量为1万亿美元，人口多于东京都市圈，但GDP却只有东京都市圈的三分之二。

省级的行政边界仍然对于一体化发展产生了制约。我们的车流大数据分析显示，从全国平均来看，如果两个城市相距200公里，又不处于同一个省的话，两者之间的货车车流相当于同省内部相距302公里的城市间车流，换句话说，省级的行政边界大约把城市拉开了100公里的距离。这种省际的边界效应，除了天然的地理与文化阻隔之外，还与跨省的交通连接不够畅通，在生产要素市场上一体化程度不够高有关。

在长三角内部，借助于江苏和安徽两省的合作，"跨界"突破的南京都市圈发展规划也已经推出，上海与周边中小城市形成的上海都市圈也正在建设。但客观上，潜在的上海都市圈跨越了江浙沪三个省级单位的边界，南京都市圈跨越了江苏和安徽边界，覆盖了安徽境内的滁州、马鞍山、芜湖等城市，省际行政边界对都市圈仍有制约作用。相比之下，广州和深圳各自与佛山和东莞所形成的都市圈，却处于同省内部，都市圈一体化程度更高。从现状来看，广州和佛山的人口已经超过 2800 万，深圳和东莞的人口也超过 2800 万，而且深、莞两市的面积只有上海的三分之二。不仅如此，广、深两市之间正在进一步建设轨道交通的连接线，一体化进程还在加快推进。广佛深莞这个一体化区域的总人口已经超过 5600 万，接近整个广东省总人口的一半，这个数字还没有包括惠州、珠海、中山等市。相比之下，长三角内的都市圈建设应有紧迫感。

都市圈一体化发展受限，本身就与省级行政边界的影响有关。一方面，跨行政边界的轨道交通一体化建设仍然不足。例如，东京都市圈轨道网全长超过 2750 公里，虽然其中地铁仅约 300 公里，其余大量是城际铁路，但均发挥着一体化通勤的功能。中国的城市化晚于日本，地铁发展更好，上海的轨道交通全网络运营里程 831 公里，苏州城市轨道交通运营里程 254.2 公里，其中包括地上里程。上海与毗邻城市之间的铁路里程约 676 公里，甚至拓展到大都市圈范围约 778 公里，可以看到，在都市圈可比范围内来看轨道网，上海都市圈还有很大建设空间，其中的建设洼地就在省际边界的两边。另一方面，在现有的土地规划和管理体制下，每个市级行政单位都各自设定自己的开发强度和开发边界，势必在省际边界处形成发展洼地。事实上，东京都市圈在 13000 平方公里且大量是山地的情况下，土地开发强度达到 33.6%，而上海都市圈范围在可比范围内基本上是平原，土地开发强度却低于东京都市圈。

都市圈引领的长三角一体化需要新举措

一是统一规划是一体化发展的基础。

第一，进一步完善中心城市和城市群发展战略，通过跨行政边界的类政府机构，强化一体化发展的协调机制。在城市群层面，围绕中心城市和都市圈建立协调机构，从具体项目入手，逐步建立健全体制机制，协调不同省份和城市之间的行动。该机构专门负责跨行政管辖边界的基础设施建设，并推进城市群内部公共服务均等化，以及市场一体化、政策一体化和公共服务、社会保障一体化。在这方面，是有国际经验可循的。例如，从 1956 年开始，日本政府组建了总理府下属，且由建设大臣领衔的机构——首都整备委员会，来负责首都圈的战略规划、资源协调，以及计划推进。跨边界的都市圈一体化发展，还可借鉴国际上"开放行政边界的产业共治"模式。例如，荷兰与德国边界的合作区，成为今天众多欧盟国家边界合作区建设的参考。其中最著名的是上莱茵边境合作区，这个德法瑞三国交界，以巴塞尔都市圈作为核心的地带，其最初的合作始于 1963 年，由企业发起，并在 1975 年开始组建了国家层面的官方合作平台。跨边界合作区需要多地政府协商出双赢、可持续、促进产业发展的税收分配模式。在丹麦—瑞典生物医药合作区，两国政府经过约 10 年谈判，达成了双方都能接受的合理分配模式，促进了生物医药产业迅速发展。

在南京都市圈规划之后，建议加快推进上海都市圈等都市圈规划。上海亟须加强与昆山、太仓、吴江、嘉兴等邻近中小城市的一体化，加快规划建设日常"通勤圈"意义上的"上海都市圈"，成为已经提出的"1+8""上海大都市圈"的核心都市圈。其中，上海如果能够强化与苏州的同城化，应能形成更强大的增长极，更好地发挥对于长三角城市群发展甚至全国发展的引领作用。

要充分看到虹桥国际商务区及其辐射范围对于长三角一体化发展的战略意义。建议以虹桥交通枢纽为核心，高标准建设国际化中央商务区，形成"一核两带"发展格局。建议在长三角 G60 科创走廊建设基础之上，以虹桥交通枢纽为核心，加强沿轨道和公路的开发强度，对虹桥国际商务区按照相对独立功能的现代化大城市进行建设。提高虹桥空港的亚太国际航线比重，强化虹桥国际商务区的跨国公司总部（特别是亚太总部）经济功能，并加强长三角主要城市高铁站对接虹桥机场的值机功能，更好地发挥虹桥国际商务区辐射长三角的地理位置和基础设施优势。

第二，在交通基础设施方面，全面建成以大运力交通为骨干，各种交通方式无缝结合的网络状交通运输体系。在城市群内部推进城际铁路为主的交通网络，改善城际铁路与主要城市市内地铁网络的联通性。此外，加强围绕中心城市"1小时通勤圈"的轨道交通建设，特别是要强化跨行政边界的轨交网建设，以大体量、快速度的轨道交通建设提高都市圈外围区域和中心城区之间的通勤效率。与此同时，在外围城市和中心城市因地制宜建设便捷的点到门交通基础设施，如外围城市轨道交通周边的停车场、公共交通，都市圈中心城区的公共汽车、小巴、共享汽车和共享自行车（电动车）等，以此作为"最后一公里"的有效补充，提高出行便捷度。

二是人口和土地资源的一体化配置是关键。

第一，要加快长三角城市群内部流动人口市民化和城市间积分累积互认。国家层面已经提出要加快户籍制度改革，推进外来人口的市民化进程。未来长三角一体化进程需要在三个方面同时发力，促进外来人口的市民化。一是对于长期稳定就业居住的外来人口，确保以实际居住年限和社保缴纳年限为主要标准，加快推进市民化进程。二是在经济发展水平相近的特大城市之间，率先实现外来人口积分落户同城化累计互认。三是公共服务资源按常住人口进行配置，对暂时未能获得当地户籍的外来人口，加快推进公共服务（特别是义务教育）均等化。

第二，要增强土地管理的灵活性。在都市圈内进行国土空间统一规划，突破传统的按城市辖区设置开发强度和城市发展边界的模式，使城市土地开发（特别是轨道和公路沿线开发）适应常住人口增长趋势，并进行动态调整。此外，继续完善国务院"下放"永久基本农田转建设用地审批权的相关实施办法。在建设用地指标可跨地区交易的基础上，不妨以"结对子"的方式，在人口流出地通过闲置建设用地复耕的方式有偿调增农业用地人口流入地调减的农业用地（包括基本农田）。应允许在中心城市及周边地区落户的外来农村户籍人口自愿且有偿地放弃家乡农地和宅基地，并相应增加人口流入地的建设用地指标。同时，在人口大量流入的都市圈范围内要加快集体经营性建设用地入市，加快农村宅基地制度改革，允许农民在自愿且有偿的前提下进行宅基地转让，或对已经不作为自住功能的宅基地转集体经营性建设用地并入市。通过以上举措，加快形成中心城市向外沿轨道和高速公路放射状的都市圈一体化发展格局。

（2022 年 9 月 29 日）

成都东进重庆西扩,
成渝"双城记"渐入佳境

2020 年 1 月 3 日, 中央财经委员会第六次会议提出"推动成渝地区双城经济圈建设"。至 2023 年 1 月, 成渝地区双城经济圈建设已经迎来 3 周年。

作为继京津冀、长三角、粤港澳大湾区之后, 第四个上升为国家战略的重大区域发展战略, 成渝双城经济圈承担着中国经济增长"第四极"的重任。

历经 3 年建设, 成渝双圈到底交出了怎样的发展答卷? 2023 年初, 四川、重庆两地都发布了双城经济圈建设成绩单。如果用一句话来总结, 或许可以是——成渝"双城记", 已渐入佳境。

经济总量站上新台阶

看一个地方的经济发展成就, 经济总量的变化应该是一个重要的观察维度。公开信息显示, 2021 年, 成渝地区双城经济圈 GDP 7.4 万亿元、增速 8.5%, 占全国比重由 2019 年的 6.3% 提升至 6.5%, 两年年均增长 6.2%, 高于全国 1.1 个百分点; 2022 年上半年 GDP 同比增长 3.3%, 高于全国 0.8 个百分点。

这组数据直观地表明, 成渝双城经济圈的经济增长速度高于全国平均水平, 经济总量在全国的比重进一步提升。这样的发展表现, 与中央财经委员会第六次会议提出的推动成渝地区双城经济圈建设, 在西部形成具有全国重要影响力的增长极的定位, 构成了呼应。

值得一提的是，成都宣布，在刚刚过去的 2022 年，成都经济总量进入"两万亿俱乐部"。这意味着，成都站上了一个新的台阶，成为全国第七座 GDP 超两万亿城市。

截至 2022 年底，中国内地七座 GDP 超两万亿城市，就有两座在成渝双城经济圈，这也是成渝之所以能够被赋予经济"第四极"重任的一个重要注脚。

事实上，从 2022 年前三季度的数据来看，至 2022 年底，重庆距离 GDP 3 万亿元的门槛也非常接近了。重庆与广州的 GDP 排名是否会发生变化，以及何时能够重回全国 GDP "第四城"之位，也再度引发关注。

经济总量或许只是一个比较宏观层面的经济发展衡量标准，有一定的局限性，但它能够直接标注一个地方在全国经济大盘中的分量。

如果把观察的视线放大就能发现，四川（部分区域纳入成渝地区双城经济圈建设范围），于 2021 年经济总量也已突破 5 万亿元。

在 2022 年 8 月召开的经济大省政府主要负责人经济形势座谈会中，四川还与广东、江苏、浙江、山东、河南等一道被明确为国家经济发展的"顶梁柱"，"要勇挑大梁，发挥稳经济关键支撑作用"——这也可以看作是对成渝双城经济圈能级的一种认可。

重庆、成都构建新的竞合关系

火车跑得快，全靠车头带。无论是最开始的"成渝经济区"，还是后来的"成渝城市群"，抑或是现在的"成渝地区双城经济圈"，作为两大极核城市的重庆、成都，它们之间的竞合关系，对于成渝地区的融合发展而言，始终是最重要的决定性因素。

在过去很长时间里，重庆与成都之间的关系都可以用微妙来形容。一方面，两座城市可谓山水相连、人文相亲，彼此间的联系交往一直以来都非常密切。乃至于在一些外地人眼中，至今仍容易把这两座城市混淆。不夸张地说，在全国的"双子星"城市中，重庆和成都可能是最具兄弟气质的组合。

但另一方面，由于产业结构趋同，以及在一些发展定位上的模糊性，两座城市在过去很长时间里，于产业发展、基础设施建设等诸多方面，都可以说是竞争大于合作。这使得两地在融合发展上的重叠因素，不容忽视。

《成渝地区双城经济圈建设规划纲要》明确提出，成渝要唱好"双城记"，深意或正在于此。近年来，从合作机制的完善到重大项目建设的推进，再到产业等诸多方面的抱团发展，重庆和成都的"双城记"，已然奏响了新的序曲。

比如，一个具有标志性的战略动向是，近年来成都持续实施"东进"战略，重庆则加速"西进"，两地相向发展的趋势越来越明显。

在此大背景下，两地各个维度的合作发展明显步入快速通道。如 2022 年 9 月，《强化重庆成都双核联动联建合作项目事项清单》就囊括了 34 个合作项目事项，涵盖交通基础设施、现代产业体系、科技创新资源、城市服务功能、社会公共政策等多个领域。

以基础设施为例。备受关注的成渝中线高铁已于 2022 年 11 月底正式开工建设，该标志性线路建成后，成渝双核将实现 1 小时内通达；国际班列方面，两地明确要共同在德国杜伊斯堡启动建设海外仓；跨境公路运输方面，两地已启动建设线下跨境道路运输集散中心……

此外，在产业上，两地也明确要共建世界级先进制造业集群。如汽车产业方面，成渝两地已有超过 130 家零部件企业相互融入对方整车配套；在联手打造具有国际竞争力的电子信息产业集群方面，两地坚持规划发展"一张图"，合力构建高效分工、相互融合的现代产业体系。

目前，成渝地区电子信息先进制造集群生产了全球 66% 的 iPad、50% 的笔记本电脑、10% 的智能手机，成为全球前十的电子信息制造业聚集地。

在公共服务方面，重庆和成都之间也在加速破除一体化的壁垒。以最受关注的就医和住房政策为例，目前成渝两地已推进医疗机构检验检查结果互认和放药平台共建，公积金贷款则实现了互认互贷。另外，成都平原经济区与重庆主城区及区县公共交通也实现了一卡通、一码通。

应该说，在过去几年时间里，重庆和成都这两座极核城市在诸多方面的距离都在加速拉近，彼此展现出了更强烈的抱团发展意愿和更高效的合作行动。

并且，合力之下，在产业、基础设施、改革试点等多个领域，成渝都联手拿到了国家政策的大礼包，尝到了相向发展的甜头。这也为双城经济圈建设提供了合作示范以及更强的带动力。

"中部凹陷"加速破题

相对于前三大城市群，成渝地区的合作发展还有一个比较突出的掣肘因素不得不提，那就是在重庆、成都两大中心城市之外，因为缺乏有力的次级城市支撑，而呈现出"中部凹陷"的状况。

过去3年，成渝地区在这个方面的补短板工作，成效比较明显。

从次级城市的发育看，目前成渝地区在重庆、成都之外，已拥有绵阳、宜宾两大GDP超3000亿元的经济副中心城市，并且它们各自在科创和新能源产业方面建立了比较突出的特色优势。可以说，成渝地区的发展引擎更多了。

而在川渝毗邻地区的发展上，过去3年更是有一批具有突破意义的大动作。

比如，四川广安划入重庆都市圈，建立首个跨省域共建新区——川渝高竹新区，都可看作是经济区与行政区适度分离改革的示范样板，将为更多川渝毗邻地区的融合发展，摸索出更多的体制机制条件，从而有效缓解川渝连接地带发展水平不高、合作紧密性不足的现实尴尬。

在公共交通方面，川渝两省市间建成及在建高速公路通道已达20条。

2020 年 4 月至今，川渝毗邻地区陆续开通了 20 条跨省公交。这也给极核城市之外的地区抱团发展，带来了更多的机遇。

实际上，弱化中心城市对周边中小城市和地区的虹吸效应，构建更加协同、共享的发展格局，一直以来就是成渝地区迈向更高质量发展阶段的一个重要任务。过去几年，不管是毗邻地区发展呈现出的新气象，还是非核心区域在双城经济圈建设中获得的新机遇，都为这个任务的完成按下了加速键。

《成渝地区双城经济圈建设规划纲要》明确提出，提升重庆、成都中心城市综合能级和国际竞争力，强化协同辐射带动作用，以大带小、加快培育中小城市，以点带面、推动区域均衡发展，形成特色鲜明、布局合理、集约高效的城市群发展格局。目前来看，经过 3 年的努力，这一目标正在不断接近。

当然，着眼未来，无论是从宏观上的经济发展阶段看，还是从诸多具体指标看，成渝地区双城经济圈要真正挑起中国经济"第四极"的重担，仍然有很多路要走，有很多题待解。

2022 年 12 月召开的推动成渝地区双城经济圈建设重庆四川党政联席会议第六次会议，就提出了一揽子的具体目标和任务：在强化成渝"双核"联动联建上实现更大突破；在携手打造世界级产业集群上实现更大突破；在加快建设西部陆海新通道上实现更大突破；在高水平共建西部科学城上实现更大突破；在深化毗邻地区合作上实现更大突破；在提升两地群众获得感上实现更大突破；在构建高效协同合作机制上实现更大突破……

要实现这些"更大突破"，必然需要"更大努力"。

（2023 年 1 月 7 日）

武汉都市圈获批，
瘦身提质挺起长江龙脊

涂 格

2022 年 12 月，《武汉都市圈发展规划》通过国家发改委正式批复。这是继南京、福州、成都、长株潭、西安、重庆都市圈规划之后，国家批复的第七个都市圈规划。

批复函要求，积极推动武汉辐射带动周边城镇共同发展，加快推进基础设施互联互通、产业专业化分工协作、公共服务共建共享、安全风险联防联控，建立健全同城化发展体制机制，建设现代化都市圈，为长江中游城市群一体化发展提供坚强支撑，更好助推中部地区高质量发展，更好服务长江经济带发展。

不少分析人士认为，这是继"一省包一市"对口协作帮扶、中央专项再贷款倾斜、三峡集团总部搬迁落户武汉等之后，武汉和湖北迎来的又一个重磅利好。随着疫情政策持续优化，"王者归来"的武汉将焕发出更大的发展活力。

七大都市圈，长江经济带占据五席

盘点获得国家发改委批复《规划》的 7 个都市圈，我们会发现它们中间存在一些共性。

首先，除了南京、福州两个都市圈位于东部沿海外，剩下 5 个全都集中在中西部。这既是在延续西部大开发、中部崛起的既定国家战略，推动区域经济更为均衡地发展，更是在因应全球陆权崛起、构建内循环的时代新趋势。

如果说，改革开放前 30 年，是各国拥抱全球化的 30 年，因此海权大张，带动了沿海地区的迅猛发展，那么过去这些年，随着各种逆全球化趋势的出现，很多内陆城市开始重新回归到其历史上的经济位置。

从数据来看，结合 2010 年各城市 GDP 排名，再对比 2021 年的排名，过去 10 年，排名进步最快的 10 座中国城市——滁州、阜阳、遵义、贵阳、芜湖、九江、宿迁、赣州、绵阳、菏泽，除了第 7 名的江苏宿迁、第 10 名的山东菏泽位于沿海省份外，其余皆地处中西部。这点在几大都市圈核心城市身上体现得同样明显。

2010 年，重庆、成都、武汉、长沙、西安 5 市 GDP 分别排名全国第 7、第 13、第 12、第 19 和第 30 名，到 2021 年时，已经分别上升至第 5、第 7、第 9、第 15 和第 24 名。考虑到武汉的特殊情况，正常位次应该还要再进一步，排名第 8。从 2022 年前三季度的增速、增幅数据看，最迟到明年，这个小目标应该就能达成。

另外，重庆在跟广州的第 4 名争夺中，也渐渐占据上风。而这被认为跟 2011 年 3 月 19 日，重庆开通中国首条中欧班列线路"渝新欧"，从而带动对欧贸易大幅增长有很大关系。

有了重庆的成功经验，在此后的 11 年里，全国各地相继开通了横穿欧亚腹地的中欧班列，线路数量达到 60 多条。其中三分之二线路的起点均为中西部城市，光武汉一地，就先后开通了通往波兰、捷克、德国和俄罗斯的 3 条中欧班列。紧挨武汉的咸宁也于 2022 年 3 月 25 日，开通了前往莫斯科的"长江号"中欧班列。

另外，7 个获批都市圈的城市中的 5 个，也即成都、重庆、武汉、长株潭、南京都市圈，都位于长江流域，是长江经济带的重要组成部分。

作为中央重点实施的"三大战略"之一，长江经济带涵盖了全国近一半的经济腹地，囊括了五大城市群中的 3 个——长三角、中三角和成渝。而作为长江中游城市群的核心都市圈、GDP 最大的城市，武汉及武汉都市圈的规划干系重大。可以说，武汉兴，则长江龙脊挺。武汉都市圈的建设，决定了中三角这个相对松散的城市群能否真正成为成渝之后的第五级。

此番都市圈规划的高规格获批，就像武汉市发改委负责人说的，将"进一步发挥武汉长江经济带核心城市辐射带动作用"，"为推动长江中游城市群高质量发展承担更大使命、发挥更大作用"。

"做减法"的武汉都市圈，目标远大

从媒体披露的信息看，此次获批的武汉都市圈范围，应该是以武汉、鄂州、黄冈、黄石 4 市为核心的。相较已被提了近 20 年的武汉"1+8"城市圈，几乎缩水了一半。有分析认为，这跟之前国家发改委"合理确定都市圈空间范围，防止盲目扩张规模"的最新精神有关。

事实上，2022 年 9 月 19 日，国家发改委召开新闻发布会，要求各地"在确定都市圈范围时要坚持实事求是的原则"，"不能跨越发展阶段，在不具备条件的情况下推动都市圈建设"，次日，湖北省政府主要负责人就在武汉都市圈发展协调机制第一次会议上，提出"大力发展以武鄂黄黄为核心的武汉都市圈"。

至于原属武汉"1+8"城市圈的孝感、咸宁、仙桃、天门、潜江 5 市，则被要求"主动找位、竞相出力，形成协同联动、组团发展的格局"。武汉都市圈因此成为响应国家要求，进行收缩的首个案例。这也预示着，都市圈跑马圈地、越大越好的时代一去不复返，都市圈建设开始进入量体裁衣的新阶段。

应该说，这是符合都市圈发展规律的。毕竟都市圈不是城市群，它是由单个核心城市发展外溢的产物。所以都市圈成员必须与核心城市保持紧密的地缘和产业联系。像过去武汉"1+8"城市圈，占湖北全省三分之一的国土面积、二分之一的人口以及三分之二的地区生产总值，与其说是个都市圈，不如说是个城市群。

正是意识到了这点，早在国家发改委表态前，一些地方就已经有意识地在给都市圈瘦身了。比如 2022 年 8 月，广东省自然资源厅发布了《广东省都市圈国土空间规划协调指引》。这个指引最大的看点是：深圳、广州等 4 个都市圈被再次重新定义，缩小了范围。

相较广深这样以一线城市为核心的都市圈，武汉等二线城市主导的都市圈更应根据发展实际，量体裁衣，学会做减法。

根据《中国都市圈发展报告 2021》披露，目前全国有 34 个都市圈，分为成熟型、发展型、培育型三类。其中，北上广深以及杭州、宁波 6 个都市圈为成熟型，而获得国家发改委批复的 7 个国家级都市圈全部为发展型。

这一方面透露出，未来国家的资源、精力将更多投入第二档"发展型都市圈"，从而在全国培育形成一个更为均衡的都市圈格局；同时，鉴于发展型都市圈目前自身实力普遍还不是很强，控制都市圈范围有利于集中力量搞好内部建设。

其实，即便是瘦身后的武汉都市圈，依然定位远大，不仅要打造成为"引领湖北、支撑中部、辐射全国、融入世界的重要增长极"，更立下了具体的发展目标——到 2035 年建设成为人口规模超 3000 万、GDP 超 6 万亿元的世界城市和都市圈。

要知道，2021 年，整个湖北省 GDP 约 5 万亿元，武汉都市圈的建设相当于是再造了一个湖北。如此宏伟蓝图，不能不让人对武汉都市圈的未来充满期待。

（2022 年 12 月 10 日）

上海大都市圈：
渐行渐近的世界级城市群

涂　格

2022 年 9 月 28 日，上海、江苏、浙江三地政府联合发布《上海大都市圈空间协同规划》。

据悉，该规划于 2019 年 10 月 17 日启动编制，前后历时 2 年 5 个月，为此还专门成立了由两省一市领导领衔的工作领导小组。

从全国看，上海大都市圈是继南京、重庆之后，第二个跨省域的都市圈，且一口气跨了三个省级行政区，囊括了上海、苏州、无锡、常州、南通、宁波、嘉兴、湖州、舟山等 9 座城市。

同时，《上海大都市圈空间协同规划》也是全国首个公开发布的跨区域、协商性的国土空间规划，其旨在打造具有全球影响力的世界级城市群。这点也体现在命名上——"上海大都市圈"。

上海大都市圈究竟"大"在哪里？它在长三角城市群里又扮演着怎样的角色？

上海大都市圈的超大体量

长三角作为中国面积最大、包含城市数量最多的城市群，其一体化过程注定是漫长的，不可能一蹴而就、一步到位，必须借助都市圈，实现次级区域的先行整合。

目前，长三角内部共有六大都市圈，其中上海都市圈、杭州都市圈和宁波都市圈被清华大学中国新型城镇化研究院组编的《中国都市圈发展报告2021》归入成熟型都市圈。这样的都市圈全国总共才6个，处于都市圈的顶端，而长三角一家就占了一半。

此次规划的"上海大都市圈"，包含了上海、宁波两大成熟都市圈，加之苏锡常都市圈全域也被囊括在内，堪称"三圈合一"，命名为"大都市圈"乃实至名归。

不过，如今上海大都市圈的范围不是一下子形成的。当初《上海市城市总体规划（2016—2040）（草案）》最早提出"上海大都市圈"的概念时，还是以120公里为半径范围，形成包括上海、苏州、无锡、舟山全境，以及嘉兴（不含桐乡、海宁）、南通（不含如皋、如东、海安）、宁波（不含奉化、余姚、象山、宁海）部分区域等在内的"1+6"格局。

但当时专家就说了，"未来不排除继续扩大，比如纳入湖州等"。

果然，过去这些年，随着沪苏湖高铁、南北沿江铁路等交通动脉的相继启动规划或开工新建，上海的触角和辐射力进一步向周边延伸，大都市圈扩容顺理成章。所以到了2020年发布的《上海市贯彻〈长江三角洲区域一体化发展规划纲要〉实施方案》，就明确了上海大都市圈的范围为"1+8"，不仅南通、宁波、嘉兴从局部纳入变为全域参与，还新增了常州、湖州两市。

扩容后的上海大都市圈，陆域总面积达到5.6万平方公里，与整个粤港澳大湾区相当，比对标的纽约大都市区（由纽约、康涅狄格、新泽西3州31个郡县组成）、东京湾区（含东京、神奈川、千叶、琦玉"一都三县"）面积多出2万平方公里。

可见，即便放到全世界来看，上海大都市圈也足够"大"了。

上海大都市圈的超强实力

上海"大"都市圈，不只是面积大。

截至 2020 年，上海大都市圈总人口达到 7742 万。相当于是以长三角六分之一的陆域面积，承载了本区域三分之一的人口，同时还创造了二分之一的经济产值。

2021 年，上海大都市圈 9 市 GDP 合计 12.6 万亿元。这个数字放在国内，接近东北三省 + 西北六省的总和，远超另两个跨省都市圈——南京都市圈的 4.6 万亿元和重庆都市圈的 2.23 万亿元。拿到国外，它已经超过了俄罗斯、韩国的经济体量。

这些成绩的取得，得益于上海大都市圈超强的资源禀赋。圈内坐拥全球货物吞吐量第一和集装箱吞吐量第一两大世界级港口。在最新全球航运中心城市排名中，上海和宁波舟山分别排名第三和第十，上海同时位居全球海洋中心城市第五名。

不仅航运业发达，上海大都市圈的航空业同样傲视全国。圈内目前共有上海浦东、虹桥、宁波栎社、无锡硕放、常州奔牛、南通兴东、舟山普陀山等 7 座民用机场，2021 年旅客吞吐量达到 8893.6 万人次，超过珠三角的 8724.1 万人次（不含港澳）。未来，还将新建南通新机场和嘉兴机场。根据规划，到 2035 年上海大都市圈航空旅客吞吐量将达到 3 亿人次 / 年。

强大的基础配套条件，使得上海大都市圈成为全国产业版图中至关重要的一块。圈内除了拥有全国第一、第三大工业城市上海和苏州，其他城市也是八仙过海，各显神通。

比如无锡，被誉为半导体界的"一线城市"，它和上海、苏州一道，奠定了大都市圈全国集成电路产业高地的地位；又比如宁波，专精特新小巨人企业数量仅次于北上深三大一线城市。另外，常州是重要的新能源汽车基地，南通的建筑业独步天下，嘉兴、湖州是 G60 科创走廊的关键节点城市，舟山的蓝海产业前景无限……

下一步，上海大都市圈将加速提升生物医药、电子信息、高端装备制造、新能源等四大技术成长型产业集群体系；巩固强化绿色化工、汽车制造这两大现状优势型产业集群体系；持续培育航空航天、海洋产业等未来战略型产业集群体系，最终形成世界级高端制造集群体系。

一句话，上海大都市圈除了"大"，还很强。

上海大都市圈的交通便利

当然，正如《上海大都市圈空间协同规划》所指出的，目前上海大都市圈在生态环境、人口结构、创新竞争、城际轨交等方面，还存在一些短板。

比如过去 10 年，上海大都市圈无论是人口增量，还是人才（在校大学生）增量，都不到粤港澳大湾区的一半，老龄化率却是后者的两倍多，且比例呈现一升一降的逆向趋势——上海大都市圈的老龄化率从 2015 年的 12.6% 升至 2020 年的 15.4%，而粤港澳大湾区却从 7.5% 降至 6.5%。

又比如在轨道连通方面，目前上海大都市圈内服务跨区城际出行的轨道线网总里程为 2070 公里，与东京首都圈差距较大，都市圈区县和乡镇的轨道覆盖率偏低。

好在《上海大都市圈空间协同规划》对此分别都制定了详细的方案。

以轨道连接为例，就在规划发布的当日，长三角首条跨省（市）快速市域铁路——沪平盐城际铁路浙江段开工。此前，连通江浙沪三地的沪苏嘉城际铁路上海段、江苏段、浙江段，已于 2022 年 7 月 13 日同步开工。而与上海轨道交通 11 号线相连的苏州 S1 号线，也将于 2023 年开通。

根据规划，到 2035 年，从上海出发至近沪地区，将实现 1 小时可达，九大中心城市之间 90 分钟可达；而到 2050 年，中心城市间的通达时间将进一步缩短至 1 小时，所有县级单元至上海市区的时间也将被缩短至 90 分钟以内。

空间距离的拉近只是大都市圈内部整合的一个缩影。随着下一步《上海大都市圈空间协同规划》被纳入新一轮长三角地区一体化发展三年行动计划和各地"十四五"规划、国土空间规划，以及"上海大都市圈规划研究中心及联盟"的成立，相信上海大都市圈将进一步融合为一个整体，并以统一的形象参与全国乃至全球的城市竞争，成为与纽约大都市区、东京湾区等并驾齐驱的世界级城市群。

（2022 年 10 月 1 日）

又一跨省域都市圈来了：
重庆 21 区 + 四川广安

朱昌俊

2022 年 8 月，继南京、福州、成都、长株潭、西安之后，《重庆都市圈发展规划》正式获得国家发改委批复，成为全国第六个获批的国家级都市圈。

实际上，重庆都市圈还可以加上多个前缀：全国第一个获批的直辖市都市圈、中西部第一个获批的跨省域都市圈。它的建设目标是：到 2035 年，建成具有较强竞争力的现代化重庆都市圈，对全国高质量发展的支撑能力显著增强，成为具有重要影响力的活跃增长极和强劲动力源。

《重庆都市圈发展规划》获批，也意味着成渝地区双城经济圈中的成都都市圈、重庆都市圈，都拿到了国家层面的"准生证"，"成渝双圈"步入新的发展节点。

跨省纳入，为什么是广安？

根据规划，重庆都市圈由重庆市中心城区和紧密联系的周边城市共同组成，包括重庆市渝中区等 21 个区和四川省广安市。截至 2020 年底，重庆都市圈常住人口约 2440 万，总面积 3.5 万平方公里。

其中，将广安市全域纳入规划范围，是重庆都市圈相对于已经批复的其他几个都市圈的一个突出的亮点所在。广安也因此成为全国唯一全域纳入跨省域都市圈的地级市。

这里要提到一个背景。说到跨省域都市圈，之前最受关注的是南京都市圈，它跨越江苏、安徽两省，是我国第一个规划建设的跨省都市圈。但是，它囊括的安徽芜湖、马鞍山等地，实际都仅有部分区域进入，而广安则是全域纳入重庆都市圈。在这个意义上，重庆都市圈意味着国内跨省都市圈建设实现了新的突破，也有望为其他跨省都市圈建设探索新的经验。

那么，为何是广安纳入重庆都市圈？

首先，还是距离近。广安距离重庆仅有百公里左右，车程仅 1 小时；而广安距离四川省会成都反倒有 300 公里。所以，融入重庆，是更现实也更可行的区域发展路径选择。

其次，经过多年的努力，广安在融入重庆方面已经有了非常不错的基础，两地之间人员往来密切、产业互补强。一组数据就颇能说明：广安 50% 工业配套重庆，60% 游客来自重庆，70% 以上的农副产品销往重庆。

因此，在很大程度上说，广安全域纳入重庆都市圈，实际上是市场力量自然选择的结果，规划只是进一步顺应这一趋势，并更好破除融合发展上的体制机制障碍。

以大带小，彰显直辖市担当

广安融入重庆都市圈，对重庆和广安两地来说，也是双赢之举。

对重庆而言，广安的融入可以进一步拓宽自己的发展腹地，在消费、产业、交通等方面都有直接利好。比如，广安目前已经是重庆汽车、摩托车等最重要的配套产业基地。同时，两地进一步融合发展，还可以吸引更多的广安人到重庆消费、买房。比如，渝西高铁建成后，广安到重庆中心城区仅需 20 分钟，两地之间在时空距离上，实际将变成一座城市。另外，广安也是重庆北上的一个重要节点。

对广安而言，作为 GDP 总量仍仅有 1000 多亿元的三四线城市，能够融入重庆这样的直辖市，意味着发展空间得到极大提升，将获得更多的发展机遇。城市发展规划、产业选择等，都将迎来新变化。

这次规划对广安的最新定位，就能够明显反映出广安地位的升格：支持广安加快与重庆中心城区同城化发展，着力打造重庆都市圈北部副中心。

广安官方也明确指出：纳入重庆都市圈，是广安撤地设市以来得到国家、省级规划支持事项最多的一次，是广安发展中的一件大事。

另外，广安纳入重庆都市圈，也代表着川渝两地的合作发展再往前推进重要一步。过去几年，随着成渝地区双城经济圈建设上升为国家战略，川渝合作发展的方方面面都在提速。在此基础上，广安全域划入重庆都市圈规划，预示着进一步破除两地合作发展的行政区划限制，这实际也是合作深化的具体体现。

还要看到，广安融入重庆都市圈，是典型的"大带小"模式。这在一定程度上，也是新的区域发展趋势之下，更好兑现重庆直辖市设立初衷的体现。要知道，重庆在1997年恢复直辖，重要考量之一就是要带动川东地区的发展。现在，随着广安纳入重庆都市圈，重庆对整个川东地区的带动作用，将体现得更充分。

重庆都市圈的特殊使命：发展大后方

根据国家发改委的定义，都市圈是城市群内部以超大特大城市或辐射带动功能强的大城市为中心、以"1小时通勤圈"为基本范围的城镇化空间形态。

跨省将另一个地级市全域纳入，在重庆都市圈身上，我们也能够更清晰地看到都市圈的本质。一方面，这意味着区域发展规划进一步突破传统行政区划因素的限制，真正基于时空距离、产业基础等作出安排；另一方面，是要更好地发挥超大特大城市对于周边地区发展的辐射带动作用。

实际上，重庆都市圈将广安全域纳入，而非部分地区，除了两地发展的基础，还有一个重要因素，那就是直辖市在资源配置能力、政策等方面，较之于一般的中心城市有更大的优势。通俗地说，它有更大能力去推动跨区域发展。

尤其是在中西部地区的发展语境下，"以大带小"的都市圈模式对于区域经济发展更为重要。要知道，在长三角、珠三角等东部先发城市群，区域发展中的市场力量对于区划限制的突破能力更强，跨区域融合发展的基础也更好。

也因此，我们看到，长三角城市群、珠三角城市群，除了有光鲜亮眼的中心城市，还分布着一批各有所长的次一级城市。

相对来说，在中西部地区，超大特大中心城市与中小城市的发展协调性要明显滞后于东部地区。这种情况下，要更好发挥中心城市对于周边中小城市的带动作用，都市圈模式将是一种务实的选择。重庆都市圈的跨省架构设计，就是最大程度顺应这种需要。事实上，重庆都市圈除了直接将广安纳入，还将辐射贵州遵义等黔北地区。

成渝地区双城经济圈已被确立为国内经济上的"第四极"。这种定位要变得更名副其实，一个很大因素就取决于重庆、成都两大极核城市到底能够在带动区域发展上展现出多大的作为。成都都市圈、重庆都市圈先后获批，应该说两地在制度框架上已经做好了准备，接下来就看具体的行动推进了。

在当前的经济发展形势之下，成都都市圈和重庆都市圈的发展进度，也直接关系到能否为国家建立更稳固的发展大后方，进一步挖掘西部地区的发展潜力和回旋余地。而这，或也是由中西部唯一直辖市领衔的重庆都市圈的特殊使命所在。

（2022 年 9 月 10 日）

广佛全域同城化，
都市圈建设绕不开的样本

谢良兵

2022 年 8 月，广东省自然资源厅对外公布《广东省都市圈国土空间规划协调指引》(以下简称《指引》)，提出根据人口、用地、行政治理等因素综合识别各都市圈规划范围，并对省内五大都市圈的空间格局、生态系统与农业空间领域、交通系统领域、公服设施领域、产业领域进行了协调指引。

其中，佛山市全域纳入广州都市圈，被认为是广佛同城再次迈开大步走向全域同城化。同时，两市一同成为广州都市圈"一核六极、十字主轴、网络辐辏"空间格局中的"一核"，即"以广州中心区为主核、佛山中心区为副核的广佛核心区"，预示着 20 年来广佛同城模式的成功以及未来同城的更加深入。

如同人的成长一样，从 2000 年开始的广州"西联"佛山萌芽，到 2003 年广佛都市圈的孕育，从 2009 年广佛同城概念的诞生，再到如今同为广州都市圈的"一核"，广佛同城 22 年"骨架"已成熟，开始迈入发展的新阶段。

佛山市全域纳入广州都市圈

上述《指引》明确，广州都市圈包括广州市、佛山市全域，以及肇庆市的端州区、鼎湖区、高要区、四会市，清远市的清城区、清新区、佛冈县。与此前《广东省"十四五"规划》中划定的范围相比，广州都市圈少了韶关市区、云浮市区，但清远、肇庆纳入广州都市圈的范围有所扩大。

《指引》提出，广州都市圈要协同构建"一核六极、十字主轴、网络辐辏"

空间格局。其中,"一核"是构建以广州中心区为主核、佛山中心区为副核的广佛核心区,打造多中心的都市圈内圈层,主要承担行政管理、科技创新、总部经济、金融商务、文化交往、现代物流等职能;"六极"即培育六组外围圈层联动组团。

对于佛山而言,此次《指引》意义重大:一是佛山市全域被纳入广州都市圈,这意味着广佛同城要开始从核心区的同城化全面走向全域同城化;二是佛山市与广州市的中心区一起作为广佛核心区成为广州都市圈的"一核",尽管内部将广州中心区称为主核,佛山中心区为副核,但对外是"一核",而非"双核"。

一直以来,广佛同城都被视为珠三角一体化发展的突破口。作为国家和广东省级层面的发展战略,从概念提出到实施,在走过的数十年历程中,由于有广东省的鼓励和支持,有过大张旗鼓的宣传和轰轰烈烈的合作。广佛同城概念上既不等同于两地行政意义上的简单合并,也不等同于一般的城市与城市之间帮扶式牵手。

实质意义上的广佛同城始于 2009 年。当年 3 月 2 日,为推动广佛同城化建设,广州和佛山两市市委书记、市长首次在广州会面。半个月后的 3 月 19 日,两市在佛山市南海区签署《广州市佛山市同城化建设合作协议》及两市城市规划、交通基础设施、产业协作、环境保护等 4 个对接协议,广佛同城正式启动。

而更早意义上的广佛同城则是在 2000 年,当时广州提出了"东进、西联、南拓、北优、中调"发展战略,"西联"其实就是联通佛山。3 年后,广佛共同举行了"广佛区域合作与协调发展研讨会",探索研究"建设广佛都市圈";佛山呼应广州"西联"战略,提出"东承"战略,主动接受广州辐射带动。

此后,国务院批复的《广州市城市总体规划(2011—2020 年)》以及《佛山市城市总体规划(2011—2020 年)》都提出要深入推进广佛同城化。

2016年11月23日，为因应国家城市群都市圈的建设，广州、佛山两市在广州举行工作交流座谈会，双方谋划推进更高层次的同城化，联手打造"超级城市"。

广佛同城从更高战略层面继续推进的背后，实则也与国内城市竞争有着极大的关系。在各地的强省会战略中，广州这座一线城市的地位越来越受到挑战。在广佛实质同城的13年中，广州和佛山在24座万亿GDP城市中属于经济增长偏慢的城市。尤其是在人口进入微增长状态之后，广佛同城面临着更大的挑战。

从交通突破到公共服务同城

2022年5月1日下午，广州地铁7号线西延段正式通车。地铁的两端，连接着年度客流量超1亿人次的广州南站，以及有着"工业第一大镇""宇宙最牛小镇"之称的佛山顺德北滘。这条地铁线路作为我国跨市域重大交通基础设施合作的典型案例，是广佛携手为全国探路同城化路径中，迈出的坚实又一大步。

在同城化过程中，交通通常是最容易实现突破并尽快实现同城化的路径之一。事实上，想要观察城市间的同城化深度，交通通达程度是一个重要的观察切口。一方面，便捷通达的交通通道往往会成为生产要素流动的向导者；另一方面，城市间繁忙的人员来往、产业联动也会反过来催生对通勤和物流的交通需求。

广佛同城在通勤联系度上已经十分紧密。官方发布的《2020年广州市交通发展年报》数据显示，广佛之间的通勤人口中，住广州在佛山上班的人群约占40%，住佛山在广州上班的人群占60%。广佛之间的客流交换量日均达到176万人次，为广东省最高，与广州市内跨区出行（中心城区往白云、番禺区）量级相当。

未来，这种交通同城化将更深入。《指引》提出，要优化广州都市圈轨道交通网络布局，推动干线铁路、城际铁路、市域（郊）铁路、城市轨道交通"四网融合"，构建以轨道交通为骨干的"1小时通勤圈"，进一步完善都市圈内外干线铁路通道建设。广州都市圈将以广佛为核心规划形成13条、6向的高效对外高速铁路通道。

《指引》中的"十字主轴、网络辐辏"，就是指依托国家高铁、城际轨道、市域快线、城市轨道交通网络，进一步加强东西向、南北向两条复合型交通走廊建设，协同构建"十字主轴"。锚固广佛"井字形"轨道骨架为核心、"环+放射"的跨城轨道网格局，依托轨道站点培育发展产业社区、城镇节点，推动都市圈外围功能布局优化。

《指引》同时强调，要加快落实广佛地铁18条衔接通道，优先推进佛山经广州至东莞城际（广州地铁28号线）、佛山地铁11号线的建设，研究都市圈内城市轨道交通相互衔接，推动实现都市圈轨道交通运营管理"一张网"，探索建立城际铁路与地铁系统制式兼容、互联互通换乘体系，实现公交化运营。

但广佛同城不只是交通。比如，佛山市卫生健康局在整合全市55家医院和社区服务中心移动就诊服务的基础上，通过与"广州健康通"联手，实现了两地卫生健康行业用户体系互信互认机制，基于电子健康码唯一身份主索引打造一体化数字医疗服务圈，在卫生健康数字服务"广佛同城"上迈出了实质性一步。

事实上，在早前公布的广佛同城化目标中，管道气同网同价、公共交通无缝对接、群众报警两市联动、两地电信区号统一、医保社保资料逐项互认、体育竞赛资源共享等均有提及。在公服设施领域协调指引方面，《指引》提出根据都市圈内外圈层差异化公服配套策略，构建"都市圈（城市）—组团—镇街—社区"四级公共服务中心体系。

众所周知，同城化大致分为三个阶段：一是基础设施的互联互通，二是经济要素生产要素的自由便利流通，三是公共服务的共建共享。同城化的本质是要素同城，也就是两个城市的要素资源像在一个城市里一样自由流动和合理配置，不受城市距离和体制机制的约束，并且实现城市间公共服务和基础设施水平的均等对接。

广佛同城是都市圈发展样本

如今中国的城市发展，已经进入了城市群、都市圈的时代。国家的"十四五"规划和"2035远景目标"中均对"城市群"与"都市圈"发展作出了重要部署，提出要发展壮大城市群和都市圈，形成疏密有致、分工协作、功能完善的城镇化空间格局和培育发展一批同城化程度高的现代化都市圈的战略目标。

可见，加快同城化是城市群、都市圈发展战略的一个关键性转变。但同城化不是同一化或者同体化，更不是简单的规模扩张，而是通过城市间基础设施联通对接、要素自由流动、资源高效配置、产业关联配套、公共服务便利共享等关键环节，在空间上临近且经济联系密切的城市之间构建网络化的统一的经济体。

广佛正在实践着这种同城化。从"中山九路"到"广佛地铁"，从"广州商贸，佛山制造"到"广州研发，佛山转化"，广佛同城的内容在变化，历经了"路通财通""错位发展""战略升级"三个阶段，但其实质不变。以广佛地铁贯通为代表，历经20余年发展，广佛同城已取得令人瞩目的成就。

广佛同城也从最开始的交通连接、产业对接，慢慢发展到治安共管、政务互通，一步步由表及里、由浅入深。今天的广佛同城已经进入主动融合、高层引领的新时代。而今，站在粤港澳大湾区发展的更高起点上，以更大力度推进广佛全域同城化已是大势所趋。

国内各地推进城际同城化时，广佛同城路径是绕不开的样本。

作为国内少有的中心城区距离仅 20 公里的一二线城市，广佛同城具有先天优势，这也是广佛同城能够顺利进行的基础。通过基础设施联通到制度和公共服务的对接，为整个都市圈形成更大范围的跨城生活、跨界居住创造条件。很多专家认为，广州都市圈未来主要的发展路径，就是将广佛同城化的发展模式和经验在内部复制与扩散。

但这并非易事。广佛城区和清远肇庆等地的城区之间的距离为 80 公里左右，在单程通勤时间必须控制在一小时左右的现实约束下，这种差距使得想要在广佛和肇庆清远之间复制广佛跨城生活的难度变得非常大。这种城际之间的融合就不只是一条轨道交通可以解决问题的。

在广州都市圈内，广州的虹吸效应依然不可忽视，即便是已经同城化程度很高的佛山，在面对广州的虹吸效应时也难以招架。因此，广州取消了全日制本科生、中级职称人员等入户的社保参保年限限制，在广州市有参保记录即可落户。这势必造成新一轮的人才流向广州。

广州对佛山虹吸效应最深的两个领域，一是消费，二是资本。2019 年佛山的资金总量仅 16948.1 亿元，同期广州为 59131.2 亿元，为佛山的 3.5 倍。佛山的资金总量与 GDP 的比值为 1.58，而全国平均水平为 2.0，广州是 2.5。同时，佛山金融业增加值占比不到 4%，在经济大市中处于低水平。这些，都会是未来广佛同城的挑战与融合难题。

产业的深度融合，或许是最终的解困之道。这次，《指引》提出广州都市圈要推动跨市创新协同，共建共享区域性重大战略创新平台，共同打造广深港、广珠澳科技创新走廊。跳出广州都市圈，让广佛产业可以融入港深产业创新资源，助力广佛同城的纵深推进，这是一个不错的新思路。

（2022 年 8 月 13 日）

都市圈提速、剑指"国中"，
济南的雄心呼之欲出

余　寒

城镇化是现代化的必由之路。

2022 年 7 月，《济南市新型城镇化规划（2021—2035 年）》正式印发，明确了接下来济南城镇化的主要目标、重点任务和实施路径。其中提到，将以济南为中心，以"1 小时通勤圈"为基本范围，编制实施都市圈发展规划；到2035 年，现代化济南都市圈全面建成，同时，国家中心城市地位基本确立。

作为经济大省山东的省会，济南的雄心已呼之欲出。

同城化持续推进，将助力济南都市圈进一步"出圈"

在济南发布的规划中，其实对都市圈建设有诸多部署。

原因不难理解，自从 2019 年《关于培育发展现代化都市圈的指导意见》发布以后，都市圈建设就成为城镇化的重要抓手，也是中心城市集聚资源、做大做强的重要平台。比如 2022 年发改委印发的《"十四五"新型城镇化实施方案》就再次提到，有序培育现代化都市圈。

而近几年的城镇化建设重点任务，更是直接点名支持一些城市的都市圈建设。如《2020 年新型城镇化和城乡融合发展重点任务》提出"支持南京、西安、福州等都市圈编制实施发展规划"；2021 年是支持福州、成都、西安。

近两年以来，这些得到点名支持的都市圈，南京、福州、成都、西安都市圈，包括没有被点到名的长株潭都市圈，发展规划陆续得到国家批复。

相较于这些已经拿到国家发改委批复的都市圈，济南虽然没有被单独点名，在批复时间上出现了落后，但这次媒体报道透露了一个重要信息：济南都市圈已跻身国家重点都市圈，争取尽快获批建设。

这传递了两个重要信息：其一，济南都市圈也是国家城镇化、都市圈建设的一个重点；其二，跻身国家重点都市圈，意味着都市圈规划获批落地已经不太远了。

根据此次城镇化规划，接下来将从基础设施互联、产业分工、公共服务、区域协同、同城化发展等方面，协同推进济南都市圈建设。比如在基础设施方面，建设以济南为中心的"米"字形放射通道和连接周边城市的环形通道，共建"轨道上的都市圈"。

此外，像规划提到的深化户籍改革，"探索推进省会经济圈户口通迁"等措施，也利好济南都市圈建设，"进了济南门，就是济南人"，这为济南的人口流入提供了便利条件。

接下来，在济南的辐射引领带动下，"1小时通勤圈"范围内滨州、淄博、泰安、德州、聊城等城市，将加速向济南靠拢，同城化的持续推进，也将助力济南都市圈进一步"出圈"。

都市圈建设全面提速，济南对"国中"势在必得

都市圈建设的全面提速，为济南的城市能级和综合影响力的提升，提供了重要动力。对济南来说，都市圈建设得好，资源集聚效应就能充分发挥，竞争国家中心城市的筹码也会更充足。

值得一提的是，济南这次发布的城镇化规划明确提到，到2035年，"全国重要的区域经济中心、科创中心、金融中心、贸易中心、文化中心全面建成"，并且"国家中心城市地位基本确立"。

"国家中心城市地位基本确立",是一个很有意思的提法。大家都知道,国家中心城市是城镇体系规划设置的最高层级,是相当有含金量的一个城市头衔。而国家先后批复的"国中"一共有9个,明确提出争创目标的城市,更是多达十多个,竞争之激烈可见一斑。

济南在前几年就提出了争创目标,但一直没有成功拿到入场券,而且在省内还面临着青岛对于"国中"申报资格的争夺。早在2020年,济南就发布了《济南建设国家中心城市三年行动计划(2020—2022年)》。这份文件从命名上,就很容易给人以一种济南已经获批"国中"的错觉。联系此次"国家中心城市地位基本确立"的提法来看,不难看出,济南对于"国中",可谓势在必得。

为什么济南如此有底气呢?原因有很多,其中一个关键在于,"国中"城市的一个主要特征,就是对其周边地区有很强的辐射力和带动力,而济南近些年在这方面的表现,可谓处于一个高速发展阶段。

比如在城市规模方面,在合并莱芜以后,济南成功实现快速扩张。2020年济南的地区生产总值成功破万亿元,迈入GDP万亿俱乐部城市,2021年则达到11432.2亿元。

在人口方面,第七次全国人口普查数据显示,济南的城区常住人口达到588万,成功跻身特大城市行列。2021年底,常住人口达到933.6万,未来有望实现千万人口大关。

一个万亿、一个千万,这都是竞争"国中"名额的重要支撑。

放眼山东和国内,济南有多重战略利好叠加

当然,济南的发展利好叠加,更体现在多项国家战略的加持下。比如,在黄河流域生态保护和高质量发展上升为重大国家战略后,山东半岛城市群的战略地位升级,作为城市群内中心城市之一的济南,则拿到了"黄河流域中心城

市”的定位，被委以重任。

另外，2021 年批复的《济南新旧动能转换起步区建设实施方案》，让济南收获了继雄安新区起步区之后的全国第二个起步区。

一方面，新旧动能转换，可以为济南的创新改革提供重要探索经验；另一方面，济南新旧动能转换起步区设置在城市北部，让济南可以跨过黄河，实现城市发展空间的优化布局。

在山东省内，济南的地位也有升格的迹象。

众所周知，济南属于典型的“大省份小省会”，2021 年的经济首位度，也即 GDP 全省占比不到 14%，在省会城市中处在垫底的位置，以至于在 2018 年它还被点名“引领带动作用不够”。

不过，近两年来，山东方面已明确提出“强省会”战略，要大力提升省会城市首位度，济南合并莱芜，正是在此背景下发生的。

而在国家中心城市方面，虽然山东之前曾经提出济南和青岛的双申报名单，但这种摇摆不定的态度，似乎已经发生了变化。比如 2021 年发布的《山东省国民经济和社会发展第十四个五年规划和 2035 年远景目标纲要》提到，支持济南建设国家中心城市，支持青岛建设全球海洋中心城市，二者的定位出现了差异化。

从做大做强省会城市的角度看，重点扶持济南去争夺“国中”，成功的概率在理论上确实会更高一些。毕竟，现在的 9 个国家中心城市，除了直辖市就是省会城市了。

一方面是强省会战略的大力加持，一方面是多重国家战略利好叠加、都市圈建设全面提速，对济南来说，哪怕这些不能帮它拿到“国中”的头衔，也会给城市发展提供重大机遇。

（2022 年 7 月 30 日）

组团培育国家中心城市，
杭甬"双城记"怎么唱？

涂　格

2022 年 6 月，浙江党代会报告对下辖 11 个地市提出了明确的建设目标：

唱好杭甬"双城记"，培育国家中心城市，推动宁波舟山共建海洋中心城市，支持绍兴融杭联甬打造网络大城市。

支持温州提升"全省第三极"功能，支持台州创建民营经济示范城市。

支持嘉兴打造长三角城市群重要中心城市，湖州建设生态文明典范城市，共建国家城乡融合发展试验区。

支持金华高水平建设内陆开放枢纽中心城市，衢州创新省际合作建设四省边际中心城市，丽水创建革命老区共同富裕先行示范区。

浙江一次性对所辖 11 个地市提出具体目标任务，引发各方关注。这既是对各地发展方向的肯定，也将助力浙江高质量发展建设共同富裕示范区。其中有几个城市的最新定位和排序变化，或将影响浙江今后的区域格局。

杭甬唱好"双城记"，对标全国性城市竞争格局

摊开浙江的地图，杭绍甬城市带就像浙江的一道经济脊梁。而位于该城市带两端的杭州、宁波，作为省内"双核"，更是肩负着为浙江获取国家中心城市的重任。

目前，全国共有北京、上海、广州、天津、重庆、成都、武汉、郑州、西

安等 9 座国家中心城市。虽然自 2018 年西安入围"国中"后，这个名单已经 4 年没有扩容了，国家也从未明确表态是否还有第十座"国中"，但仍架不住各地竞逐的热情。

据统计，在杭甬之前，已有沈阳、长沙、南京、长春、昆明、南昌、乌鲁木齐等 10 多个城市明确提出争创国家中心城市。其中不乏济南与青岛、福州与厦门这样"双保险"的组合。

不过从实际来看，真正有实力争夺"国中"的，还是省会城市，其他城市更像是助攻。最明显的就是山东，省会济南已经连续三次在官方报告中明确提及建设国家中心城市了，而青岛的定位则被调整为全球海洋中心城市。

这跟浙江非常相似。可以预见，未来浙江"培育国家中心城市"的重任将主要落在杭州身上，而宁波则携手舟山共建海洋中心城市。当然，无论是宁波，还是杭州，面临的竞争压力都不小。其中宁波需要直面青岛这个劲敌，而杭州面前更是有济南、沈阳、福州等一堆信心满满、志在必得的竞争者。

特别是沈阳，2021 年底发布的《沈阳建设国家中心城市行动纲要（2021—2035 年）》中郑重提到：建设国家中心城市是沈阳筑牢安全底线、服务国家发展大局的战略要求，是沈阳引领东北地区更好融入新发展格局的战略选择……可见，在沈阳眼里，能否晋级"国中"，关系的不只是一城得失，而是辽宁乃至整个东北的长远发展。

而这就更加需要杭甬兄弟齐心，唱好"双城记"。它不仅影响杭甬参与全国城市竞争的前景，更关乎浙江建设长三角世界级城市群的目标最终能走多远。

短期来看，温州"第三极"地位无可撼动

说起浙江区域版图格局的演变，从最早的杭甬温三足鼎立，到后来的四大

都市区，再到如今被频频提起的杭甬双城记，其中最大的变化莫过于温州实力地位的下降。

作为中国民营经济的重要发源地，温州在改革开放之初的八九十年代曾经风头无两，名气甚至盖过杭州和宁波。但进入 21 世纪后，富起来的温州人纷纷转向地产和金融，以至于前些年，人们一说起温州，首先想到的便是温州炒房团。

这也导致后来的一段时期里，对于温州来说，社会经济发展是相对滞后的。一方面，作为浙江铁三角之一的温州，跟杭甬的差距持续拉大。2000 年时，温州 GDP 分别是杭州的近 60%、宁波的 72%，但到了 2021 年，这个比例已下降到 40% 出头和 52%。另一方面，身后的绍兴、嘉兴等城市纷纷追赶了上来。其中嘉兴和温州都在"十四五"规划中提到"2025 年 GDP 破万亿"的目标，追赶挑战的意味明显。

"浙江第三城"要易主了吗？各方猜测之际，浙江再次明确提出，支持温州提升"全省第三极"功能，无疑是给温州的发展打了一剂强心针。

事实上，经过这些年的努力，温州城建开始脱胎换骨，产业转型也有了起色，经济增长迹象明显。不仅保住了浙江省内"第三城"的位置，GDP 重新拉开与第四名绍兴的差距，而且成功重返全国 30 强之列；专精特新"小巨人"企业数量（52 家）也与省会杭州（53 家）不分伯仲。

更重要的是，温州的区位是浙江省内其他城市无法取代的。浙江要想建设共同富裕示范区，就不可能缺了浙南这块拼图。而温州是浙南闽北的核心城市，帮助它壮大起来，不仅可以带动省内兄弟城市，还将助力整个海西城市群的发展。

所以，短期来看，温州的"全省第三极"地位只会加强不会削弱，无人可以挑战。

嘉湖地位显著提升，区域发展将更加多元均衡

杭甬温都有了自己的明确定位，那么其他城市在建设目标上，有没有一些新的变化，或者说要承担起新的任务呢？

这次，浙江不仅梳理了每个地市的定位、目标，还对其进行了重新排列组合，划分出四大城市组团。对比之前的四大都市区，其中最大的变化是把嘉兴、湖州单拎了出来。

过去，人们多习惯于将杭嘉湖并称，而嘉兴湖州更多时候是作为杭州都市圈的组成部分出现的。但最近两年，毗邻区域先行一体化的概念开始流行。浙江先后确定了嘉湖、杭嘉、杭绍等五大重点区域一体化合作先行区，并印发了具体的建设方案。而此次将嘉湖作为城市组团单列，"共建国家城乡融合发展试验区"，也是延续了之前的思路。

让人眼前一亮的是，嘉兴"打造长三角城市群重要中心城市"的定位，是前所未有的。这或许与嘉兴这几年的快速发展有关，但更主要的恐怕还是受益于长三角一体化的红利。

作为浙江参与长三角一体化的桥头堡，嘉兴凭借区位优势，经济总量连年迈上新台阶。GDP 在 2019 年超过台州后，嘉兴迅速拉开和台州、金华这一梯队的距离，表现出追赶绍兴、温州的趋势。

经济的高速发展，使得嘉兴拥有了三线城市少有的人口吸引力。第七次全国人口普查数据显示，嘉兴常住人口总量已经超过绍兴。过去几年，嘉兴每年的新增人口不仅在省内稳居第三，仅次于杭甬，即便放在全国，也可以比肩许多省会城市。比如 2021 年，嘉兴常住人口增长了 10.5 万人，数量高于南京、福州、济南等大城市，可谓人气爆棚。

人口的不断涌入，反过来又强化了嘉兴的城市竞争力。可以说，随着长三

角一体化的继续推进，通苏嘉甬高铁等重大基建利好的不断落地，嘉兴正在成为一颗冉冉升起的城市明星。而随着嘉湖的崛起，浙江各区域的发展将更加多元而均衡。

综合来看，浙江此次释放出的城市建设态度，就是一个不落，且各有侧重。这也是对国家"十四五"规划和 2035 年远景目标纲要提出的支持"浙江高质量发展建设共同富裕示范区"这一大目标的具体落实。

（2022 年 6 月 25 日）

长株潭都市圈率先"出圈",
长沙从虹吸走向辐射

朱昌俊

于 2022 年 2 月底获得国家发改委批复的《长株潭都市圈发展规划》,已于 2022 年 3 月正式对外发布。

根据规划,长株潭都市圈的范围包括长沙市全域、株洲市中心城区及醴陵市、湘潭市中心城区及韶山市和湘潭县,面积 1.89 万平方公里,2021 年常住人口 1484 万,经济总量 1.79 万亿元。

这是我国第四个、中部首个印发实施的都市圈发展规划。

长株潭为何能率先"出圈"?

不少人有疑问,在面积、人口、经济总量都不占明显优势的情况下,长株潭都市圈为何能在中部地区率先"出圈"? 规划中又有哪些亮点?

继南京、福州、成都后,长株潭在第四顺位拿到都市圈规划的国家批复,这一度让不少人意外。

比如,西安都市圈之前因被国家发改委多次点名而备受关注(已于 2022 年 3 月获批)。在中部地区,武汉、郑州都市圈,因为有国家中心城市加持,也被寄予了更高的期望。相对来说,长株潭都市圈有点"小透明"的意味。

但基于历史渊源和发展现状,长株潭都市圈发展规划在中部地区先行获批,又完全在情理之中。

首先,早在 1984 年,湖南就提出了关于建立长株潭经济区的方案;2007

年，长株潭城市群获批为全国资源节约型和环境友好型社会建设综合配套改革试验区，被媒体评价为"中国第一个自觉进行区域经济一体化实验的案例"。

可以说，长株潭的融合发展远在都市圈概念提出前就已开启。从最早的经济区，到后来的城市群，再到目前的都市圈，长株潭概念早已深入人心。

其次，从现状来看，长株潭三市沿湘江呈"品"字形分布，市中心两两相距不足 50 公里，这放眼全国的都市圈，都算是时空距离非常近的了。

再次，长株潭都市圈的规划面积相对较小，在目前已获批的五大国家级都市圈中居末位。同时，涉及的城市仅长沙、株洲、湘潭三地，在数量上也是最少的。像武汉、郑州都市圈都有 9 个城市成员。这意味着长株潭都市圈建设的协调难度会相对更低，规划效率有优势。

最后，长株潭三地在市民文化、方言、风俗习惯上非常接近，内部具有较高的认同度。而早在 2009 年，长沙、株洲、湘潭三市就统一了区号。目前，长株潭城际铁路也已开启公交化运营。

所以，总体来看，长株潭都市圈虽然体量不突出，但发展基础相对较好。

强省会和"瘦身健体"不矛盾

这次规划中，有一个说法引发关注，那就是在优化空间布局上，都市圈龙头长沙的一个重要任务，是推动中心城区瘦身健体。具体包括：合理确定城市规模，科学划定城市边界，优化城市功能布局，强化长沙市中心城区空间管控，适当降低中心城区开发强度和人口密度；有序疏解一般性制造业、区域性专业市场、物流基地等功能与设施，以及过度集中的省市医疗、教育、体育等公共服务资源等。

要说明的一个背景是，推动中心城区瘦身健体的说法其实并不新鲜。2021年印发的《黄河流域生态保护和高质量发展规划纲要》就明确提出，推动沿黄特大城市瘦身健体、减量增效。

近年来，国家相关部门的口径中，也多次出现诸如"合理降低中心城区开发强度和人口密度""合理降低超大特大城市开发强度和人口密度"等说法。

而仅就人口来看，过去十来年，有一批超大特大城市的中心城区都进行了瘦身健体。如第七次人口普查数据显示，北京、上海、广州、成都等城市的中心城区人口所占总人口比重，都出现了不同程度的下降。

但长沙纳入瘦身健体之列，还是有些让人意外。这主要是因为，长沙的常住人口在 2020 年才刚刚突破 1000 万，且不说与北上广的差距很大，与同在中部的武汉、郑州，也有 200 万以上的落差。

更重要的是，近年来，湖南明确提出了强省会战略，预示着要进一步让长沙做大做强。所以从表面看，瘦身健体似乎与长沙现有发展方向有所矛盾。但其实，这一理解在很大程度上是源自对瘦身健体的误解。一方面，瘦身健体指向的是中心城区，而不意味着长沙全域都要瘦身；另一方面，瘦身不是限制发展，而是为了健体，也即实现更好发展。

事实上，规划在要求长沙中心城区要适当降低开发强度，疏解一些功能、设施、资源的同时，还明确提出要加强中心城区科技创新、高端制造、生活服务、对外交往等功能。换言之，就是通过"腾笼换鸟"实现中心城区产业结构优化升级。这与打造一个更强的长沙，并不矛盾。

当然，推动长沙瘦身健体，要求株洲、湘潭主动承接长沙市产业转移和功能疏解，也是实现长株潭都市圈融合发展的必由之路。过去 20 多年，长沙的GDP、人口增幅，在全国省会城市中居于前列。比如 2021 年，长沙常住人口增加 15 万多，在主要城市中排名靠前。

与此同时，株洲、湘潭的人口发展却是另一番景象。株洲在 2021 年的常住人口减少了近 2 万人。而长沙占全省人口比重，由"六普"时的 10.72%提高到"七普"时的 15.12%。同期，湘潭与株洲合计占全省人口比重却不升反降。

在产业上，虽然株洲、湘潭分别有轨道交通、电机等多个特色主打产业，但近年来，都市圈内部有关长沙虹吸株洲、湘潭产业资源的声音一直不少，在坊间引发不少讨论乃至争议。

此背景下，推动长沙的部分产业和资源向外围转移，在都市圈内部形成更好的产业分工和协同发展效应，避免无效和无序竞争，自然是实现整个都市圈"产业同兴"的内在要求。

长株潭都市圈为省会长沙正名

除了产业，这次规划还提到，要疏解过度集中的省市医疗、教育、体育等公共服务资源。

的确，长沙的医疗、教育资源，在湖南是绝对的高地。如在都市圈内部，一些株洲、湘潭市民为了送孩子到长沙上学，专门在长沙购房的现象就较为普遍。而只有教育等公共资源能够在都市圈内部有更合理的分配，"服务同享"才会显得实至名归。目前这方面，已有行动。

一定程度上可以说，瘦身健体也是作为强省会的长沙，从虹吸走向辐射，更好体现"省会担当"的重要一步。

就近几年的城市发展来说，长沙的确堪称励志的明星城市。一方面，它既不是成都、西安这样的大区中心城市型省会城市，也未获得诸如国家中心城市这样的政策优待；另一方面，就区位来讲，由于湖南靠近珠三角，长沙在省内的存在感，也在很大程度上被珠三角的光环所遮蔽。

但近年来，长沙不再只是因为湖南卫视才被人想起。"机械之都"声名鹊起；茶颜悦色、文和友等一批消费 IP，助其收割了"网红城市"的流量……既有装备制造业方面的硬实力，又有颇具特色的休闲、娱乐、消费方面的软实力，再加上亲民的房价，这座有星城之称的省会城市，的确是星光熠熠。

不过，从打造湖南乃至整个中部地区经济增长极来看，仅靠长沙目前的能级，还远远不够。因此，长株潭都市圈的建设加速势在必行。它既能确保株洲、湘潭的产业基础和比较优势得到更好利用与发挥，也有助于长沙弥补发展腹地和产业上的短板，打开新的想象力。

一个具有说服力的细节是，《湖南省"十四五"新型城镇化规划》明确提出，发挥长株潭整体优势，推动长株潭三市整体建设国家中心城市。三城抱团争创国家中心城市，相比长沙的单打独斗，无疑让胜算大大提升。而从另一个角度来说，湖南也需要一个更强大的经济增长极，以及一根人口承载力、吸引力更强的定海神针。

"七普"数据显示，作为人口大省的湖南，仍有近 700 万的人口净流出，其中主要是流向了珠三角地区。以至于坊间乃至学界有这样一种调侃——湖南真正的省会在深圳。而最新数据显示，相比"七普"，湖南省 2021 年常住人口减少了约 22.49 万人，并且出生人口近 60 年来首次低于 50 万人，人口自然增长率首次为负。

在这样的人口形势面前，一个"在增强辐射带动功能上聚焦发力，在推动城乡协调发展上创造经验，在促进共同富裕上引领示范"的长株潭都市圈，自然更被需要。因此也可以说，长株潭都市圈建设进入快车道，也是长沙作为湖南省会加速正名之旅的开始。

（2022 年 4 月 2 日）

北部湾城市群发力，
南宁站上新风口

继长江中游城市群之后，2022 年内第二个城市群的"十四五"实施方案获得国务院批复。这次是北部湾城市群。

批复指出，广西、广东、海南三地要落实主体责任，加强组织领导，健全协同机制，细化任务举措，形成工作合力，确保《北部湾城市群建设"十四五"实施方案》各项目标任务落到实处。

这标志着，这个西部唯一的沿海国家级城市群，站上了新的发展节点。南宁、湛江、海口等中心城市，又迎来新一轮发展利好。

多重战略加持和区位优势

根据国家"十四五"规划和 2035 年远景目标纲要，我国目前共布局了 19 个国家级城市群。它们处于"优化提升""发展壮大""培育发展"三个发展阶段。其中，北部湾与山东半岛、粤闽浙沿海、中原、关中平原一起被归入第二梯队，也即"发展壮大"的队伍之中。

可以看出，论经济、人口规模，以及中心城市的能级，北部湾城市群在其中都不具备明显优势。但其"十四五"实施方案能够在该梯队中率先获批，并不是偶然的。其中，最突出的一点原因就体现在其特殊的战略地位和区位优势上。

根据 2017 年国务院批复的《北部湾城市群发展规划》，北部湾城市群背靠祖国大西南、毗邻粤港澳、面向东南亚，位于全国"两横三纵"城镇化战略格局中沿海纵轴最南端，是我国沿海沿边开放的交会地区，在我国与东盟开放合作的大格局中具有重要战略地位。

同时，北部湾还是面向东盟国际大通道的重要枢纽、21 世纪海上丝绸之路与丝绸之路经济带有机衔接的重要门户、陆海统筹发展示范区。尤其是在"一带一路"倡议和西部陆海新通道战略明确后，北部湾城市群的战略地位更显突出。

因此，北部湾受到政策的垂青，是意料之中的事。

从这次批复中，也可以看出，对于北部湾城市群发展方向和定位的描述，颇能说明其区位上的优越性——以西部陆海新通道为依托，深度对接长江经济带发展、粤港澳大湾区建设等区域重大战略，协同推进海南自由贸易港建设，融入共建"一带一路"，积极拓展全方位开放合作，大力发展向海经济，加快建设蓝色海湾城市群。

此外，批复中还赋予了北部湾城市群一项特殊使命——在维护边疆海疆安宁上彰显新担当。

北部湾城市群，不仅同时面临着多重国家战略机遇，也被国家寄予厚望。作为西部唯一的沿海国家级城市群，它的发展壮大，对于整个西部地区的开放发展，都具有重要意义。

南宁的机遇和广西的悬念

"十四五"实施方案到底会给北部湾城市群带来哪些新机遇，目前还有待公布，但其整体范围应该不会有大的变化。

根据 2017 年批复的发展规划，北部湾城市群的规划覆盖范围，包括广西的南宁、北海、钦州、防城港、玉林、崇左，6 市；广东的湛江、茂名、阳江，3 市；以及海南的海口、儋州、东方、澄迈、临高、昌江，6 县市。

这里面，南宁的定位是核心城市，湛江和海口是"两个增长极"。因此，南宁相当于是整个北部湾城市群的龙头，它也是整个城市群 GDP 最高、常住人口最多的城市。

近几年，广西推出了"强首府"战略，明确将南宁建设成为面向东盟开放合作的区域性国际大都市、"一带一路"有机衔接的重要门户枢纽城市、北部湾城市群与粤港澳大湾区融合发展的核心城市。同时，还提出到 2025 年，南宁市综合实力显著增强，经济总量比 2018 年翻一番。

北部湾城市群"十四五"实施方案，相信将会给南宁实现上述目标带来政策上的助力，有力壮大北部湾城市群的"龙头"。

这次批复给北部湾城市群指明了"以西部陆海新通道为依托，深度对接长江经济带发展、粤港澳大湾区建设等重大战略"的大方向，实际上也适用于广西。

另外，广西自贸试验区所涵盖的"南宁片区、钦州港片区、崇左片区"，均处于北部湾城市群的规划范围。"十四五"实施方案，相信也将在广西自贸试验区的建设上，带来针对性的政策红利。

而一个值得关注的悬念是，被写入《广西综合交通运输发展"十四五"规划》的平陆运河建设，是否会被纳入北部湾"十四五"实施方案之中。根据规划，这条运河是"沟通长江、珠江和北部湾"的水运大通道，对于进一步兑现广西的"出海口"优势，有着极其重要的作用。但该工程规划总投资高达 680 亿元，并且面临一定争议，若能进入北部湾城市群的"十四五"实施方案之中，或意味着其建设推进将更具政策保障。*

2017 年被指出的问题，依然需要重点克服

说到北部湾，多数人都默认为就是广西。但从城市群的角度来讲，广西虽

---

* 本文刊发后不久，《北部湾城市群建设"十四五"实施方案》全文公布，"研究建设平陆运河"相关内容已纳入。

然仍是主场，但要真正释放出城市群的发展红利，还是需要城市群各区域能够形成紧密的融合、协作关系。

这次"十四五"实施方案，应该会对促进广西、广东、海南三地的协同合作，提供新的支持。但是，北部湾城市群的软肋仍然不容忽视。

首先，北部湾城市群缺乏一个足够强的中心城市，带动力、凝聚力有限。作为龙头的南宁，2021年刚站上GDP 5000亿元的台阶，常住人口则不到900万。这在GDP万亿、人口千万成为中心城市"标配"的今天，确实显得有点薄弱。至少在被国家列入"优化提升""发展壮大"阶梯的十大城市群中，北部湾是唯一一个缺乏GDP万亿城市和人口千万城市的城市群。在很大程度上可以说，2017年的发展规划所指出的"中心城市功能亟待加强"的短板，依然存在。

在新一轮发展周期，南宁作为核心城市的带动、辐射作用如何体现，城市群内部的凝聚力如何增强，仍是北部湾城市群需要重点解决的问题。

其次，北部湾虽然同时面临着多重国家战略的叠加，但具体到每个区域又都各有倚重。比如，广西是陆海新通道唯一出海口；而海南全面深化改革开放已被列入六大国家战略之一，同时，海南全岛都被列入海南自由贸易港的实施范围。哪怕是湛江，也已被广东确定为两大省域副中心城市之一。并且，未来随着广湛高铁客运专线的建成通车，湛江将迈入粤港澳大湾区"2小时经济圈"。

2017年的发展规划还曾指出，北部湾城市群"城市数量少且联系不够紧密"：港口城市多以重化工业为主，相互间经济联系不够紧密，港口间存在无序竞争现象；省际城市间缺少高效便捷交通通道，产业结构趋同，分工协作不够，孤立发展特征较明显。

因此，跨越三省的北部湾城市群，在缺乏强有力的中心城市，以及区域内各板块都有各自战略牵引的情况下，如何实现协同发展，共同壮大城市群的影响力，还需要更多的智慧。

（2022年3月26日）

长江中游、北部湾、关中平原城市群，都安排上了

熊　志

国家发改委印发的《2022年新型城镇化和城乡融合发展重点任务》提出，健全城市群一体化发展机制，印发实施长江中游、北部湾、关中平原城市群发展"十四五"实施方案，推动建立城市群多层次、常态化协商协调机制。

我国城镇化的下半场，城市群的集聚带动效应持续增强。国家"十四五"规划和2035年远景目标纲要提到，要以促进城市群发展为抓手，全面形成"两横三纵"城镇化战略格局，并点名了GDP全国占比总和超过80%的19个城市群。其中明确：优化提升京津冀、长三角、珠三角、成渝、长江中游等城市群，发展壮大山东半岛、粤闽浙沿海、中原、关中平原、北部湾等城市群。

长江中游城市群：定位于"三个重要"

2022年3月，《长江中游城市群发展"十四五"实施方案》正式出炉。按照城镇化重点任务部署，接下来北部湾和关中平原城市群的"十四五"实施方案，也有望很快落地。对这三大城市群来说，国家批复将给今后的发展指明方向。

长江中游城市群，算是较早享受城市群建设政策红利的。早在2015年，《长江中游城市群发展规划》就正式出炉，这也是《国家新型城镇化规划（2014—2020年）》出台后，国家批复的第一个跨区域城市群规划。

在双循环新格局下，中部崛起的战略价值进一步提升。覆盖湖南、湖北、

江西三省，以武汉、长沙和南昌三大省会城市为中心的长江中游城市群，其战略定位也迎来了重要升级。

最新的实施方案中，用"三个重要"对长江中游城市群进行了目标定位，分别是：长江经济带发展和中部地区崛起的重要支撑，全国高质量发展的重要增长极，具有国际影响力的重要城市群。

数据显示，2020 年长江中游城市群的常住人口超过 1.3 亿，GDP 为 9.4 万亿元，约占全国的 9.3%。就经济体量而言，作为"中三角"的长江中游城市群，规模和大湾区不相上下，仅次于长三角城市群，高于成渝双圈。

目前，京津冀、长三角、珠三角、成渝这四大城市群，都已上升为国家战略。近几年来，湖南、湖北、江西三省的代表委员都曾呼吁，希望将长江中游城市群上升为国家战略。

这一次，虽然是以"十四五"实施方案的形式推出的顶层设计方案，而非四大城市群那样通过规划纲要，但这同样意味着，长江中游城市群离上升为国家战略更近了一步。

一方面，在国家"十四五"规划中，长江中游城市群本来就跟京津冀、长三角、珠三角、成渝一档，被列为"优化提升"的范围。

另一方面，从之前的《长江中游城市群发展规划》，到今天的《长江中游城市群发展"十四五"实施方案》，长江中游城市群的方案获批，都有着明显的先发优势，所以"中三角"各城市抱团冲刺第五极，这下更稳了。

北部湾城市群：独特的区位优势

根据 2017 年的《北部湾城市群发展规划》，北部湾城市群的范围，包括广西的南宁、北海、钦州等城市，广东的湛江、茂名、阳江，以及海南的海口、儋州等城市。

和长江中游城市群相比，同样跨越三省的北部湾城市群，存在感要低很多。论经济体量只有两万亿出头，论头部城市对比，南宁和"中三角"的武汉也不在一个量级，前者 2021 年 GDP 为 5120.94 亿元，后者为 17716.76 亿元。

不过，北部湾城市群被纳入"发展壮大"的范畴，并且很快将迎来"十四五"方案的获批，有两层因素不容忽视。

其一，北部湾城市群自身有着独特的区位条件。它东联港澳，南接东盟，背靠西南腹地，有着沿海沿边的便利，并且是中国与东南亚、非洲、欧洲、大洋洲之间海上航运距离最短的对外门户。所以在此前一版的规划中，北部湾城市群的定位里专门提到，"以打造面向东盟开放高地为重点"。这种港口群的条件、沿海沿边的开放优势，反而是长江中游城市群所不具备的。

其二，"一带一路"建设的持续推进，尤其是西部陆海新通道战略的落地，让北部湾城市群的战略价值进一步凸显。如《西部陆海新通道总体规划》就特别提到，要基本形成重庆、成都分别经贵阳、怀化、百色至北部湾港（钦州港、北海港、防城港港）的三条铁路运输线路，这体现出北部湾城市群作为出海口的重要区位价值。

目前，北部湾城市群的"十四五"方案，到底会如何锚定发展方向，还有待揭晓。但它要想发展壮大，需要解决一个突出难题——作为"群主"的南宁，发展水平欠缺，辐射引领带动作用不强。

南宁的首位度偏低，和广西首府城市的变迁息息相关。这就导致和曾当过首府的桂林，以及工业重镇柳州相比，南宁的首府优势并不突出。

好在，广西近几年开始加码强首府，并下发了《关于实施强首府战略的若干意见》等文件，这给南宁做大做强提供了新的机会。作为"群主"的南宁，如果经济实力能够再上新台阶，那么北部湾城市群在南宁的带动下，也能够有更强劲的发展动力。

关中平原城市群：亚欧大陆桥的重要支点

2018 年初，《关中平原城市群发展规划》正式获得批复。关中平原城市群同样横跨三省，范围包括陕西、山西和甘肃的多个城市，其目前的经济总量在 2 万亿元左右。

关中平原本身是古代丝绸之路的起点，至于关中平原城市群，它是西北地区最大的城市群，是亚欧大陆桥的重要支点，是西部地区面向东中部地区的重要门户。

值得一提的是，在《关中平原城市群发展规划》中，西安正式入围国家中心城市阵营，成为第 9 个 "成员" 城市。和其他 8 个国家中心城市相比，西安的综合发展水平有一定的差距。但能够入围国家中心城市，一个重要因素在于，它是大西北的龙头，而出于均衡发展考虑，西北地区，需要一个国家中心城市来辐射和带动。

所以，从西安的国家中心城市身份，也能看出关中平原城市群在西北的战略价值。而关中平原城市群本身文化同源、民俗相近，这是它的重要优势。

不过，作为偏居西北的城市群，关中平原城市群存在着开放合作层次不高的问题。之前的《关中平原城市群发展规划》就专门提到，关中平原城市群 "发展观念和竞争意识不强，对外开放程度不够，开放型经济体系不够健全"。

城市群的发展模式，并不是城市的一种简单集群，说到底是要破除体制机制的壁垒，让资源在更大的范围内优化配置。而关中平原城市群内部的体制机制障碍，尤其体现在西安和咸阳的一体化进程中。这些年来，关于二者合并的呼声一直不减，但此事始终没有实质性进展。受此影响，在《西咸两市经济发展一体化协议书》签署 20 年后，产业、公共服务等层面的一体化步伐依然较为缓慢。

接下来，关中平原城市群的"十四五"方案，会不会对西咸一体化有新的部署，将是一个重要的悬念。但不管最终合并不合并，打破行政壁垒，积极"破圈"，都是大势所趋，它是西安做大做强的关键，也会是关中平原城市群做大做强的关键。*

（2022 年 3 月 19 日）

---

* 本文刊发后不久，《关中平原城市群建设"十四五"实施方案》全文公布，提出"深入推进西安和咸阳相向一体化发展"。

长江中游城市群获重磅批复，
经济第五极呼之欲出

熊　志

2022 年 2 月 24 日，中国政府网发布了《国务院关于长江中游城市群发展"十四五"实施方案的批复》，其中提到，原则同意《长江中游城市群发展"十四五"实施方案》。

随着城市群战略的不断推进，近几年来，长三角一体化、粤港澳大湾区、成渝地区双城经济群、京津冀协同发展等规划出炉，区域经济形成了东南西北四极的格局，唯独长江中游城市群缺少国家级的规划来加持。

这一次的批复，意味着长江中游城市群离上升为国家战略更进一步。更重要的是，它基本确认了长江中游城市群在京津冀、长三角、大湾区、成渝双圈之后全国经济第五极的地位。

长江中游城市群，地位有了明显抬升

截至 2022 年 2 月 25 日，《长江中游城市群发展"十四五"实施方案》的全文还没有公开，不过批复文件已经提到了长江中游城市群的战略定位：打造长江经济带发展和中部地区崛起的重要支撑、全国高质量发展的重要增长极、具有国际影响力的重要城市群。

值得一提的是，2015 年发布的《国务院关于长江中游城市群发展规划的批复》，给它的战略定位是：将长江中游城市群建设成为长江经济带重要支撑、全国经济新增长极和具有一定国际影响的城市群。

从"全国经济新增长极"到"全国高质量发展的重要增长极",从"具有一定国际影响的城市群"到"具有国际影响力的重要城市群",通过两个"重要"不难看出,长江中游城市群的地位有了明显的抬升,这说明它在全国经济版图中的位置变得越来越重要。

按照2015年的规划,长江中游城市群覆盖湖南、湖北、江西三省的多个城市,是以武汉城市圈、环长株潭城市群、环鄱阳湖城市群为主体形成的特大型城市群。

2020年,长江中游城市总人口为1.3亿左右,GDP达到11.1万亿元。就规模而言,长江中游城市群的经济体量和粤港澳大湾区不相上下,要高于作为第四极的成渝双圈,这也是它在此前明确提出争夺全国经济第四极的底气所在。

当然,随着成渝双圈规划的获批,长江中游城市群的第四极地位被前者抢先占据。

这一次,长江中游城市群领先山东半岛城市群等,抢先获批新的发展规划,并收获"全国高质量发展的重要增长极"定位,意味着在经济第五极的竞争上已胜券在握。

第五极来了,钻石型地理结构有了心脏

长江中游城市群能够拿下第五极的位置,可以从两个方面来看待。

其一,长江中游城市群所在的中部地区是我国重要的大区之一。摊开地图可以发现,京津冀、长三角、粤港澳大湾区、成渝双圈正好形成了一个钻石型地理结构,但如果中部的心脏地带没有一个影响力的城市群作为"重要支撑",那这个结构就是不够稳固的。

因此,在2004年"中部崛起"的概念就正式提出了。

而长江中游城市群临江达海，有着良好的区位条件；中心城市武汉是九个国家中心城市之一，也是中部第一城，2021 年的 GDP 达到 17717 亿元，位列全国第九，另一个中心城市长沙也早已迈入了 GDP 万亿俱乐部。

不管是从区位条件，还是经济人口规模、城市构成来看，长江中游城市群都具备成为担纲重要增长极的潜力。

其二，长江中游城市群山水相连、人文相亲，在很早之前就开始了一体化的合作进程，打造城市群具有较好的基础条件。

早在 2012 年，长江中游城市群就签订了战略合作框架协议，在基础设施、产业、市场等多个方面展开合作。2013 年开始，武汉、长沙、南昌，包括合肥在内，先后签订了《武汉共识》《长沙宣言》《南昌行动》。

随着城市群战略的推进，湖南、湖北、江西三地的协作，近几年变得更加紧密。比如 2021 年 9 月，三省宣布组建长江中游三省协同发展联合办公室，并签署了《长江中游三省协同推动高质量发展行动计划》等多份文件，打造 2 小时互达经济圈等。

城市群的概念，本身是对行政地理空间的一种突破，是要促进市场资源要素在更广阔的范围内流通配置。城市群的总体发展水平，不仅取决于核心城市，更取决于城市之间的一体化融合程度。也正是因为有良好的合作基础，长江中游城市群才能脱颖而出。

长江中游城市群"十四五"实施方案的批复中提到，"在体制机制改革、重大项目建设、试点示范等方面给予积极支持"，这为长江中游城市群的未来发展提供了重要保障。

长株潭都市圈，有前期基础但还需继续破圈

就在《长江中游城市群发展"十四五"实施方案》批复的同一天，《长株

潭都市圈发展规划》也正式获批。长株潭都市圈规划成为南京、福州、成都之后第四个获批的都市圈，也是2022年首个获批的都市圈规划。

都市圈是城市群的重要组成单元，而长株潭都市圈拿下第四的"头衔"，并且正好和长江中游城市群发展方案的获批时间重合，其实并不算太意外。

"十四五"规划纲要中就明确提到，推动长江中游城市群协同发展，加快武汉、长株潭都市圈建设，打造全国重要增长极。这里可以看出两点信息：其一，武汉和长株潭都市圈的战略地位较为重要；其二，它是推动长江中游城市群发展的重要支撑点。

要注意的是，长株潭都市圈规划获批，赶在了武汉都市圈的前面，一个重要原因或在于，前者有着更成熟的合作基础。

事实上，长沙、株洲和湘潭三座城市，地理上紧密相连，相距都只有几十公里。并且早在20世纪80年代，就有长株潭经济区的相关方案了，一体化建设的时间久，基础不错。

当然，相对于国内那些更成熟的都市圈，比如上海都市圈、广佛都市圈或者深莞惠都市圈，长株潭都市圈的协同水平还有很大差距。其城市之间的行政边界依然清晰存在，基础设施、产业、公共服务等层面离同城化还较远，资源要素的流通尚未能形成一个统一、畅通的大市场。

这不仅是长株潭都市圈的问题，更是整个长江中游城市群的问题。因为是跨省城市群，还涉及湖南、湖北、江西三个省份，所以长江中游城市群目前内部的互联互通程度，还有很大的提升余地。

接下来，不仅武汉、长株潭都市圈内部要破圈，都市圈之间同样要加速破圈。正如批复所提到的，要"健全协同机制，细化任务举措，形成工作合力"，只有一体化再上一个台阶，城市群的高质量发展才能迎来质变。

（2022年2月26日）

三省一市共建，
虹桥为何不只是上海的虹桥

李　攀

　　2019 年，《长江三角洲区域一体化发展规划纲要》发布，明确提出"打造虹桥国际开放枢纽"。2021 年 2 月，国务院正式批复《虹桥国际开放枢纽建设总体方案》（以下简称《总体方案》），明确了虹桥国际开放枢纽建设的指导思想、发展目标、功能布局和主要任务，吹响了虹桥国际开放枢纽建设的号角。

　　转眼间，虹桥国际开放枢纽诞生已有 3 年，成为继上海自贸区临港新片区、长三角生态绿色一体化发展示范区后，上海承接的又一重大战略任务，也是推进长三角一体化国家发展战略的又一重大布局。

　　目前，虹桥国际开放枢纽发展进度如何，未来还将有哪些大目标、大布局、大动作？

　　2021 年 11 月 4 日，国务院新闻办举行长三角一体化发展上升为国家战略三年来进展新闻发布会。会上，上海市委常委、常务副市长吴清表示，这半年来，以"三个一批"（政策措施、功能平台、重大项目，抓推进、抓落实）为抓手，虹桥国际枢纽建设实现良好开局。《总体方案》明确的 29 项政策措施已经落地了 23 项，接近 80%。虹桥国际商务人才港等一批实体平台，辐射带动效应加快显现；嘉昆太协同创新圈等合作平台，正在成为区域合作的重要抓手。沪苏湖高铁、上海"嘉闵线"等一批交通基础设施项目开工，上海金山铁路延伸到浙江平湖等一批跨省市项目正在加快推进。

　　"'大虹桥'建设主体将从上海一家变成三省一市共建"，这一说法备受关注。吴清表示，下一步，将按照"发挥上海龙头带动作用、苏浙皖各扬所长"

的要求，加快把"大虹桥"打造成长三角强劲活跃增长极的"极中极"、联通国际国内市场的"彩虹桥"。

"大虹桥"之大

虹桥位于上海中心城区西侧。依托区位和功能优势，虹桥成为长三角地区的经济地理中心和交通网络中心。2009年，虹桥建成世界上最大的综合交通枢纽，即虹桥综合交通枢纽。同时，建立了虹桥商务区，构建服务长三角世界级城市群的商务中心。

多年来，虹桥商务区一直是上海重点发展区域之一，其规划建设发展，迄今有十余年，但总面积只有86平方公里。

2014年，虹桥建成了世界上最大的单体会展建筑，即国家会展中心，面积扩大到151平方公里，建设主体只限于上海市。

从《长江三角洲区域一体化发展规划纲要》发布到《总体方案》出台，虹桥国际开放枢纽从纸面走向现实，背后是一幅"大虹桥"的宏伟蓝图正在浓墨重彩地擘画：让上海的虹桥，成为沪苏浙皖携手共建的"长三角的虹桥"，成为长三角地区携手合作代表中国"迈向全球的虹桥"，成为联动长三角、服务全中国和辐射全球的枢纽。

首先是地理意义上的"大"。按照《总体方案》，虹桥国际开放枢纽从苏南长江口经上海市域，一直延伸到杭州湾北岸，总面积7000平方公里。相比于原来虹桥的面积，"大虹桥"显然完成了显著的扩容。

其次是布局之"大"。在《总体方案》中，虹桥国际开放枢纽包括"一核两带"，"一核"指的是上海虹桥商务区，主要承担国际化中央商务区、国际贸易中心新平台和综合交通枢纽等功能，"两带"指的是以虹桥商务区为起点延伸的北向拓展带和南向拓展带。从地图上看，"一核两带"功能布局犹如一张拉开的弓，蓄势待发。

不过，"大虹桥"之大，不只在于面积、规模，更在于格局和所承载的意义之大。"大虹桥"对标"极中极""彩虹桥"，全方位、大手笔、精深尖升级背后，是大期待。

从"虹桥国际开放枢纽"的命名，就能看出深意。"虹桥"彰显着上海的龙头地位，"国际"体现着辐射带动全球的追求，"开放"道出了实行实现愿景的路径，"枢纽"点明了中心地位。

三省一市共建有何意义？

三省一市共建"大虹桥"，其实早有伏笔。

《总体方案》中就明确，加强统筹协调。在推动长三角一体化发展领导小组领导下，上海市、江苏省、浙江省、安徽省人民政府要切实履行实施主体责任，完善分工合作机制。

为了强化虹桥国际开放枢纽"一核两带"协调联动，凝聚沪苏浙皖三省一市工作合力，在推动长三角一体化发展领导小组办公室的统筹推进下，在长三角区域合作机制建立了虹桥国际开放枢纽建设协调推进机制。2021 年 4 月 2 日上午，虹桥国际开放枢纽建设协调推进机制第一次全体会议在上海召开，标志着协调推进机制正式启动；而在这之前一个月的 3 月 2 日，虹桥国际开放枢纽建设动员大会举行，标志着"大虹桥"进入全面实施的新阶段。

其他三省也没耽搁。比如浙江，在 2021 年 9 月 22 日于嘉兴召开浙江省共建虹桥国际开放枢纽推进大会，浙江省长三角办印发了《浙江省共建虹桥国际开放枢纽实施方案》。

三省一市抱团共建，有何意义？从当下来看，至少有四点。

其一，进一步放大优势。

虹桥本身就厚植改革开放的基因。比如，虹桥商务区已建成全国最大的现代化综合交通枢纽，成功举办了中国国际进口博览会等重大展会，万商云集、充满活力，交通、会展、商务等功能得到不断完善。

三省一市共建"大虹桥"，最直接的好处是进一步放大虹桥商务区的优势，强化国际国内地位，提升枢纽功能，助力全球高端资源要素配置。

其二，在更高水平上推进开放。

从历史上看，长三角是改革开放前沿之一，40多年来不断为我国改革开放事业创造经验、积蓄能量。当前，长三角要加快打造改革开放新高地，必须找到合适的平台和载体。

三省一市共建"大虹桥"，搭建新平台、集聚新资源、构筑新优势，有利于推进长三角区域的开放迈向更高层次、更宽领域和更大力度，凸显这片改革开放新高地之"高"，为全国扩大开放提供更多经验。

其三，促进三省一市联动协同。

长三角一体化发展上升为国家战略后，三省一市自然要紧扣"一体化"这一关键词，手牵手、一起走，不断破除体制机制障碍，激发出协同之力，全面增强对全国经济发展的影响力和带动力。

从长三角生态绿色一体化发展示范区到共建"大虹桥"，既是三省一市提升协同水平的宝贵契机，也倒逼着三省一市不断破除壁垒、加强协同。

其四，加快形成新发展格局。

作为一个整体的长三角区域，肩负着率先形成新发展格局、下好战略先手棋的厚望。三省一市共建"大虹桥"，发挥虹桥国际开放枢纽搭建平台、提供通道、编织网络的枢纽作用，尽最大可能打破制约要素流动的各种阻碍，用开放、创新、包容的环境吸纳各类人才，能够有力促进国内市场和国际市场更好联通。

以上四点，都有很强的现实针对性。共建"大虹桥"，就是要达到

"1+1+1 > 3"的效果,让"大虹桥"成为长三角地区发展活力最强、潜力最大、开放度最高的范本之一。

折射对外开放之"新"

如果把时间线拉长,可以发现,打造虹桥国际开放枢纽是我国对外开放在新时代的一种新印证。

改革开放之初,打开国门、参与国际竞争协作是我国发展经济的必然选择,当时多为要素开放,主要依托人口、土地等要素红利,吸引外来技术、资本、管理。40多年后的今天,我国的对外开放更加趋向于规则、规制、管理、标准等制度型开放,开放的主动性也更加明显和重要。

这种对外开放的新特征,在打造虹桥国际开放枢纽上得到集中体现。一方面,虹桥国际开放枢纽本身就是中央在顶层设计层面作出部署、加以推动、进行制度创新的产物;另一方面,《总体方案》明确提出,打造虹桥国际开放枢纽要加快打造法治化市场化国际化营商环境,全面提升全球资源配置能力等。总之,就是要全面对标国际、面向全球。

因此,与经济特区、沿海开放城市、国家级新区、自贸试验区等我国以往的开放形态相比,打造虹桥国际开放枢纽是一种立足以往做法经验,但更是全新的尝试。其实践探索和标杆意义,在全国改革开放格局中必将发挥独特作用。

值得一提的是,在以制度型开放为主的新阶段,改革与开放的关系得到更进一步的体现:开放即改革,改革即开放。为了打造虹桥国际开放枢纽,敢于改革创新,以改革创新推动开放,是三省一市的必经之路。

这就需要三省一市在共建当中,大胆闯、大胆试,在体制机制层面推出一系列精准有效的改革创新举措,逐一破题,打造各地最佳实践,真正将"大虹桥"打造成长三角改革开放的一座高地和展示我国改革开放成就的一扇窗口。

按照《总体方案》，到 2035 年，虹桥国际开放枢纽将全面建成，成为推动长三角一体化发展、提升我国对外开放水平、增强国际竞争合作新优势的重要载体。

三省一市携手共建，意味着更大的力量参与、更多的智慧积聚、更充足的资源投入。期待十余年后，这座彩虹之桥，如虹之美丽，如桥联通中外，畅达世界！

（2021 年 11 月 6 日）

放下"瑜亮情结"，
成渝携手打造中国经济第四极

熊　志

2021 年 10 月 20 日，中共中央、国务院印发的《成渝地区双城经济圈建设规划纲要》(以下简称《规划纲要》)，标志着川渝两地的发展迈入了一个新的阶段。

在中国的区域发展版图上，成渝地区一直都很重要。2016 年，《成渝城市群发展规划》发布；2020 年 1 月召开的中央财经委员会第六次会议，正式提出了成渝地区双城经济圈的概念。随后，《规划纲要》的发布时间、内容，一直备受关注。

《规划纲要》共 12 章，提出了推动成渝地区双城经济圈建设的 9 项重点任务，明确了成渝地区双城经济圈建设的战略定位，即具有全国影响力的重要经济中心、具有全国影响力的科技创新中心、改革开放新高地、高品质生活宜居地。

携手冲刺"中国经济第四极"

总体来说，《规划纲要》的正式出炉，相当于对成渝双圈"中国经济第四极"地位的一次权威认定。这至少体现在两方面。

首先，在发展基础层面，以城市群为单位来审视当前的区域格局，在京津冀、长三角、粤港澳大湾区之后，成渝双圈确实是紧随其后的"实力担当"了。

对此，《规划纲要》提到，成渝双圈总面积 18.5 万平方公里，2019 年常住人口 9600 万，地区生产总值近 6.3 万亿元，分别占全国的 1.9%、6.9%、6.3%，是"我国西部人口最密集、产业基础最雄厚、创新能力最强、市场空间最广阔、开放程度最高的区域"。五个"最"基本概括了成渝双圈在西部的经济地位。而具体到城市，作为成渝双圈两大核心的重庆和成都，都是国家中心城市，也是 GDP 10 强城市、资源集聚的重要地区。

当然，提升为国家战略，除了它有这样的实力基础之外，还一层重要因素在于，其战略地位和区位条件相当重要。

成渝双圈本身是全国的大后方，历史上如此，随着双循环格局的开启，大后方的地位进一步巩固。用《规划纲要》的原文便是，"在国家发展大局中具有独特而重要的战略地位"。

所以，推动成渝双圈的建设，被提升到了相当高的战略层次——有利于在西部形成高质量发展的重要增长极，有助于打造内陆开放战略高地和参与国际竞争的新基地，有利于吸收生态功能区人口向城市群集中……

对成渝双圈委以重任，既意味着重大使命，也意味着重大机遇。《规划纲要》中涉及基础设施、产业体系、公共服务等层面的内容，对于未来成渝双圈覆盖区域的发展能级，都会起到显著的提升作用。这种国家战略带来的资源倾斜，未来会持续释放利好。

以大带小、加快培育中小城市

成渝双圈规划出炉后，虽然它的经济第四极地位更加稳固，但它面临的挑战也相当明显，除了综合实力和竞争力仍与东部发达地区存在较大差距外，还有一个重要体现是内部发展落差。

比如在长三角地区，城市发展基本呈现出一个梯度格局。在一线城市上海之外，第二梯队的还有南京、杭州、宁波、苏州等强二线城市，第三梯队还有南通、常州等实力较为强劲的二线城市，GDP 万亿俱乐部城市一共达到 8 个，城市群内部的组合结构比较合理。

但成渝双圈方面，一城独大的问题比较突出。以成都为例，2020 年成都的 GDP 达到 17716.7 亿元，而城市群内的第二档城市绵阳、宜宾，都只有 3000 亿元左右的规模。

如此大的差距，会放大中心城市的虹吸效应，不利于总体竞争力的提升。鉴于此，此次规划对均衡发展有多次相应的安排部署。

如《规划纲要》提到，要"双核引领，区域联动"——处理好中心和区域的关系，强化协同辐射带动作用，以大带小、加快培育中小城市，以点带面、推动区域均衡发展。

以前，成渝双圈的中心城市对周边可能是虹吸为主，但按照规划，未来得增强辐射引领作用，中心和区域之间要协调起来。

具体如何实现呢？比如《规划纲要》提到，"推动超大特大城市中心城区瘦身健体"。这样的表述其实在《黄河流域生态保护和高质量发展规划纲要》中也有提到。一方面，这是对大城市摊大饼模式下，资源过度集聚导致的一城独大的纠偏；另一方面，也是给周边地区发展机会。

因为积极破解"大城市病"，合理控制开发强度和人口密度，意味着中心城市需要向外围的郊区和周边城市疏解部分功能，包括产业项目等，等于给后者带去了机遇。

此外，成渝双圈规划对均衡发展的推动，还重点体现为基础设施的打通。如《规划纲要》提出，"铁路网总规模达到 9000 公里以上、覆盖全部 20 万以上人口城市"。那么，成渝双圈内的那些中小城市，将有条件接入全国铁路网中，实现交通条件的大改善。

基础设施上的一体化，有利于增加城市群内部的交流，让中小城市民众也能享受到城市群战略的红利。

如何下好"川渝一盘棋"?

由于历史等各种因素，在很长一段时间，重庆和成都的同质化竞争较为突出，产业链分工协同程度不高，存在着"瑜亮情结"，两地一些民众在舆论场甚至存在着"鄙视链"。

但事实上，随着都市圈、城市群建设的提速，现在的区域竞争，早已不是单个城市之间的简单"较量"了。城市群的发展水平要实现有力提升，内部的分工协作必须更加合理。

近两年来，川渝、成渝之间的互动合作明显更加频繁了。尤其是在成渝双圈的概念正式提出来后，两地之间的一体化关系得到了明显的提升。

而这次的规划更进一步，对协同发展有多个层面的部署。比如要求坚持"川渝一盘棋"思维，发挥优势、错位发展，优化整合区域资源。

值得注意的是，为了避免两地同质化竞争，发挥各自的比较优势，实现城市群内"1+1 ＞ 2"的效果，《规划纲要》对重庆和成都特别给予了差异化的定位。

比如重庆方面，"打造国家重要先进制造业中心、西部金融中心、西部国际综合交通枢纽和国际门户枢纽"；至于成都方面，则是"打造区域经济中心、科技中心、世界文化名城和国际门户枢纽"。可以发现，像"西部金融中心"的头衔，是正式授予了重庆。

另外，公共服务层面，要强化共建共享；而在合作机制上，"健全推动成渝地区双城经济圈建设重庆四川党政联席会议机制"，为一体化合作提供议事平台的便利。

《规划纲要》还提到，要"推动重庆、成都都市圈相向发展"。事实上，这两大都市圈的范围基本都突破了行政边界，如"推动广安全面融入重庆都市圈，打造川渝合作示范区"，这一安排在此前就已经落地；而成都东进，则同样是缩小和重庆都市圈的时空距离。

　　总的来说，在差异化竞争、相向发展的前提下，成渝双圈如果能够发展各自优势，带动周边地区的协同发展，那么这个更有想象力的经济第四极，也将进一步服务好中国经济大局。

（2021 年 10 月 22 日）

黄河流域重磅规划出炉，
这些沿黄城市迎来新机遇

朱昌俊

又一个国家级区域发展战略规划出炉！

2021 年 10 月，中共中央、国务院印发《黄河流域生态保护和高质量发展规划纲要》(以下简称《规划纲要》)，规划范围为黄河干支流流经的青海、四川、甘肃、宁夏、内蒙古、山西、陕西、河南、山东 9 省区相关县级行政区，国土面积约 130 万平方公里，2019 年底总人口约 1.6 亿。

在京津冀协同发展、长江经济带发展、粤港澳大湾区建设、长三角一体化发展等区域发展战略都已落子的情况下，《黄河流域生态保护和高质量发展规划纲要》的出台，可谓补齐了区域协同发展的战略拼图。

为什么是黄河流域？

相较于此前的一些重大区域发展战略，不少人可能对黄河流域生态保护和高质量发展感到陌生，但其重要性和战略地位其实非常突出。

《规划纲要》对此有直接阐述：黄河流域是我国重要的生态安全屏障，也是人口活动和经济发展的重要区域，在国家发展大局和社会主义现代化建设全局中具有举足轻重的战略地位。

另一方面，黄河还存在五个"最大"：最大的矛盾是水资源短缺，最大的问题是生态脆弱，最大的威胁是洪水，最大的短板是高质量发展不充分，最大的弱项是民生发展不足。

可对比的是，黄河与长江都是中华民族的母亲河，但两个流域地区在近现代的经济社会发展走向，呈现出明显分野。

黄河流域重要性与短板及现状的落差，是催生《规划纲要》出台的根本。其实，早在 2019 年举行的黄河流域生态保护和高质量发展座谈会就明确提出，黄河流域生态保护和高质量发展，同京津冀协同发展、长江经济带发展、粤港澳大湾区建设、长三角一体化发展一样，是重大国家战略。

沿黄城市迎来新机遇

头部城市的发育水平，是一个区域发展状况的直接体现。

《规划纲要》提出，构建"一轴两区五极"发展动力格局，促进地区间要素合理流动和高效集聚。

其中，"五极"是指山东半岛城市群、中原城市群、关中平原城市群、黄河"几"字弯都市圈和兰州—西宁城市群等。它们是黄河流域人口、生产力布局的主要载体，也可以说是生态保护和高质量发展的排头兵。

这里面，尤其是一些中心城市受到关注。像西安、郑州、兰州、济南、太原、西宁等省会城市，就是其中的主要代表。其中，西安、郑州、济南都是 GDP 万亿城市、特大城市，且西安和郑州还是国家中心城市。不过，论综合经济发展水平，与东部沿海城市相比，它们仍有很大的提升空间。这也是黄河流域城市和经济发展状况的一个缩影。

以 2020 年为例，全国 GDP 10 强城市中，长江流域城市占据半壁江山，但黄河流域城市整体缺席；前 20 强城市中，黄河流域也仅有郑州、济南入列。再比如，这次规划点名较多的兰州，曾是全国 GDP 20 强城市，但目前险些跌出全国百强。

提升为重大国家战略，意味着被纳入规划区域的城市将直接受益，迎来新的发展红利。《规划纲要》明确提出，要破除资源要素跨地区跨领域流动障碍，促进土地、资金等生产要素高效流动，增强沿黄城市群经济和人口承载能力，打造黄河流域高质量发展的增长极。

很明显，助推黄河流域高质量发展，沿黄主要城市群、中心城市，应该更好地挑起大梁，真正担负起动力源、发动机的作用。

这是使命，是机遇，但也意味着要突破困难和阻力。其中比较突出的一点是，较之于粤港澳大湾区、长三角等区域，沿黄各城市群和城市在经济协作、资源互补等方面，仍处于比较松散的状态，要真正成为高质量发展增长极，就必须加快破除资源要素、生产要素的流动障碍，确立新的竞合关系，走向抱团发展。

不过，受制于特殊的生态条件限制，黄河流域城市并不能一味求"大"，平衡好发展规模和发展质量的关系，尤显重要。《规划纲要》明确要求，强化生态环境、水资源等约束和城镇开发边界管控，防止城市"摊大饼"式无序扩张，推动沿黄特大城市瘦身健体、减量增效。

生态保护的重要性前所未有

如文件名所示，黄河流域生态保护和高质量发展，是首个把生态保护和发展并列提出的国家战略，其中的深意自然不言而喻。

黄河流域西接昆仑、北抵阴山、南倚秦岭、东临渤海，横跨东中西部，横跨青藏高原、内蒙古高原、黄土高原、华北平原四大地貌单元和我国地势三大台阶，不仅覆盖范围广阔，而且生态环境多样。与长江流域对比，黄河流域生态环境相对更脆弱。这也决定了其生态保护更为重要且复杂。

通俗说，黄河流域不仅是经济发展的"洼地"，也是生态脆弱之地，当务之急必须要实现生态保护和高质量发展的双重补课。

为此，规划全文共 15 个章节，其中有 6 个章节的主题就与生态保护直接相关。这一方面体现了国家对黄河流域生态保护的重视程度，另一方面也表明黄河流域生态保护的任务之重。

"量水而行"，将水资源作为最大的刚性约束，是黄河流域生态保护的关键。《规划纲要》说得很直接：黄河一直"体弱多病"，生态本底差，水资源十分短缺，水土流失严重，资源环境承载能力弱。

为此，《规划纲要》提出"加强上游水源涵养能力建设""加强中游水土保持""推进下游湿地保护和生态治理""加强全流域水资源节约集约利用"等部署。比如，对黄河干支流规模以上取水口全面实施动态监管，完善取水许可制度，全面配置区域行业用水。

因此，黄河流域的高质量发展，不仅意味着做大做强城市，培育城市群，也意味着因地制宜、分类施策，下大力气综合治污，改善生态环境，发展绿色农牧业和建设特色优势现代产业体系。

于黄河流域而言，生态保护和高质量发展是并驾齐驱的。或者说，生态保护本身就是高质量发展不可或缺的一部分。各地在落实规划时，必须科学认识和处理好两者的关系。

发展黄河流域，下好全国一盘棋

要指出的是，黄河流域生态保护和高质量发展，不仅关系到黄河流域地区的发展前途，也事关全国整体的生态保护和经济高质量发展进程。

而置于当前"一些北方省份增长放缓，全国经济重心进一步南移"的大背景下，助推黄河流域生态保护和高质量发展，也是"缩小南北方发展差距"的题中应有之义。

事实上，关于黄河流域地区"在国家发展大局和社会主义现代化建设全局中具有举足轻重的战略地位",可以举一个容易被忽视的例子。2021 年,多地拉闸限电,给人们生活带来不便,也让煤炭供应再次受到关注,而黄河流域能源资源富集,煤炭、石油、天然气和有色金属资源储量丰富,正是我国重要的能源、化工、原材料和基础工业基地。内蒙古、山西和青海是我国发电重镇,且各有侧重,分别在风电、火电、光伏上发挥难以替代的作用。

与之对应,《规划纲要》明确要求,要加强煤炭外送能力建设,加快形成以铁路为主的运输结构,推动大秦、朔黄、西平、宝中等现有铁路通道扩能改造,发挥浩吉铁路功能,加强集疏运体系建设,畅通西煤东运、北煤南运通道。这将进一步释放黄河流域地区的能源优势,造福全国。

还有一个细节是,规划中第十二章专门提到要"保护传承弘扬黄河文化",既要系统保护黄河文化遗产、深入传承黄河文化基因,也要讲好新时代黄河故事、打造具有国际影响力的黄河文化旅游带。这将黄河流域的生态保护和高质量发展从生态文明、物质文明升华到了精神文明和历史文化传承的高度,丰富厚重的传统底蕴将实现与现代文明的交融。

黄河流域是中华民族的摇篮,对于延续历史文脉和民族根脉有着不可替代的作用。但是,黄河流域的辉煌不能只停留在历史的回忆之中,更不能成为生态脆弱和发展落后的代名词。补上生态保护和高质量发展这两门大课,让古老的黄河旧貌换新颜,让沿黄城市乡村焕发生机,让黄河流域人民过上更美好的生活,是时候了。

(2021 年 10 月 10 日)

打包争创国家中心城市，
长株潭如何谱好协奏曲？

夏熊飞

2021年8月底，湖南省发改委印发《湖南省"十四五"新型城镇化规划》（以下简称《规划》）。先画重点：推动长株潭三城整体建设国家中心城市。

国家中心城市是我国城镇体系规划设置的最高层级。目前，拥有该身份的城市共有9个，即北京、天津、上海、广州、重庆、成都、武汉、郑州、西安。它们都是以单座城市的形态入围。湖南提出将长沙、株洲、湘潭三座城市"打包"创建，是一条原创的路子。

这一大招是出于什么考虑？创建能否成功？这一决策将给湖南省、中部地区和国家中心城市格局，带来怎样的影响？

从长沙单打独斗到三城联手突围

现有的9个国家中心城市，与长沙在区位、功能、定位上存在重叠的，是武汉与郑州。它们属于中部地区，武汉与长沙又同为长江中游重要城市，它们在争创国家中心城市时是竞争关系。在武汉和郑州双双晋级的情况下，长沙的压力更大了。问题摆在眼前：中部还有必要再添一座国家中心城市吗？

但现实的另一面，是从湖南省到长沙市，其对国家中心城市头衔的渴望是显而易见的，努力是持续不断的。

最初，策略简单明确：派出省会城市长沙，向国家中心城市发起冲击。

2016 年左右，长沙就提出了争创国家中心城市的目标。这正好与武汉争创国家中心城市成功同年。但直到郑州摘得中部第二个国家中心城市的 2018 年，长沙还未取得实质性进展。此后的 2019—2020 年，在湖南和长沙的官方文件中，都没有出现长沙建设国家中心城市的目标，淡化的意味明显。

值得注意的是，在 2020 年 10 月发布的《长株潭区域一体化发展规划纲要》中，提到了"创建国家中心城市"，但没有明说是由长沙单独创建。结合该文件的名称和该语句出现的前后文看，指向长株潭区域整体创建的可能性更大。

到了 2021 年 3 月的湖南省"十四五"规划，说法又变成了：创建长沙国家中心城市；同年 5 月发布的《长株潭一体化发展五年行动计划（2021—2025 年）》中，表述是：推动长沙创建国家中心城市。似乎又回到了起点，明确了长沙单城创建的思路。

直到此次《规划》，写得明白：推动长株潭三城整体建设国家中心城市。"打包"创建，尘埃落定。

可见，在创建国家中心城市过程中，是由长沙孤军奋战，还是以三城联手突围，湖南一直在摸索，在心态上也有过犹疑。最终决定"打包"创建，固然有对现实的部分妥协，但更多的还是经过深思熟虑后的谨慎选择，是一条相对"好走的路"。

长株潭选择了一条"好走的路"

好在哪里？

第一，三座城市联手，在各项指标上更容易踏入国家中心城市的"门槛"。尽管对于国家中心城市，并没有明确的人口、GDP 等指标要求，但要达到"国家发展战略的重要平台和战略支点，承载了国家的政治目标和战略任务"

这一定位，城市体量必须达到一定程度才可能实现。

《规划》提出，至"十四五"末，长株潭都市圈城镇人口达到 1300 万左右，经济总量突破 2 万亿元。尽管长沙在 2020 年实现了常住人口过千万、GDP 超万亿，但仅凭一己之力，想要实现《规划》目标，还是有难度的。反之，合三城之力，则是另一番景象。根据长沙市委书记吴桂英 2021 年 9 月 2 日在《人民日报》上发表的文章《谱好长株潭一体化发展协奏曲》，长株潭都市圈以全省七分之一的面积、25% 的人口，创造了 42% 的经济总量、53% 的财政收入，"抱团"效应显著。

第二，长株潭有良好的融合发展基础。三城既有两两空间距离仅约半小时车程、市民生活习惯和心理文化相近等先天优势，也早早迈出了政策制度上的融合步伐。如果从 1984 年提出建设长株潭经济区方案算起，三城已经"融"了 37 个年头；从 1997 年开始实施长株潭一体化战略算起，也有 24 个年头。

这两年，湖南及三城在交通、产业、公共治理、生态保护等方面协同交流实招不断。2018 年，建立了长株潭城市群一体化发展联席会议制度，依次由长沙、株洲、湘潭三城市委书记担任，规格高。2021 年，又提出了规划同图、设施同网、三城同城、市场同治、产业同兴、创业同为、开放同步、平台同体、生态同建、服务同享的"十同"要求。可以说，长株潭一体化多年的实践与成绩，为三城联手争创国家中心城市打下了坚实的基础。

第三，国家级战略支持让长株潭底气更足。国家"十四五"规划和 2035 年远景目标纲要提出，"推动长江中游城市群协同发展，加快武汉、长株潭都市圈建设，打造全国重要增长极"。自此，长株潭由"区域规划"晋级"国家战略"。国家规划中将长株潭与武汉并列，是"地位对等"的体现；湖南将长株潭"打包"争创国家中心城市，是对国家政策的呼应。国家战略的支持，对长株潭争创国家中心城市，是颇具分量的支持和激励。

融城发展，未来可期

这并不容易。

一方面，国家中心城市地位特殊，很多城市都提出了争创目标，如杭州、南京、青岛、长沙、济南、合肥等，但获批控制得相当严格。自 2018 年国务院批复《关中平原城市群发展规划》，提出"建设西安国家中心城市"后，国家中心城市的名单已有 3 年多没扩容了。僧多粥少、竞争激烈，已经成为创建国家中心城市的常态。长株潭联手，尽管在体量、规模上瞬间大为提升，但武汉、郑州两座国家中心城市矗立，是一个不容回避的现实。

这种困境，不是长株潭自身所致，但站在全局发展高度，又必须面对。这从关于武汉国家中心城市的政策表述可见一斑："坚持立足中游、引领中部、服务全国、链接全球。"有种观点认为，在新增国家中心城市的优先级和迫切性上，已占两个席位的长江中游和中部地区，显然不如东北。

另一方面，长株潭三城联合虽然增强了整体实力，但同样存在管理、协同问题。长株潭再一体化，毕竟也是三座城市，各自有着优势和短板，在行政边界上也有着羁绊之处，在争创国家中心城市的过程中，调度、管理等肯定不如一座城市"当家做主"自如。

在"十四五"的短短 5 年里，长株潭一体化能否完成过去 20 多年都未彻底完成的融合程度和主要任务，为整体建设国家中心城市提供扎实可靠的保障；长株潭"打包"争创国家中心城市，最终会带领三座城市走向何方，都有待时间检验。

成功，当然皆大欢喜，长株潭城市群、湖南省再上一个新台阶，整个长江中游和中部地区，再增添一个国家级战略重镇。

即便再次与国家中心城市遗憾擦肩，起码长株潭在经济体量、人口规模等方面的提升，会转化为实实在在的城市、城市群硬实力；支撑争创工作的长株潭一体化，在进程与质量上也必然会有质的飞跃。这对于《规划》中提出的"将长株潭都市圈打造成为全国重要增长极、全国都市圈同城化发展示范区、国家综合交通物流枢纽"等宏伟目标，同样是不可估量的发展动能。

"道阻且长，行则将至；行而不辍，未来可期。"作为一名湖南人，一名新长沙人，我憧憬长株潭的灿烂未来。

（2021 年 9 月 4 日）

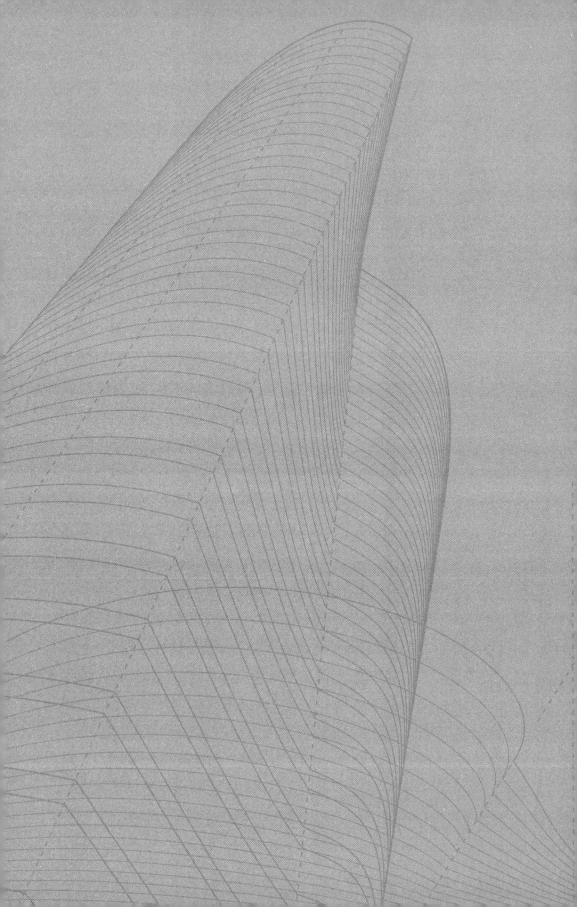

锚定高质量
发展

GDP 10 强城市重排座次，
如何改写城市竞争格局

GDP 10 强城市排名有了新变化！2023 年初，随着各地陆续公布 2022 年经济运行数据，最新的全国（不含港、澳、台地区）GDP 10 强城市名单出炉。

具体来看：上海（44652.8 亿元）、北京（41610.9 亿元）、深圳（32387.68 亿元）、重庆（29129.03 亿元）、广州（28839 亿元）、苏州（23958.3 亿元）、成都（20817.5 亿元）、武汉（18866.43 亿元）、杭州（18753 亿元）和南京（16907.85 亿元）。

这 10 个城市经济总量加起来高达 27 万亿元，占全国 GDP 的 20% 以上，是全国经济不折不扣的顶梁柱。具体到各城市，其也是所在区域、省份发展的领头羊，是辐射带动周边的中坚。

将 GDP 10 强城市横向对比，以及和往年的数据纵向对比，可以看到几个变化或趋势：深圳和武汉增长强劲，跑赢了全国大盘；重庆超越广州，跻身 GDP 第四城，"上北深广"变成"上北深渝"；同时武汉反超杭州，重回全国第八。

两万亿以上城市增至 7 个，且不乏候补

在一线城市中，上海和北京的经济地位依旧突出，在内外环境复杂多变的 2022 年，都站稳了四万亿的台阶。其中，上海虽然经历过上半年的疫情，但全年依然牢牢地保持着 GDP 第一城的位置，显示出强大的发展韧性。

比如，上海服务行业发展快，尤其是高端服务业，如金融业同比增长

5.2%，信息传输、软件和信息技术服务业增长 6.2%。这些行业附加值高，且受疫情影响相对较小，从侧面也能看出上海作为 GDP 第一城的产业优势。

深圳在 2021 年迈上三万亿元的台阶，在 2022 年则成为 GDP 10 强城市中仅有的两个增速跑赢全国大盘（3.0%）的城市之一。具体来看，其工业、进出口都保持不错的增长，增速在 4.0% 上下，投资驱动的效果更是非常明显——2022 年固定资产投资同比增长 8.4%。

深圳之后，重庆 GDP 为 29129.03 亿元，同比增长 2.6%，广州 28839 亿元，同比增长 1.0%。两个城市距离三万亿元大关都近在咫尺，相信在"全力拼经济"的基调下，都能顺利迈上新台阶。

苏州最牛地级市的地位，依旧无法撼动。2022 年 GDP 为 23958.3 亿元，排名第六，同比增长 2.0%；成都则实现了新的突破——经济总量 20817.5 亿元，终于突破了两万亿大关，这也使得我国"两万亿之城"增加到 7 个。

疫情中最先受到冲击的武汉，渡过难关以后，经济继续回温，4.0% 的同比增长，位居 10 强市的首位。当然这也是后疫情时代修复过程的体现，其 2021 年的增长也高达 12.2%。另外，GDP 总量达到 18866.43 亿元，也有望在明年晋级两万亿城市。

而被武汉重新反超的杭州，18753 亿元的经济总量，离两万亿大关的目标同样很近。杭州之后是南京，GDP 为 16907.85 亿元，继续维持 10 强守门员位置。不过，排名第十一的天津，2022 年地区生产总值为 16311.34 亿元，和南京只有不到 600 亿元的差距，南京领先优势依然没有拉开，未来的 10 强城市名单，不排除再次发生变化。

反超广州，重庆为何能再次进位？

10 强城市的排名，历来备受关注。2023 年最具话题度的，莫属广州和重庆的"全国 GDP 第四城"之争。

2022 年，重庆以 300 亿元左右的优势赢下广州，改写了"上北深广"的四强格局。但要指出的是，其实这并不是重庆第一次超过广州。经济普查修订后的数据显示，重庆在 2018 年就曾超过广州。至于季度数据，这几年重庆也曾多次反超广州。

那么 2022 年，重庆为何能再次进位？

其一，2022 年广州遭受疫情冲击较大，重庆受影响相对更小，这是一个因素。从经济结构方面来看，离不开重庆近些年强劲的工业制造业支撑，尤其是 2022 年重庆战略性新兴产业增加值比上年增长 6.2%。

其二，重庆之前一直是全国经济增长的排头兵，近几年开始降速转型，不过它的工业化、城镇化进程毕竟落后于广州，所以增长潜力其实相对更大，超越广州并不意外。

其三，这几年来"成渝双圈"上升国家战略，重庆作为西南地区的中心城市，被委以重任，在全国的战略地位持续提升。双圈战略释放的红利，也给重庆经济发展提供了重大机遇。

所以，未来重庆 GDP 超过广州，很可能会成为一种常态。当然，如很多网友所言，拿重庆和广州对比不合适。广州是一个副省级城市，而重庆是一个省级行政区，不仅面积比广州大得多，坐拥 3000 万人口也是国内任何一个城市无法比拟的。如果只算主城区域，重庆 GDP 总量为两万亿元出头。

客观地看，不管是综合实力、综合地位，还是产业含金量，一线城市广州，依然要强于重庆。重庆要成为综合实力的第四城，而非只是 GDP 第四城，依然还有很长的路要走。

武汉强势反弹，杭州潜力无限

至于武汉和杭州，也是一对长期追赶超越的 CP 组合。疫情以来，武汉首当其冲，2020 年 GDP 同比下滑 4.7%；2021 年火速回暖，同比增长 12.2%；2022 年同比增长达到 4.0%。疫情中失去的，武汉正在一步步夺回来。

武汉重回第八背后，有几项数据值得留意：规上高新技术制造业增长 16.3%，固投增长 10.8%。投资有信心，高新技术产业快马加鞭，这是武汉反弹的一个重要关键。

武汉以汽车制造、生物医药等为主要支柱产业，杭州的最大优势则在于数字经济。数据显示，2022 年杭州数字经济核心制造业增加值 1180 亿元，占规模以上工业的 28.1%，增长 4.4%。

杭州的数字经济，在这一轮互联网产业治理中不可避免地受到影响。不过，数字经济毕竟是大势所趋，杭州有着绝佳的先发优势。所以这几年，作为数字经济第一城的杭州，被很多网友视作全国第五城的有力竞争者。

武汉是 9 个国家中心城市之一，是"中部第一城"，战略地位要略高于杭州。但武汉也面临着大学生流失率高的问题，相反，杭州靠着新兴产业，成为近些年毕业生就业的热门首选地。

当然，武汉和杭州的相互赶超，说明二者并没有相较于对方的绝对优势。而武汉超越杭州以后，最大的悬念是能否超越成都，重新升到全国第七的位置。

总的来说，10 强城市的排位，短期内不会有太大的变动。

但可以预见，在各省市火力全开铆足马力"全力拼经济"的背景下，它们之间的追赶较量会成为 2023 年的一个重要看点。公众也乐见城市之间通过良性竞争，以时不我待的干劲再创辉煌，不负时代。

（2023 年 2 月 4 日）

第 25 座万亿之城,
常州还是烟台?

予　恒

2023 年初,又到了盘点经济成绩单的时候。这里面一些城市的经济总量迈过新门槛,往往最引人关注。比如,成都已经提前官宣,2022 年经济总量进入"两万亿俱乐部",也预示着全国 GDP 超两万亿的城市,已经升至 7 座。

不过,与往年相比,2022 年全国主要城市的 GDP 版图,还有一个重要特点,那就是没有新晋的 GDP 万亿城市。也就是说,到 2022 年底,GDP 万亿俱乐部成员依然维持在 24 座城市。

那么,接下来的一个问题也就更受关注了——2023 年,到底谁能够成为第 25 座 GDP 万亿城市?

已有城市"抢答"。刚结束的地方两会上,常州、烟台披露了各自在 2022 年的经济数据,且都定下了要在 2023 年突破万亿级的目标。前者称 2023 年是"冲刺 GDP 万亿之城的决胜之年",后者则强调 2023 年要"争取(GDP)突破万亿元大关"。

第 25 座万亿城市,到底会花落谁家?答案将很快揭晓。

江苏将收获第五座 GDP 万亿城市?

根据 2021 年的数据,在 24 座 GDP 万亿城市之后,共有 4 座 GDP 均在 8000 亿级的城市比较接近 GDP 万亿门槛。

它们分别是常州、烟台、唐山、徐州。其中,常州、烟台 GDP 排名最靠前，彼此差距也仅在百亿元左右。所以，这两座城市也自然成为第 25 座 GDP 万亿城市最热门的候选城市。

2022 年，常州预计实现地区生产总值 9500 亿元左右，距离万亿门槛可谓仅有一步之遥。有这样的基础打底，2023 年 GDP 破万亿可能性不小，甚至有观点认为其已经提前预订了新晋 GDP 万亿俱乐部成员的名额。

相比南京、苏州等江苏省内的头部城市，常州的存在感似乎并没那么强，但其绝对是一座不应该被低估的城市。作为大名鼎鼎的苏锡常都市圈的三大主力城市之一，常州地处长三角中心地带，自古以来就是鱼米之乡、富庶之地。在现代城市发展史中，常州不仅是"苏南模式"的主要缔造者之一，在工业发展上，常州也走出了一条特色之路。

早在 20 世纪 60 年代，常州就已经是全国三大乘用车制造基地之一，拥有当时全国最大的乘用车生产企业——常州客车制造厂。近年来，随着新能源时代的到来，常州又把产业主赛道切换到了新能源产业。目前，常州已明确提出了打造"新能源之都"的目标。刚刚结束的常州两会上，常州明确，将聚力打造新能源之都，争创新能源国家级战略性新兴产业集群，新能源领域产值超 6000 亿元。像比亚迪、理想等新能源车企均在常州设立了整车制造基地。

根据赛迪顾问发布的 2022 先进制造业百强市榜单，常州位列全国第 16 位。在制造业方面，常州有诸多能够拿得出手的"招牌"。比如，制造业单项冠军企业（产品）达 32 家，继续保持全省第一、全国地级市第一；动力电池产销量占全国的五分之一，居全国第一，正稳步成为"全球动力电池中心"；每万名劳动者中高技能人才数连续 8 年位列江苏省第一……

正因为制造业发达，常州的 GDP 含金量颇高。仅看一个指标就不难理解：根据第七次全国人口普查数据，常州常住人口仅有 535 万。能够以这样的人口规模创造接近万亿的 GDP，属实不简单。随着制造业的重要性进一步凸显，常州未来的发展前景更值得期待。

2023 年常州两会上就有一个值得关注的说法——真正把城市核心竞争力、辐射带动力、价值创造力、发展持续力做优做强做特，不仅满足一城一域生产生活之所需，更能辐射周边更多城市、服务更大区域之所需，真正体现城市价值、城市担当。要知道，常州只是一座地级市，能够有这样的底气，足见实力和自信。

另外，常州冲刺 GDP 万亿俱乐部还有两个重要看点。一是，常州若顺利晋级 GDP 万亿俱乐部，也意味着江苏在苏州、南京、无锡、南通之后，将收获第五座 GDP 万亿城市，并一举超过广东，成为全国 GDP 万亿城市数量最多的省份，并有望长时间保持这一纪录。二是，同处一省，又同属于 GDP 万亿俱乐部重要冲刺者的常州和徐州，差距被进一步拉开。2021 年，常州 GDP 领先徐州仅不到 700 亿元，但到 2022 年底，已扩大到 1100 亿元。

烟台能不能打好"海洋牌"？

和常州一样，同样提出 2023 年要"争取（GDP）突破万亿元大关"的烟台，也是一座颇有"故事"的城市。

作为地级市，烟台身上有诸多特殊光环。比如，它至今仍是北方地区 GDP 体量最大的地级市。同时，它的经济总量曾长时间超越山东省会济南，仅次于青岛，居经济大省山东省内第二位；甚至，上市公司数量、市值，也曾高居山东省内第一。

受区域发展战略的变化以及产业转型压力等因素的影响，近年来烟台的发展面临一些新的挑战。但尽管如此，烟台向 GDP 万亿俱乐部冲刺的脚步依然坚定。

两个关键词值得一提。一个关键词是"新旧动能转换"。作为老牌工业城市，早在 2018 年，烟台就与济南、青岛一道被列为山东新旧动能转换综合试验区"三核"城市,由此,这座百年工业城市开启现代产业体系转型的新篇章。比如,作为烟台传统优势产业和支柱产业的石化,充分利用龙头企业的优势,一方面淘汰落后产能,一方面推进延链补链强链,向绿色、低碳转型。

到 2021 年,烟台全市"9 + N"产业产值达 7571 亿元,培育出绿色石化、有色及贵金属、高端装备、电子信息 4 个千亿级和汽车、食品精深加工、生物医药、清洁能源 4 个百亿级产业集群,生物医药产业、先进结构材料产业入选国家新兴产业集群名单。

另一个关键词是"海洋"。很多人或许忽略了,在 1984 年中国首批 14 个沿海开放城市中,就有烟台,其实这座城市在过去的发展中,一直坚持打好"海洋牌"。事实上,烟台海洋资源禀赋优越,如拥有超过 1000 公里的海岸线,以及全省 20% 以上的海域面积、30% 以上的沿海区市,同时港口区位优势明显,是全国第五个能够停靠 40 万吨级巨轮的港口。

凭借海滨城市的基础条件,近年来烟台不仅持续推进现代渔业加快转型升级,更在海工装备产业、海洋生物医药产业等方面持续巩固发展特色和优势。如烟台船舶及海工装备基地成为全球四大深水半潜式平台建造基地之一、全国五大海洋工程装备建造基地之一,国内交付的半潜式钻井平台 80% 在烟台制造。

展望未来,随着山东三大经济圈之一——胶东经济圈一体化的推进,烟台的发展也将迎来新的机遇和势能。比如,若与青岛、威海一道携手建设全球海洋中心城市,或能摆脱定位上的尴尬处境,显著提升城市发展能级。

从山东全省来看,烟台顺利冲刺 GDP 万亿俱乐部,也意味着作为全国经济第三大省的山东,将拥有青岛、济南之后的第三座 GDP 万亿城市。山东在全国经济版图中的竞争力,有望站上新台阶。

同时,身为北方地区经济总量排名第一的地级市,烟台 GDP 破万亿后,也很可能成为北方第七座 GDP 破万亿的城市,为南北万亿城市的竞争,扳回一局。

GDP 破万亿，地级市正在集体冲刺

GDP 破万亿，只是一座城市的阶段性目标。它对于不同的城市也有着不同的意义。如对一些早就破万亿的城市来讲，如今的目标可能是破 2 万亿、3 万亿，甚至更高。

常州、烟台有望成为新晋万亿城市，还有一层特殊的意义，那就是它预示着地级市的崛起势头，仍在延续。众所周知，上一轮集体晋级 GDP 万亿俱乐部的城市中，泉州、南通、东莞等，实际也都是国内地级市中的佼佼者。

再加上 2023 年常州、烟台的大概率晋级，以及后续的唐山、徐州、温州等，国内地级市可谓在集中冲刺新门槛。在 GDP 万亿俱乐部中，仅看成员数量，地级市的存在感将愈发强化。

这一变化，一方面代表着，从直辖市、"强省会"到一批普通地级市，都在实现经济体量的整体跃升；另一方面也表明，城市发展生态更为健康、多元，一批尽管低调但实力不俗的普通地级市，正发出更耀眼的光芒。

（2023 年 1 月 14 日）

数字经济大发展、营商环境大提升，江西做对了什么?

2022 年 12 月 7 日，中国贸促会研究院发布《2022 年江西省营商环境指数报告》。报告显示，92.5% 的企业对江西营商环境感到满意，总体高于全国平均水平。

据报道，2022 年以来，江西连续出台降本增效"30 条"、助企纾困"28条"、稳经济"43 条"、接续措施"24 条"等，前三季度共为市场主体减负约1800 亿元，预计全年减负超 2000 亿元。

而江西省统计局公布的 2022 年 11 月份经济数据显示，江西主要经济指标增速继续位居全国前列。这其实离不开江西的两个"一号工程"：强力推动数字经济做优做强"一号发展工程"和营商环境优化升级"一号改革工程"。

两位数高速增长，数字经济展现强大动能

党的二十大报告指出："加快发展数字经济，促进数字经济和实体经济深度融合，打造具有国际竞争力的数字产业集群。"江西近几年促进数字经济和实体经济深度融合的进程，可谓突飞猛进。

2016—2021 年，江西省数字经济增加值增加了 1.6 倍，年均复合增长率20.7%，高于同期江西省 GDP 增速 10.7 个百分点。5 年间，全省数字经济规模占 GDP 比重从 2016 年的 21.9% 增长到 2021 年的 35%，年均提升 2.6 个百分点，增速高于全国 0.9 个百分点。

而从近期看，2022 年 1—8 月，江西全省规上数字经济核心产业营业收入 6018.01 亿元，同比增长 18.7%，高于全省规上工业营业收入 7.1 个百分点。电子信息产业营业收入 5406.4 亿元，同比增长 25.4%，高于全国平均增速 10.1 个百分点；规模排名进一位至全国第六位，中部稳居第一位。

如此高的增速，且能持续保持，这肯定不是偶然，而是有着源源不断的内生动力。

以信息产业的基础设施建设为例，2022 年前三季度，江西新建 5G 基站 1.3 万余个，累计开通突破 7.9 万余个，5G 网络实现"乡乡通"；南昌国家级互联网骨干直联点提档升级，省内网间平均时延从 20 毫秒降至 1.82 毫秒，进一步提升至全国第二位；外省访问江西网间平均丢包率为 0.0031%，居全国首位。

同样的提升还表现在电信业务上。2022 年前三季度，江西全省电信业务总量累计完成 322.1 亿元，同比增长 27.1%，增速高于全国平均水平 5.4 个百分点，全国排名第五位；全省移动电话用户约 4606 万户，5G 用户数快速跃升，达 1461.8 万户，同比增长 87.3%。

也正是在这些"高于全国平均水平"，甚至"位居全国前列"的成绩下，江西迎来一系列国家层面的政策青睐：国家智慧教育平台整省试点获批建设，两化融合度评价获工信部批复建设全国试点省，上饶、景德镇市成功获批国家跨境电子商务综合试验区，鹰潭市入选国家 IPv6 综合试点城市。

不仅是第一、第二产业，在数字经济的推动上，江西是全方位的协调发展，其农业也展现出了强劲的"数字力"。2022 年 12 月，江西省农业农村厅发布《江西省农业农村数字经济发展白皮书（2022）》，使得江西成为全国首个编制省级农业农村数字经济发展白皮书的省份。

白皮书显示，2021 年江西省农业农村数字经济增加值达 386.06 亿元，占一产增加值的比重 16.54%，高出全国 6.44 个百分点，占江西省数字经济增加值比重3.72%，高出全国1.88个百分点。经折算，江西农业农村数字经济总体规模达到643.2亿元。

整体来看，江西在数字经济诸多领域都保持着两位数的高速增长，展现出强大的增长动能。那么，动因在哪里？营商环境，就是一个非常重要的因素。

优化营商环境，全面提升服务质量

2022年9月，"江西省以改革为动力持续优化升级营商环境"典型经验做法获国务院第九次大督查通报表扬。在全国工商联组织的2021年"万家民营企业评营商环境"中，江西营商环境满意度位列全国第十一位，已经处于中上游的水平。

既然是"一号工程"，势必要有高位推动机制，江西是怎么做的呢？

省、市、县均成立党政主要领导任"双组长"的领导小组，省直有关部门组建工作专班，构建以"一号改革工程"意见为核心的"1+N"制度体系，建立351项改革台账和71项监测指标，实行"每月一调度、每季一通报、半年一讲评、全年一考核"。

不仅是党委和政府，江西省人大开展《江西省优化营商环境条例》执法检查，省政协把"一号改革工程"作为调研督导重点内容，巡视、审计部门将营商环境纳入巡视巡察、审计监督重点范围，各民主党派、无党派人士也纷纷开展为期4年的营商环境民主监督……营造了全社会参与优化营商环境的浓厚氛围。

近些年，在营商环境的改造中，精简审批流程是国务院一再强调的。江西在全国率先推行准入准营"一照通办"改革，企业开办实现全程网办、一日办结、零成本，使得工程建设项目审批平均用时由年初79个工作日压减至56个工作日。

以鹰潭市为例，在"长三角、珠三角能做到的，我们也要做到"的口号激励下，其开办企业时限由 2020 年的 2 个工作日压缩至 0.5 个工作日，审批时限由 2018 年的 172 个工作日压缩至 45 个工作日，不动产登记审批时限由 2017 年的 10 个工作日压缩至 2.5 个工作日。

办企业、做生意，除了怕办事繁琐，动辄被罚也是一大痛点。针对执法不规范、乱执法、滥罚款的现象，江西在全省推行跨部门联合执法，涉企检查次数大幅下降 50% 以上，还出台了全省市场监管、交通运输、文化旅游、应急管理、农业和林业、生态环境保护等领域免罚清单。

此外，在真金白银的优惠上，江西还创建了全省惠企政策统一兑现平台"惠企通"，推动惠企政策"免申即享""即申即享""承诺兑现"，自 2022 年 5 月底上线以来，已兑现 31.34 亿元，惠及企业 1.9 万户次。

以上种种优化措施，使得江西的营商环境大幅改观，一众数字企业纷至沓来。

打造地域特色，在互补中畅通产业链

说起江西的数字企业，其在省内有着南昌 VR、鹰潭智慧、上饶大数据的说法。

2022 年 3 月，江西印发《关于深入推进数字经济做优做强"一号发展工程"的意见》，其中提到要统筹推进南昌 VR、鹰潭智慧、上饶大数据等数字经济领域特色科创城建设。

这并非随意的、简单的概括，而是有着显著的标志：世界 VR 产业大会举办地点永久落户南昌；上饶获工信部授予"国家新型工业化产业示范基地（大数据）"称号；鹰潭入选全国首批 5G 商用城市，物联网终端连接数超 110 万个。

以往，提起南昌，很多人首先想到的是课文中的滕王阁。而如今，VR 产业则成了南昌的一张新名片。

早在 2015 年，电子信息就已经成为南昌的一项支柱产业，其中的欧菲光、联创电子等龙头企业，更是在光学器件、显示模组等 VR 设备关键组件生产中占据重要行业地位。

2018 年，首届世界 VR 产业大会在南昌举办，吸引超 20 万人次参观。当时，便有 157 个协议项目达成意向，总投资额 631.5 亿元，一批优秀企业和项目成功落户江西，为南昌的 VR 产业建立了先发优势、打下了坚实基础。

此后数年，南昌吸引了包括微软、高通、华为、阿里、紫光、海康威视在内的国内外领军企业。据江西省工信厅数据，截至 2022 年底，江西共有 VR 企业 400 多家，全国 VR 50 强企业中已有 18 家落户江西，其中有 4 家将总部设在南昌。

2022 年 11 月 7 日，工信部批复组建国家虚拟现实创新中心，建设地正是在南昌。而国家虚拟现实创新中心，是 VR 领域唯一一个国家级制造业创新中心。南昌的地位，不言而喻。

提起鹰潭，很多人会想到"铜都"，该地有亚洲第一、世界第二的世界 500 强铜冶炼企业江铜集团。而如今，鹰潭还是全国首批 5G 商用城市、国家 IPv6 技术创新和融合应用综合试点城市、全球智慧城市……

这些头衔的获得，源于鹰潭十分明晰的选择：物联网为主赛道，聚焦电子器件、无人机和智慧农业辅赛道，形成"1+3"数字经济产业发展新格局。2022 年 1—10 月，鹰潭市规上电子信息（物联网）工业企业达到 131 家，实现营业收入 591 亿元，同比增长 39%；全市新签约电子信息（物联网）项目达到 59 个。

此外，鹰潭高新区获批全国首批工业和信息化重点领域（数字经济）产业人才基地；位于鹰潭的泰尔物联网研究中心，获得国家实验室 CMA 资质认定，成为全省首个在电子信息、物联网、通信终端领域获得 CMA 资质认定的实验室。

细化赛道、找准定位、抢先一步，这大概是"鹰潭智慧"能够形成的主要智慧。

上饶在经济增长方面，更是一时风头无两。2022 年前三季度，上饶市 GDP 增长 5.7%，规上工业增加值增长 9.5%，社会消费品零售总额增长 6.6%，三项指标增速居全省第一。其中，上饶市数字经济产业实现营业收入 2440.5 亿元，规模以上数字经济核心产业营收 1219.36 亿元，同比增长 35.2%。

这种增速的取得，依然离不开一个"早"字。2016 年以来，上饶以大数据产业为切入点，带动关联产业集聚，引进了华为、滴滴、阿里、网易、浪潮、新华三、开普云等知名企业；落地了全省首条国际互联网数据专用通道、光伏行业工业互联网标识解析二级节点等一批重大项目。

业内人士估计都还记得，2022 年 8 月 20 日，2022 中国数字经济产业大会正是在上饶举办。上饶的"大数据之城"，可不只有"国家新型工业化产业示范基地（大数据）"加持，还有"数字经济示范区""大数据产业发展基地""数字经济小镇""大数据科创城"等一系列规划建设。

可以看出，在江西内部，数字经济的发展规划并不是一窝蜂式的，而是不同区域各有侧重、各具特色，在不同的赛道协作发力。如此，既避免了同省域、同质化竞争，还可以相互合作、有效互补，构建完整的、畅通的产业链。

兄弟齐心，分工前行。这或许，又是江西数字经济为何高速挺进的一大"秘诀"。

（2022 年 12 月 24 日）

1.8 万亿投资、8 个重特大项目，上海向全球释放信心

谢良兵

2022 年 9 月，上海宣布启动总投资约 1.8 万亿元的 8 个重特大项目。这意味着，自 6 月中旬开始启动的 2022 年"潮涌浦江"投资上海全球分享季活动，结出硕果。

从 6 月到 9 月，"潮涌浦江"重振计划通过线上线下相结合，策划举办了 10 场市级和 50 多场区级活动，涉及先进制造业、公用事业、基础设施、新基建、城市更新、社会民生等多个领域，以项目推介、合作签约、股权合作、总部颁证、项目开工、金融授信等形式推出，广泛吸引了央企、外资、民资等各路资本的参与。

作为疫情后上海经济重振计划的重要组成部分，"潮涌浦江"系列活动不仅促投资稳增长，稳住了上海的经济大盘，更是提升了世界资本对于投资上海的信心。而作为中国经济最发达和最国际化的城市，上海的经济重振无疑将给中国经济整体重振注入澎湃动力。

保障民生，提升新能级

上海市发改委副主任王华杰在 2022 年 9 月 20 日的发布活动上透露，整个"潮涌浦江"投资上海全球分享季活动期间，共签约重大项目 597 个、总投资 9410 亿元，重大项目开工 296 个、总投资 6029 亿元，发布金融授信 5366 亿元，带动上海 7 月和 8 月全社会固定资产投资单月同比分别增长 8.7% 和

9.9%，扭转了疫情期间的负增长态势。

据悉，此次新推的 8 个重特大项目包括浦东综合交通枢纽、新建市域铁路和既有铁路改造项目、新一批轨道交通建设项目、深远海海上风电示范项目、环城生态公园带、新一批保障性住房建设项目、新一批旧改和城中村改造、饮用水安全和品质提升工程，这些项目本质上都直接或间接地与民生保障有着重大关系。

综合交通枢纽、铁路和轨道交通建设、海上风电项目、环城生态公园带等基础设施的建设，将不断提升城市品质；保障性住房建设、旧改和城中村改造、饮用水安全和品质提升工程等民生保障项目的开启将提升市民的获得感。作为经济发展"三驾马车"之一，这些项目的投资额大，可加快疫情后上海经济的稳定与发展。

而从长远来看，"潮涌浦江"系列活动的意义在于，它是以投资结构的转型引领经济结构的转型，是用高质量的投资来推动产业的高质量转型。

新赛道、新科技是这一系列投资活动的重点方向。以浦东新区为例，32 个动工的重大产业科技项目，涉及生物医药、人工智能、集成电路、汽车制造及城市功能提升等多个领域。

就业是最大的民生。这些新赛道、新领域的产业发展，一定程度上将扩大就业，改善民生。2022"潮涌浦江再启征程"推出了系列云选会，更是直接将"稳就业""保就业"稳岗拓岗落到了实处，实现更加充分更高质量的就业。

此外，上海还放宽落户政策，新增公共租赁房 2.5 万套，用于应届高校毕业生安居保障专项行动。

导入新城，扩宽承载力

"潮涌浦江"重振计划的一个亮点，是青浦、奉贤、嘉定、松江、南汇等五个新城的功能导入。当投资重点转向承载重要功能的战略空间时，上海未来的城市发展空间架构瞬间就被扩大。作为上海承担国家战略、服务构建新发展格局的重要载体，五个新城建设也是上海面向未来的重大战略选择。

2022 年 7 月，"潮涌浦江"重大功能性事项导入新城实施方案发布。根据方案，青浦、奉贤、嘉定、松江和南汇五个新城分别围绕"长三角数字干线""东方美谷""国际汽车智慧城""长三角 G60 科创走廊""数联智造"等主导产业品牌建设；2025 年之前，每个新城引入至少 2 家市属国有企业总部或总部型机构落户。

五个新城发力的核心关键是功能的形成和集聚，通过向新城导入功能专项工作，将吸引国内外各类资源向新城集聚，推动新城集聚企业总部、研发创新、要素平台、公共服务等功能，进一步提升新城能级，彰显特色优势。与此同时，教育、医疗、文旅等领域一批重大项目也在新城启动，推动资源集聚和功能提升。

更早前的 6 月中旬，上海推出了第三批特色产业园区，空间规模超 40 平方公里，可供产业用地近 6 平方公里，可供物业 700 万方，重点聚焦数字经济、元宇宙、绿色低碳、智能终端、时尚消费品、先进材料等"新赛道"发展载体。目前被官方推荐的"上海特色产业园区"数量上升至 53 个，不少分布在五个新城区域内。

发布的项目中，有不少聚焦于交通基础设施的建设项目，比如市域铁路机场联络线、嘉闵线（含北延伸）、南枫线、上海示范区线、奉贤线、金山至平湖线等，南何支线、北杨线、何杨线等既有铁路改造，北郊站、杨浦站等货运场站改造及周边地区综合开发等，都是为了联通内外，提升城市空间承载力，放大流量型经济溢出效应。

可以预见，五个新城将在上海的经济大盘中，扮演越来越重要的角色，贡献越来越多的新生力量。

打开格局，联动长三角

"潮涌浦江"活动，更是将视野扩大到了长三角地区的发展联动。

在此之前，长三角一体化示范区在青浦、吴江、嘉善三地启动了 10 个跨域标志性项目开工仪式，展示了示范区水生态治理的新成效和一体化制度创新的新成果。而 2022 年以来，长三角一体化示范区推出了 15 项制度新成果，让人才、资金等要素在省（市）际间更加畅通流动。

2022 年 7 月中旬，共建长三角一体化数据中心集群项目、共建长三角国家技术创新中心项目、金融赋能示范区高质量发展战略合作项目签约。这批合作项目突出跨域功能和一体化特征，比如长三角一体化数据中心集群项目建成之后，将成为长三角地区数据要素流通最旺盛、算力资源最丰富、数字经济最繁荣的产业协同创新高地之一。

航空方面，浦东综合交通枢纽是集航空、国铁、城际铁、市域铁、地铁等多种交通功能以及站城开发于一体的大型综合交通枢纽，其规划建设对上海甚至长三角地区的未来发展都将产生极其深远的影响。新建 T3 航站楼及相关配套工程，每年新增旅客吞吐能力 5000 万人次，将推动上海打造国内外双循环节点与枢纽型全球城市。

国铁方面，上海规划新建上海东站，接入沪通铁路（衔接南北沿江铁路）、沪乍杭铁路，通过市域线网络转换，接入沪苏湖铁路并衔接沪宁、沪杭通道，进一步拓宽上海对长三角地区甚至全国的辐射半径。规划建设市域铁路嘉闵线（含北延伸）、上海示范区线等，可无缝连通浙江嘉兴等地，加速长三角交通一体化进程。

这表明，上海空间框架和发展规划与长三角的密切连接，上海的新一轮发展与长三角一体化同频共振已是必然。

释放信心，招引全球化

作为中国经济中心和具有全球影响力的国际化城市，上海此番开展的"潮涌浦江"招商引资活动，就是上海向国际社会不断展现努力与诚意的过程。上海的经济重振不只是一个风向标，更向外界传达了积极正面的招引信号。

中央赋予了上海"加快建设具有世界影响力的社会主义现代化国际大都市"的重要定位和重大使命。上海作为长三角地区深度链接全球的国际大都市，要想发挥服务辐射和示范带动作用，代表国家参与国际合作与竞争，就必须坚定改革开放步伐，构建新型政商关系，加速产业的创新升级，以全新的面貌展现在全球投资者面前。

五大房地产咨询机构之一的仲量联行，曾对 150 家在华跨国企业进行问卷调研。结果显示，多数企业的不动产计划未因疫情而受到显著影响，作为长三角地区自主创新的策源地、孵化器、聚集地，上海经济基本面保持韧性，跨国企业对在中国发展的前景抱有信心。

这种信心在"潮涌浦江"活动中也得到了证实。2022 年 6 月 15 日，上海市举行"第三十五批跨国公司地区总部和研发中心颁证仪式"，为 30 家跨国公司地区总部和 10 家研发中心颁发认定证书。而落户上海的跨国公司地区总部累计达到 848 家，外资研发中心 512 家，数量不断增加，能级也不断提高。

如今的上海，外商投资的数量和规模都比较大。作为上海"全球招商大使"，普华永道一直是"潮涌浦江"活动的深度参与者。在普华永道的引荐和推动下，全球知名冶金设备龙头企业、全球领先的音乐版权公司、世界 500 强能源公司、欧洲医疗器械龙头等一批跨国企业纷纷落户虹桥商务区、临港新片区、陆家嘴、静安等区域。

2022 年 9 月初，普华永道发布了一份名为《机遇之城 2022》的报告。报告指出，在区域重要城市、技术与创新、文化与生活、经济影响力、宜商环境等诸多重量级指标上，上海都在国内名列前茅，其中"区域重要城市"和"文化与生活"两项高居第一。在"经济影响力"和"宜商环境"两个维度，排名全国第二。

毫无疑问，上海此次启动总投资约 1.8 万亿元的 8 个重特大项目，靠的是自身的实力与基础，而指向的是更加开放、紧密的全球化。

（2022 年 9 月 24 日）

百强区揭榜，
透露了区域经济的哪些秘密？

熊　志

城区是城市经济活动最为集中的区域，各城市不同城区综合实力的强弱，是观察区域经济发展规律的一个重要缩影。

2021 年底，赛迪顾问城市经济研究中心发布了 2021 赛迪百强区榜单，榜单从经济实力、增长动力、内生支撑、区域能级、共享发展五个维度出发，构建起包含 23 个二级指标的城区经济高质量发展评价体系。

其中，深圳南山区、广州天河区、深圳福田区、青岛黄岛区、深圳龙岗区、佛山顺德区、广州黄埔区、深圳宝安区、广州越秀区、苏州吴江区位列前十。

在百强区数量上，江苏（22 个）、广东（20 个）、浙江（12 个）占据前三位。浙江广东的竞争最为激烈。

广东江苏谁更强？

从分布看，这三个拥有最多百强区的省份，全都位于东南沿海，并且是国内排在 TOP4 的经济大省，再次显示出沿海和内陆地区的发展差距。

一些内陆的省份，本身能跻身全国前列的城市数量就极为有限，城市的天花板决定了城市中强区的天花板，所以在百强区上，它们并没有太多的席位。

江苏在百强区数量上能够超过广东，也是发展模式差异的一个缩影——相较于江苏，广东的内部经济落差更大，珠三角城市和粤东西北两极分化明显。

所以广东虽然拥有深圳南山区、广州天河区等最顶尖的百强区，但百强区的总数量，还是敌不过实力更均衡的江苏。毕竟江苏不仅有苏州、南京、无锡、南通 4 个 GDP 万亿城市，还有常州和徐州等 GDP 超 7000 亿元的城市。

值得一提的是，和百强区同时统计的，往往还有百强县名单。在百强县名单上，几乎看不到广东的身影，这是因为广东强县基本都撤县设区了，行政区划结构有所不同。

"强者愈强"

而观察位于前列的百强区，可以发现，它们几乎都拥有"单抗"一座城市的经济体量。

以深圳南山区为例，著名的粤海街道，以及腾讯、恒大等企业就位于此。2020 年，南山区的 GDP 为 6502.22 亿元，大概相当于长春、沈阳和厦门等城市的规模，但南山区的人口其实不到 200 万，人均 GDP 产出能力可见一斑。

百强区，尤其是头部百强区的经济实力，基本上是城市综合实力的直观投射。它汇聚了一座城市最顶尖的企业，而且还是在全国都具有竞争力的顶尖企业。

经济学领域有个"集聚效应"的概念，是指产业和经济活动在空间上高度集中，尤其是一些同类型的产业会聚集在一个地区，形成集群。百强区的不断发展壮大，充分体现了城市经济活动的集聚效应。

集聚效应往往会导向马太效应，造成"强者愈强"的格局。所以我们看到，中西部城市近些年的发展速度很快，GDP 增长速度明显要超过沿海城市，但百强区的数量几乎没有增长，像中部地区占据 14 席，甚至是连续两年下降。

但也要看到，百强区背后的集聚效应，并不是传统产业的简单聚集。像深圳南山区、广州天河区等区域，很少还有传统制造型企业，大多是高新技术企业，以及金融等现代服务业。即便有偏传统的企业，也是企业的研发、运营总部，而非制造工厂。

因此，百强区通常是总部经济、上市公司的集聚地。这些相关企业往往极具创新活力，有较强的经济产出能力，对区位和人才要求高，能够支付核心城区 CBD 的高地价和租金。

新城区的优势和软肋

百强区的产业集聚，直接引导着城市内部的资源流动。不过由于产业转型的难度大，所以一些历史较为悠久的传统老城区，因为产业结构传统，城区改造较为复杂，反而在发展活力上不敌一些新兴的城区和高新区。至少在城市空间和产业规划上，后者没有太多的历史包袱，相当于在白纸上做文章。比如深圳近些年就是向西发展，过去繁荣的罗湖区，竞争优势在不断减弱。排在百强区榜第二位的广州天河区，相对于越秀区等老城区，发展的历史也更短一些。

这也正是很多城市新区、新城不断涌现的重要原因。新区、新城可以承接一些新兴产业，承担老城区产业功能和人口纾解的任务。

不过得看到，在各大城市纷纷打造新区、拓展城市边界的同时，也有个别新区因为城市规划不科学，产业设置不合理，导致没有人气，沦为"鬼区"。

类似教训说明，城区的发展最终还是得结合整个城市的规划和定位来进行，要尊重产业要素的集聚规律。如果城市的发展基础总体欠缺，却想通过打造新区或者设置高新区，生造一个百强区出来，难度可想而知。

区域副中心城市的机会

此外，这次公布的百强区榜单，还有另一个规律值得一提——位于区域中心城市的百强区数量逐年下降，而位于区域副中心城市等地的百强区数量在稳步上升。

这种局面并不意外。一方面，像北上广深等一线城市，中心城区的资源集聚已接近饱和，而城市空间又相当有限，所以会有意地引导产业向城市周边发展历史更短的新城区转移，减弱中心城区的"城市病"，在保证高效经济产出的同时提升宜居性。

另一方面，最近几年的区域经济层面，都市圈和城市群的战略地位不断突出。都市圈和城市群内公共服务、交通等基础设施的完善，为产业从区域中心城市向副中心城市转移提供了良好的条件，而内部的产业分工也给了区域副中心城市更多做大做强的机会。

这意味着，资金、技术、人才等产业要素和资源的流动，会逐渐打破城市边界，它会重塑都市圈和城市群内的城市发展格局，同样也会重塑城区之间的发展格局。

（2021 年 8 月 21 日）

赣南十年腾飞，
老区振兴样板

"八境见图画，郁孤如旧游。山为翠浪涌，水作玉虹流。日丽崆峒晓，风酣章贡秋。丹青未变叶，鳞甲欲生洲。"提起赣南，很多人都能想到苏轼的《郁孤台》，这是一片风景秀美之地。

2022 年 6 月 28 日，赣南等原中央苏区振兴发展战略实施十周年座谈会在江西赣州召开。会议强调，赣南要奋力打造现代产业聚集区、改革开放引领区、乡村振兴示范区、生态文明建设典范区、革命老区共同富裕先行区、传承红色基因样板区。

聚集、引领、示范、典范、先行、样板，结合赣南最近十年的飞跃式发展，当地确实有这样的基础和底气。

十年埋头苦干，赣南变了样

说起经济，很多人对赣南的印象还停留在以往的印象中，似乎它还是贫困落后的。殊不知，最近十年，赣南已经发生了天翻地覆的变化。

先看最直接的数据。2021 年，赣州、吉安、抚州三市 GDP 占全省比重 28.6%，而江西共有 11 个地级市。具体来看，赣州、吉安、抚州三市 2021 年的地区生产总值，分别是 2011 年的 2.7、2.7、2.5 倍；赣南苏区范围的所有县（市、区）地区生产总值全部实现十年翻番。

其中，赣州市 GDP 总量突破 4000 亿元，是 2011 年的 3.12 倍，赣州不仅跻身全国百强城市，还名列第 65 位，较 2011 年前移 43 位。产业方面，赣州市战略性新兴产业、装备制造业增加值占规模以上工业比重分别达 37.6%、31.3%，规模以上工业实现营业收入 4500 亿元，是 2011 年的 2.47 倍。

经济数据的翻倍，当然会作用于居民生活水平的提升。2011 年，赣州市的贫困发生率还高达 26.71%，18 个县（市、区）中有 11 个国家级贫困县，贫困村数量达到 1023 个。如今，在赣南，城镇居民人均可支配收入和农村人均可支配收入年均增速，既高于江西全省年均增长水平，也高于全国平均水平。数据或许更能直接反映这种"超水平"发展：2021 年，赣州、吉安、抚州城镇居民人均可支配收入与全国城镇居民人均可支配收入之比，分别比 2011 年提高 11、9、7 个百分点。

在井冈山腹地的神山村，村民左香云还记得一句十余年前的顺口溜："神山是个穷地方，有女莫嫁神山郎，走的是泥巴路，住的是土坯房……"她拿出了自己十多年前的结婚照片，映入眼帘的是破旧的土屋。如今，神山村不仅小洋楼遍地，还成了旅游景点，拥有 200 亩高山茶园、百亩黄桃产业基地。

可以说，赣南这十年的发展怎么样，当地居民是直接的见证者和参与者，最有感触，也最有发言权。

特色产业集群助力赣南腾飞

2012 年 6 月 28 日，《国务院关于支持赣南等原中央苏区振兴发展的若干意见》出台实施，拉开了赣南大地经济腾飞的序幕。

在政策支持下，赣南的基础设施建设和经济产业发展迅速打开了局面。

以交通为例，"要想富，先修路"，赣南经济这十年的飞跃史，深刻体现了这一点。2021 年，赣州市高速公路通车里程达 1559 公里，比 2011 年净增 749 公里，增加 92%；铁路营运里程突破 923 公里，比 2011 年净增 551 公里，增加 148%。

2021 年 12 月 10 日，赣深高铁正式开通运营，将赣州至深圳的最快旅行时间由 5 小时 32 分压缩至 1 小时 49 分；赣州黄金机场也升格为国际空港，吉安井冈山机场改扩建完成；抚州电厂一期、赣州西 500 千伏、樟吉赣成品油管道、峡江水利枢纽等一批重大项目也陆续建成。

这些基础设施的建设、完善与提升，都为赣州经济的腾飞提供了必不可少的条件。因为有了交通，资源才能出去，资金才能进来，产业才能兴旺。

截至 2021 年，赣南等原中央苏区省级产业集群已经达到 56 个，营业收入超 1.6 万亿元，占全省的 50%，千亿产业达 6 个。其中，赣州南康现代家居产业跃升为 2500 亿元的产业集群；吉安电子信息产业年营业收入接近 2000 亿元，产值约占全省三分之一；抚州新增 3 个省级重点产业集群，总量达到 7 个。

从这些成功案例也可以看出，赣南飞速发展的秘诀之一，便是特色产业集群。

随着产业集群的完善和升级，赣南苏区 4 个经济技术开发区和 6 个高新技术产业开发区，先后升格为国家级开发区。一个内陆区域，逐渐成为开放高地。

2021 年，赣州综合保税区实现外贸进出口 120.28 亿元，迈上百亿元台阶，是 2020 年外贸进出口总量的 3.8 倍；赣州国际陆港开行班列突破 6000 列，覆盖中亚 5 国及欧洲 20 多个国家。赣州积极"走出去"，融入大湾区，乃至走向世界、出口海外的干劲，势不可挡。

正是有了这个基础，国务院在 2021 年正式出台《国务院关于新时代支持革命老区振兴发展的意见》，支持赣州建设革命老区高质量发展示范区，支持赣州振兴发展纳入国家重大区域战略。

2022 年 3 月，中央又批复同意建设赣州、闽西革命老区高质量发展示范区，这片红土地开始担负起"打造新时代革命老区振兴发展的样板"的重任。

对接大湾区，赣州要做桥头堡

赣南飞速发展的另一秘诀，是不甘落后，努力向发达地区学习。从地理位置来看，赣南再向南，便是粤港澳大湾区，这让其成为大湾区地理意义上的腹地。那么，如何将这种地理意义转变为发展优势？

近年来，江西着力将赣州打造为对接融入大湾区的桥头堡，出台全面对接融入大湾区、优化提升营商环境等专项行动方案。比如，推出450项"免申即享"或"即申即享"惠企政策，行政审批局和"一枚印章管审批"市县两级全覆盖，尽可能地在经济政策和行政模式上与大湾区接轨。

也正是基于这些服务性质的政策，赣州与广州、深圳、佛山、东莞、中山、惠州等地签订政务服务"跨省通办"合作协议，90个高频政务服务事项实现了"跨省通办、一次办成"。

截至2021年7月，赣州市本级90%以上事项办理"最多跑一次"，政府及企业投资项目审批时间从106个、60个工作日压缩至75个、45个工作日，审批时限达到大湾区营商环境指标水平。

当然，优良的营商环境不是随随便便就能打造的，也不是一朝一夕就可以建成的，不仅要学其形，还要学其神。它需要上至领导干部，下至普通市民的积极行动。

如在赣州经开区，机关干部以"首席服务员""科技特派员""上市辅导员"等不同身份挂点企业，为企业提供精细、专业的政务服务。有了"服务员"的诚恳心态和务实精神，自然能够助力企业，获得青睐。以赣州同兴达三期金凤梅园厂区为例，该厂区2021年投用，从一片洼地到一个企业园区仅用了不到200天。

赣州还提出，每月 1—25 日为企业"安静生产期"，各级行政执法机关原则上不得随意入园对企业开展行政执法检查。在 2021 年营商环境考评中，赣州市综合成绩进入全省第一方阵。2021 年，在疫情影响下，赣州老区依然新增 15 万多户市场主体，同比增长 42%。

当大企业、现代化生产理念和模式被引进后，不只会给工业生产带来巨变，这种"经营气质"也会影响其他行业，带动更多的创业者。

闻名全国的赣南脐橙，其产业和品牌的形成，就经历了农户散种到村民成立合作社抱团发展的过程。当地不仅按照"山顶戴帽、山脊隔离、山腰种果、山脚穿裙、园路绿化"的生态模式建果园，还鼓励村民进行百香果、枇杷、油茶等农作物的多元化种植，并发展农产品加工业，延长产业链。

十年发展变迁，赣南苏区又站上了新起点。下一个十年，赣南人民将继续砥砺前行，在高质量发展快车道上创造新的奇迹。

（2022 年 7 月 2 日）

大手笔促消费，
深圳打响第一枪

熊　志

2022 年 4 月 29 日召开的中共中央政治局会议强调，"全力扩大国内需求"，"要发挥消费对经济循环的牵引带动作用"。与此同时，有关部委和地方也在综合施策推动消费加快恢复。

2022 年 5 月，深圳多部门联合印发《深圳市关于促进消费持续恢复的若干措施》，从鼓励汽车消费、扩大消费电子市场规模、推动家电消费、促进户外文旅体消费等方面着手，真金白银地发放消费补贴，合计 30 条措施。此举也被媒体称为打响一线城市促消费"第一枪"。

在"稳住经济大盘"的背景下，深圳大手笔促消费有何看点？这些促消费的措施，能否给其他城市提供借鉴？

持续发放消费券，深圳的底气与目的

不妨先来看深圳的几项具体措施：在汽车消费方面，在增加号牌投放指标之外，对新购置符合条件新能源汽车并在深圳市内上牌的个人消费者，给予最高不超过 1 万元 / 台补贴；在电子产品和家电消费方面，按照销售价格的 15%给予补贴，每人累计最高 2000 元……

事实上，在 2022 年 3 月底启动的"乐购深圳"活动，深圳就安排分批发放 5 亿元的消费券，并且最后一轮一直持续到 6 月。这次再次推出消费补贴，足以显示出深圳拉动消费的诚意。

相较于上一轮，这一轮的消费补贴力度明显更大，这体现在两方面：其一，此次消费补贴覆盖了汽车、家电等大宗消费品，单笔补贴额度更高；其二，并没有设置明确的总额上限，也就是说，如果深圳人买买买的意愿高，那么补贴总量就会越滚越大。

不管是消费券还是补贴，都是真金白银，都需要政府掏钱。而深圳能够如此大方，前提是作为一线城市，它确实具备这样的财政基础。2021 年，深圳的一般公共预算收入为 4257.76 亿元，比上年增长 10.4%，在全国仅仅低于上海和北京。

当然，深圳投入大额消费补贴，确实也是因为疫情影响较大，尤其是 3 月中旬，一度按下了一周的"慢行键"。这导致 2022 年开年以来的经济数据走低，市民消费意愿不强，需要打一针强心剂。

数据显示，2022 年一季度深圳的 GDP 增速为 2.0%，在 10 强城市中垫底；同时，全市社会消费品零售总额 2107.34 亿元，同比下降 1.6%。

深圳本身是一座高房价城市，在多个榜单中，其房价均价都是排名全国第一，这意味着大量的资金流向金融部门。在房贷的挤压下，疫情对消费的抑制作用会进一步放大，所以也就需要强有力地提振消费。

此外，深圳人口基数大，常住人口 1768.16 万，消费券、消费补贴的刺激，能够让乘数效应发挥到最大。

这系列消费刺激措施，还离不开一个大前提——"动态清零"下，深圳对于疫情防控已经形成了一套精准、高效的经验。疫情可控，消费场景开放，才能够支撑补贴的落地，市民才能畅通无阻地买买买。

4 月以来，23 省区市发行 40 余类消费券

发放消费券或者推出消费补贴，当然不是深圳的专利。2020 年疫情发生

后，全国各地就纷纷推出消费券，提振内需，拉动经济增长。这一次，消费补贴行动也在全国各地普遍铺开。

据媒体统计，2022 年 4 月以来，全国 23 个省区市发行了 40 余类消费券，补贴活动覆盖汽车、家电、商超等多个领域。另有机构统计，1—4 月全国各省市累计发放消费券额度约 50.49 亿元，其中 4 月累计发放约 31.33 亿元，占比 62.04%。

以成都为例，2022 年 5 月 17 日，成都"520"消费券促消费活动（第一阶段）发放消费券，财政资金规模 1.2 亿元，发动金融单位和商户叠加优惠活动，共计 2.4 亿元。这是 2022 年以来成都首次面向全市大规模发放消费券，涵盖了全市重点零售、餐饮企业以及个体工商户。

在广州，已向社会发放三轮政府消费券，共计超 100 万张；5 月 16—24 日，在"羊城欢乐购"促消费活动带动下，全市消费金额环比前一周的增幅为 17.35%，消费笔数环比前一周增幅为 13.49%。

不仅是大城市，杭州桐庐，一个县级小城，连续 44 天发放满减消费券 500 万元。山西省吕梁市召开"晋情消费·品质生活"消费券发放活动新闻发布会，宣布在市级发放 1000 万元消费券基础上，各县（市、区）也将拿出 5000 万元财政资金开展消费券发放等促消费活动。

那么，为什么全国各地都热衷于"撒钱"，热衷于将消费补贴当作提振经济的工具呢？

必须看到，由于国内疫情反复、国际局势多变等突发因素超出预期，3 月份社会消费品零售总额同比下降 3.5%，是 2020 年 8 月以来首次负增长，消费复苏承压。

投资、出口、消费，是经济发展的三驾马车，但投资回报需要一定的周期，见效慢，而出口又受到国际环境的影响，只有消费的拉动效果立竿见影。促消费被赋予重任，也就不难理解。

发放消费券，重要的是乘数效应

要注意的是，面对消费低迷的状况，国外一些地区是直接发钱。国内这些地区、城市之所以没有直接发钱，并不是财力不支持，主要还是国人的储蓄意愿高，发了钱未必会消费。

消费券发下去，市民马上就能买买买，传导到上游，企业和商家的订单就会增加。企业和商家的产品能卖出去，才有扩大生产的能力，有给员工涨工资的基础，工资提高、收入增加又会刺激消费，形成一个良性循环。

而且，消费刺激的提振效果，可能要比我们想象得更强——按照有机构的测算，每1元消费券平均带动8元消费。那么，5亿元的消费券，可以滚动拉升近40亿元的消费规模——这就是典型的乘数效应。

其实我们不难发现，为了让消费补贴的拉动效果最大化，包括深圳在内的很多地区，其出台的消费补贴政策中，汽车、家电等大宗消费品，往往是一个补贴的重点。一方面，这些消费品的单价高，拉动效应强；另一方面，像汽车、家电等行业，往往是上下游牵连极广的产业，一个汽车品牌背后，可能是成千上万的零部件厂商。所以，提振大宗消费品的消费意愿，能够让产业链上的参与者普遍受益，形成一荣俱荣的局面。

不过，消费券毕竟是一种短期刺激工具，它见效快，乘数效应大，却仍需要消费能力、消费场景的支撑。发放消费券、消费补贴，也要量入为出、量力而行。

在当下，消费的持续提振，还是得统筹疫情防控和经济社会发展，努力将疫情的影响最小化，同时加大对企业的纾困力度。企业税负压力减轻，员工就业有保证，无需担心失业、断供，消费能力和意愿也就有保证，经济才能加快回暖。

（2022 年 5 月 28 日）

竞逐 GDP 万亿之城，
温州绍兴嘉兴谁能一马当先？

景　琰

"5 年左右 GDP 破万亿！" 2022 年 3 月，浙江有三座城市一起喊出这样的目标，它们是：温州、嘉兴和绍兴。

目前，浙江有杭州、宁波两座城市跨入 GDP 万亿俱乐部。在全国范围内，温州、嘉兴和绍兴在万亿城市候补生中，也算不上第一梯队。

2021 年，温州的 GDP 为 7585 亿元，距离万亿差 2415 亿元；嘉兴的 GDP 为 6355.28 亿元，距离万亿差 3644.72 亿元；绍兴的 GDP 为 6795 亿元，距离万亿差 3205 亿元。从数据上看，温州是三城中最接近 "万亿城市" 的，但差距仍然不小，压力依然很大。

差距这么大，三城现在就开始锚定万亿 GDP 目标，会不会喊早了？其实恰恰相反，从发展规律看，GDP 在 7000 亿元左右，正是一座城市启动规划万亿级冲刺的关键时期。

三城锚定万亿 GDP，底气从何而来？

先来看一个数据：2021 年，温州 GDP 增加 714.1 亿元，嘉兴 GDP 增加 845.76 亿元，绍兴 GDP 增加 794 亿元。如果未来 5 年，三城经济发展相对平稳，GDP 增速或者增量都能对标 2021 年的表现，那一切都将水到渠成。

锚定万亿 GDP 目标，三城的底气，可远不止这一个数据支撑。从各方面实力来看，三城各有千秋。

温州人口方面优势非常明显。截至 2021 年底，温州常住人口 964.5 万，在浙江省排名第二，仅次于杭州。不出意外的话，温州不久将会成为浙江第二个千万人口城市。

嘉兴和绍兴，虽然人口没法和温州比，但在其他核心竞争力方面，也不逊色于温州。2021 年的 GDP 增量，在三城中嘉兴位列第一。不仅如此，国内税收收入方面，嘉兴以 1094.7 亿元的税收依然位列三城第一、浙江第三。温州紧随其后，以 94 亿元左右的差距，位列浙江第四。

此外，距离上海近，近水楼台先得月，也是嘉兴的优势。曾有学者预测，10 年内嘉兴将凭借沪杭之间的地理区位，陆续超越绍兴、温州两大城市。

至于绍兴，尽管人口和税收拼不过温州和嘉兴，但在人均 GDP 上却比较亮眼。众所周知，人均 GDP 更能反映一个地区的经济实力。2021 年，绍兴人均 GDP 12.7 万元，位列三城第一、浙江第四。

而且，2021 年的 GDP 增速，绍兴以 8.7% 的速度在三城中排名第一。虽然绍兴 GDP 总量落后温州将近 790 亿元，但是绍兴的增速却比温州高出 1 个百分点，发展后劲更足。

人才引入方面，嘉兴和绍兴也不甘示弱。在 2020 年中国城市人才吸引力排行榜上，绍兴市从 2019 年的 53 位提升到第 24 位，上升 29 位，进步巨大，与排名在 22 位的嘉兴只有两名之差，还将温州甩在后面。

这些方面，都关乎一座城市发展的内生动力。温州、嘉兴和绍兴各有优势，都具备相当实力，不仅意味着它们对万亿 GDP 目标更有底气，更意味着浙江这场"三国杀"，在未来 5 年竞争与比拼中，会更加激烈。

如何跨入 GDP 万亿俱乐部，三城各有主意

既然三城目标已经明确，且有现实底气，那接下来怎么干，就是重中之

重。在这方面，三城各有主意。

2019 年 7 月，温州推出《温州市培育发展五大战略性新兴产业行动计划（2019—2021 年）》，表示要加快数字经济、智能装备、生命健康、新能源智能网联汽车、新材料五大战略性新兴产业发展"谋篇布局"。

2022 年 2 月召开的温州市第十三次党代会还提出了"打造传统支柱产业、新兴主导产业两大万亿级产业集群"为主线的产业振兴计划，未来 5 年累计固定资产投资超 2 万亿元。

为补上人才短板，温州还提出人才发展"2521"和科技创新"五倍增五提升"目标，要求到 2026 年人才资源总量突破 190 万人，市场主体突破 160 万户。这些目标如果落实到位，都可以为 GDP 的增长提供源源不断的动力。

再来看嘉兴，由于地理区位优势的存在，嘉兴要想实现更好发展，必须要全市域全方位深度融入长三角一体化发展，打造长三角一体化发展新增长极。

2022 年 2 月，在嘉兴第九次党代会上，嘉兴明确表示，紧盯制造业高质量发展、扩大开放、城乡融合发展等关键抓手，深入实施制造强市战略，积极打响"嘉兴智造"品牌，奋力构建具有国际竞争力的现代产业体系。

而绍兴也聚焦深化产业结构转型，突出高端装备、新材料、电子信息、现代医药四大领域，聚焦集成电路、生物医药、高分子新材料等。

值得一提的是，除了提出万亿 GDP 目标外，绍兴党代会报告中还出现了另一个"万亿"，即实施新一轮扩大有效投资行动，力争 5 年完成重大项目投资 1 万亿元。项目为王，招大引强，方能为高质量发展注入强劲动力。

可以看出，在"怎么干"的问题上，虽然三城各有主意，具体操作和选择不同，但做大做强制造业、强化科技创新、扩大有效投资、招大招强，却是三地共同的追求和要努力的方向。

除此之外，发挥数字化改革的引领撬动作用，塑造体制机制新优势，也是三城共同的现实选择。可以说，未来谁在这些领域上掌握了主动权，谁距离

GDP 万亿之城就更近一步。

追求"万亿"的背后，有更深的现实考量

温州、嘉兴和绍兴真正想要的，并不仅是一个"万亿 GDP"的数字。对于这些城市而言，万亿 GDP 背后还承载着很多城市的价值追求。

具体来说，争当 GDP 万亿之城，更像是一个抓手、一个契机。三城可以借此好好补短板，各扬所长，优化经济结构、转变发展方式，追求高质量赶超发展，增强硬核实力，把蛋糕越做越大。

把蛋糕做大之后，如何分好蛋糕，也考验着地方智慧。

对此，浙江也有相关考量和打算。2022 年 2 月 7 日，农历新年上班第一天，浙江省委就召开高质量发展建设共同富裕示范区推进大会，探索一批共富机制性制度性创新模式，推动发展型制度政策加快向共富型跃升转变。

从全局角度看，让温州、嘉兴和绍兴锚定万亿 GDP 目标，奋起直追，也是浙江的必然选择、长三角的必然选择。

一方面，2021 年 2 月，《浙江省国民经济和社会发展第十四个五年规划和二〇三五年远景目标纲要》发布，提出"十四五"时期，浙江地区生产总值、人均生产总值分别突破 8.5 万亿元、13 万元。要想实现这一目标，除了杭州、宁波要发挥"头雁效应"外，温州、绍兴、嘉兴这样的城市也要加大马力奋起直追。而后者，更是关乎成败的关键因素。

另一方面，温州、绍兴、嘉兴上演"三国杀"，也有利于发挥鲶鱼效应，搅动长三角一池春水。三城竞争与比拼越激烈，浙江和长三角就越能加速崛起、弯道超车，实现区域能级提升。

最终，谁能率先成为浙江下一座"GDP 万亿之城"，并不重要。无论是城市具体追求，还是全局现实考量，所有的一切，都是为了让民众都有幸福美好

生活，都能过上好日子。

高质量发展与共同富裕，是拼来的，而不是等来的。从这一点来说，温州、绍兴、嘉兴竞相追求"万亿"，值得倡导。

（2022 年 3 月 5 日）

郑州加入角逐，
第二批国际消费中心城市花落谁家？

赵志疆

2022年3月10日，郑州正式公布《郑州市创建国际消费中心城市实施方案》。其中明确提出，到2025年形成具有全球竞争力的文化、旅游、会展、教育、体育、医疗等一系列城市名片，打造独具郑州特色的国际消费中心城市。

城市不仅是一个生产场所，更代表着一种生活方式。建设国际消费中心城市，意味着要增强城市的消费功能，使城市从生产形态向消费形态转变。

如果选择一个郑州发展过程中的标志性年份，应该是2011年。这一年，郑州发生了两件轰动一时的事情：一是郑州富士康正式投产；二是郑州有了第一家星巴克门店。两件事情，预示着两种变化：产业结构调整和消费方式转变。

从"大郑县"到"国际郑"

对于喜欢以"大郑县"自居的郑州人来说，"国际郑"曾经是一个令人喜闻乐见的梗。不沿边、不靠海，一个内陆农业大省的省会，一座火车拉来的城市，在不少人眼里，郑州以前提出建设国际化城市，只是一个国际玩笑。

时间可以改变很多东西，譬如城市面貌、产业结构、消费方式，当然，也包括那些年代久远的梗。

在长达半个世纪的历史中，郑州棉纺路风光无两，一字排开的国棉厂，是当时郑州繁荣的象征。进入 21 世纪，几大国棉厂陆续开始改制重组，搬迁改造，老厂房相继作为郑州纺织工业基地被列为郑州市文物保护单位。

以富士康落户郑州为标志，郑州迈上了产业转型升级的快车道。从承接沿海地区产业转移开始，借助富士康代工巨大的进出口流量，郑州建立了与世界经济的紧密联系，形成了以智能终端为代表的世界级电子信息产业集群，进而带动了整个郑州的产业转型升级。

最近几年，电子信息产业已经成为郑州市最大的产业。作为"空中丝绸之路"重要节点，郑州跑步进入了"空港兴城"的新时代。

2013 年，国务院批准了《郑州航空港经济综合实验区发展规划（2013—2025 年）》，这是全国首个上升为国家战略的航空港经济发展先行区。2018 年，新郑国际机场成为全国第 12 个最高等级机场，全面推行"7×24 小时"的全时段通关。

到了 2021 年，郑州机场年货邮吞吐量已经突破 70 万吨，货运规模连续两年位居全国第六、跻身全球前 40 强；国际地区货邮吞吐量突破 54 万吨，连续 5 年位居全国第五，出入境货运航班首次突破 1 万架次，创历史新高。

产业结构的转型升级，也直接体现在地区生产总值的数字上。2011 年，郑州 GDP 为 6800 亿元。2021 年，郑州 GDP 为 1.27 万亿元，相比 10 年前几乎翻了一番。与此相对应的是，郑州 10 年间新增城市人口 400 万人，其中 15—59 岁劳动力人口的占比达 68.11%。

目前，郑州市拥有 1260 万人，每年净流入 40 万人。2021 年，郑州市消费品市场依然保持稳健发展态势，同比增长 6.2%，总额达到 5389 亿元。这是郑州市创建国际消费中心城市的底气。

现在提起"国际郑"，郑州人早已没有了调侃之意，取而代之的是自信和自豪。有活干、有钱赚，接下来就是怎么花钱的问题了。

从"吃吃吃"到"买买买"

2022 年 3 月，《郑州市创建国际消费中心城市实施方案》公布后，首先引起热议的话题是"吃吃吃"：方案要求，郑州将推动郑州烩面申报非物质文化遗产，促进黄河大鲤鱼、烩面、胡辣汤等特色美食传统技艺传承和保护。

相比各类经济目标的宏大叙事，人间烟火味，总能最抚凡人心。实际上，"吃吃吃"不仅是一种重要的消费形式，在很多时候也代表着一种消费文化。

2011 年 11 月 18 日，郑州第一家星巴克在国贸 360 广场开业。星巴克正式开门迎宾前，门口的队伍已经排出百米开外，场面比 iPhone4 开售还要火爆。蜂拥而至的人群，既是对星巴克及其所代表生活方式的向往，同时也是对其姗姗来迟的"报复性消费"。

不得不承认的是，人们对美好生活的向往，很多时候首先就体现在"吃吃吃"上，而这也正是消费升级中的新常态。

目前，郑州已搭建起连接世界的空陆网海 4 条丝绸之路，郑州机场客货运规模保持中部"双第一"；其跨境电商"1210"模式在全国推广，获批建设中东部唯一中欧班列集结中心。此外，郑州也是内陆地区功能性口岸数量最多、种类最全的城市。

在这一背景下，郑州人不仅可以痛快地"吃吃吃"，而且可以开心地"买买买"。

郑州的地理位置，也有一种"中心优势"。郑州连南贯北、承东启西，"2 小时高铁圈"覆盖国内 4 亿人口的生活和消费，"2 小时航空圈"覆盖全国 90% 以上的人口和市场。此外，郑州还有得天独厚的文化优势：拥有世界文化遗产 2 处 12 项，国家级重点文物保护单位数量居全国第二。

比如，从零起步到销售额突破 4000 万元，起步于 2019 年的河南博物院文创，在不到 3 年的时间里推出 1000 多款产品，不仅开启了文旅融合的流量密码，而且为郑州建设国际消费中心城市提供了启发：以文化赋能消费，以本土化的文化品牌进行国际化的商业引流。

建设国际消费中心城市，需要搭建丰富多元的国际性消费载体，在"吃吃吃"和"买买买"之外，郑州显然还有很多工作要做。当然，也正在做。

建设国际消费中心城市，这些城市也已入局

除了郑州，其实在国内，不少城市都有着建设国际消费中心城市的雄心。

2021 年 7 月 19 日，北京、上海、广州、重庆、天津等 5 个城市被商务部正式确立为第一批国际消费中心城市培育建设试点。四大直辖市外加广州的组合，并不让人意外。接下来，谁能进入第二批名单，才是一个备受关注且充满悬念的焦点。

早在 2019 年，西安就印发了《西安国际消费中心城市创建实施方案》。2021 年，杭州、南京、武汉等城市陆续发布了建设国际消费中心城市的方案。2022 年 2 月 18 日，深圳印发《深圳市关于加快建设国际消费中心城市的若干措施》；同年 2 月 19 日，长沙印发《关于创建国际消费中心城市的实施意见》。一众城市纷纷加入这场战局。

就定位来看，长沙依托网红经济，致力于打造时尚之都、快乐之都、活力之都、休闲之都。深圳表示，要提升国际化消费服务功能，建立面向全球的国际交通网络，实施入境签证便利化，落实外国人 144 小时过境免签政策，推动更多口岸实施 24 小时通关。西安则致力于释放老字号、西安名吃等品牌 IP 效应，加大对餐饮老字号的保护、传承和开发。其他城市也依据自身的优势，各有侧重。

关于国际消费中心城市，商务部的考评体系包括 5 个一级指标、25 个二

级指标。5 个一级指标分别为国际知名度、城市繁荣度、商业活跃度、到达便利度和政策引领度。从这几个维度综合来看，以上城市都是郑州的有力竞争对手。

在争创国际消费中心城市的新赛道上，不仅需要拓宽消费场景、优化市场环境、突出文化特色，还要以更加科学的规划、更加贴心的服务来展现活力、聚集人气。一座城市能否吸引海量的消费，不仅要看先天优势，最终还要看服务的态度和能力。

第二批国际消费中心城市花落谁家，不妨拭目以待。

（2022 年 3 月 12 日）

国务院发文支持贵州发展，
大数据大省要"闯新路"

余 寒

在区域经济领域，近些年贵州的表现可谓相当亮眼：经济增速长期位居全国前三，甚至多次拿下增速冠军的宝座；大数据产业如火如荼，成为茅台、老干妈之外的另一张重要名片。

数据显示，贵州 2021 年地区生产总值完成 1.96 万亿元、增长 8.1%，两年平均增长 6.3%、继续保持在全国"第一方阵"。

日前，国家又给贵州发了大礼包——2022 年 1 月 26 日，国务院印发《关于支持贵州在新时代西部大开发上闯新路的意见》(以下简称《意见》)，这份长达 9000 字的重磅文件信息量满满。

《意见》明确了贵州西部大开发综合改革示范区、巩固拓展脱贫攻坚成果样板区、内陆开放型经济新高地、数字经济发展创新区、生态文明建设先行区等战略定位，并对贵州的发展给予了一系列支持措施。

高增长的背后，贵州抓住了时代机遇

事实上，10 年前的 2012 年初，国务院曾发布《关于进一步促进贵州经济社会又好又快发展的若干意见》，对贵州发展进行全方位的政策支持。

时隔 10 年时间，国务院再次发文，从"又好又快发展"到"闯新路"，时代背景已经发生了巨大变化。如本次《意见》提到的，"贵州经济社会发展取得重大成就，脱贫攻坚任务如期完成，生态环境持续改善，高质量发展迈出新步伐"。

贵州前些年的发展，确实有很多值得称道的成绩。比如在经济增长方面，长期位于增速"第一方阵"的贵州，其 GDP 总量从 10 年前的全国第 26 位上升到 2021 年的第 22 位，反超了新疆、天津、黑龙江、吉林等地区。另外，贵州引以为傲的数字经济，年增速连续 6 年位居全国第一。

值得注意的是，由于历史、地理等多方面限制，贵州长期处在落后的状态，是中国贫困人口最多、贫困面最大、贫困程度最深的省份，而到"十三五"末期，贵州的贫困人口实现全员脱贫。

可以说，贵州脱贫摘帽，是一项相当艰巨的任务，贵州如期达成了目标。所以，此次《意见》给贵州的战略定位之一，便是"巩固拓展脱贫攻坚成果样板区"。

贵州过去 10 年取得的发展成绩，无疑得益于西部大开发等国家战略的推进支持。并且，随着高铁、航空等交通枢纽设施完善，贵州等内部省份封闭的状况得到改善，对内对外的开放型经济得到快速发展。

像贵广高铁开通后，贵阳和粤港澳大湾区城市距离拉近，贵州的旅游业得到有效提振。2021 年贵阳龙洞堡机场的旅客吞吐量为 1694.7 万人次，也高于贵阳的城市排名。

当然，政策支持只是一方面，更关键的是，贵州确实抓住了机遇。包括像引进大数据产业的相关资源，在西部地区率先大规模布局数据中心，这体现的正是敢为人先的发展闯劲。

大数据产业，贵州未来不只是全国"机房"

提到贵州的发展，不得不提大数据产业。全国第一个国家级大数据产业国际博览会——数博会，如今已永久落户贵州，并如火如荼地召开了好几届。贵阳还收获了"中国数谷"的美名。

正是考虑到贵州大数据产业发展的成果，此次的《意见》，再次对贵州发展数字经济进行了部署——"加快构建以数字经济为引领的现代产业体系"。

需要指出的是，《意见》强调现代产业体系，并提到要提升科技创新能力，实施数字产业强链行动，这针对的正是贵州数字经济发展层次尚待提质的短板。

贵州等地区在数据存储上，有天然的优势，比如气候适宜、能源资源丰富等。近年来，阿里、华为、腾讯、苹果等，都将数据中心布局在了贵州当地，这让贵州成为"数据中心之都"。此前，贵州还和内蒙古、甘肃、宁夏获批建设一体化算力网络国家枢纽节点。

但数据存储只是大数据产业的一个环节，甚至可以说是相对末端、附加值低的环节，经济价值更大的还是研发、运营等。

因此，《意见》从产业升级的层面进行了部署。比如文件提到，"支持贵州参与国家重点实验室体系重组，在数字技术、空天科技、节能降碳、绿色农药等优势前沿领域培育建设国家级重大创新平台"，这是从技术创新层面来提升贵州大数据产业的科技含金量。

再如，"培育壮大人工智能、大数据、区块链、云计算等新兴数字产业"，是希望拓宽大数据产业的广度，让它朝着产业链的上游进发。

实际上，在国务院意见印发前，贵州已出台"十四五"数字经济发展规划，提出"实现数字经济增加值万亿倍增"：到2025年，大数据电子信息产业总产值突破3500亿元；全省数字经济增加值实现倍增，在GDP中的占比达到50%左右。

远期看，到2035年，数字产业生态健全，数字政府全面建成，数据要素市场化水平引领全国，数字基础设施规模和创新水平处于全国前列，数字经济全面引领经济社会发展……可以预期，从"大数据产业"到"数字经济"的全面跃升，贵州的未来不只是做全国的"机房"。

充分发挥自身优势，从产业升级上做文章

值得一提的是，在财税、基建、社会民生等各细分领域，《意见》都推出了较大力度的支持措施。这对贵州的发展，将是巨大的利好。但也得看到，贵州的持续发展，说到底还是要靠自己找准定位和方向，包括产业定位、区域合作的方向等，苦练内功，而不能过度依赖政策扶持。

事实上，观察疫情以来的区域发展格局，我们不难发现，传统的西快东慢格局正在被打破。比如 2021 年，广东、江苏、山东、浙江等 GDP 头部省份的增速，都超过 8.0%，相反像贵州等一些内陆省份的增速则有所趋缓，不再是独领风骚、一骑绝尘。

疫情是一次抗压测试。这体现的，还是综合实力和发展韧性的不同，导致地区经济在面对不确定风险时调整能力出现差距。

以贵州为例，其经济的高速增长，其实对固定资产投资拉动的路径依赖很重。在交通基建等领域的高投入，如"县县通高速"，以及即将实现的"市市通高铁"等，帮助贵州打开了发展的要道。

但投资驱动型的增长路径是很难持续的，尤其是面对疫情等因素，各领域的投资放缓，经济增长的优势就很容易削弱。像此次的《意见》，特别强调了要化解债务风险，这正是贵州过去靠投资驱动发展所积累留下的一个大问题。投资依赖太重导致债务风险加大，也会影响发展的稳定性。

所以，贵州的发展要再上一个台阶，还是得充分发挥自身优势，在产业升级上做文章，跳出"等靠要"的政策思维，削弱对中央转移支付的投资依赖。

这次,《意见》给贵州以"西部大开发综合改革示范区"的战略定位,也是希望贵州在体制机制上敢闯敢试,采取积极的改革创新,走出一条特色发展的新道路。

(2022 年 1 月 29 日)

十万亿大省成绩单：
广东总量第一，江苏增量反超

2022 年初，国家统计局发布 2021 年中国经济数据。初步核算，全年 GDP 1143670 亿元，按不变价格计算，比上年增长 8.1%，两年平均增长 5.1%。

与此同时，省一级的经济数据也陆续公布。其中，两大头部省份广东和江苏都晒出了自己的成绩单：广东 2021 年 GDP 为 124369.67 亿元，同比增长 8.0%，两年平均增长 5.1%；江苏 2021 年 GDP 为 116364.2 亿元，同比增长 8.6%，两年平均增长 6.1%。

作为目前仅有的两个 GDP 超 10 万亿元的大省，广东和江苏在 2021 年又实现了新的突破。广东 GDP 迈上 12 万亿的台阶；江苏则突破 11 万亿，其高达 13645.2 亿元的 GDP 年度增量，反超广东，排在全国第一位。

广东和江苏，是中国经济的重要火车头，二者之间的竞争追赶，也是区域经济的一个重要看点。

广东和江苏：你追我赶的中国经济双龙头

按目前的体量，广东和江苏都属于"富可敌国"的存在。以广东为例，超 12 万亿的 GDP 规模，超越了全世界 90% 以上的国家，体量与加拿大、俄罗斯、韩国等国家旗鼓相当。

广东的不断发展壮大，是中国经济快速腾飞的一个缩影。事实上，在 1978 年前后，广东的经济总量只在第五名徘徊，低于上海、江苏、辽宁和山东。但随着改革开放开启，广东加速融入世界经济版图，驶入发展的快车道。

经济发展有很强的规模效应，所以广东的 GDP 不断快速提升。如 2016 年破 8 万亿，2017 年破 9 万亿，2019 年破 10 万亿，2020 年破 11 万亿。年度增长从之前的几千亿到目前的 1 万多亿，呈指数级上升。

广东经济的强大，当然不仅体现在 GDP 总量上。它还有多个第一，比如人口总量、一般公共预算收入、进出口总额、A 股上市公司数量，等等。同时，还囊括了广深两大一线城市，以及佛山和东莞两个 GDP 万亿俱乐部城市。

作为中国经济的龙头，广东的地位并不是绝对稳固的。前面提到，在改革开放之初，广东就被江苏压着，等到 1989 年才正式反超，此后江苏的追赶脚步从未停止。

尤其是 2008 年金融危机发生后，广东所在的珠三角遭遇较大冲击，不得不开展整体性的产业转型。这波"腾笼换鸟"让广东经济慢了下来，江苏奋起直追，2013 年前后，粤苏一度缩小到只有 2000 多亿元的差距。

不过，随着信息技术、新能源、生物医药等中高端产业矩阵的成型，广东产业转型升级的效果逐渐显现，到 2021 年，相对于江苏的 GDP 领先幅度再次扩大到接近万亿的规模。

当然，尽管广东领先优势在增加，但江苏近些年的产业转型也在不断发力。而受国际贸易环境以及疫情的影响，广东的外向型经济面临着较大的挑战，像深圳 2020 年的进出口总额同比增长只有 2.4%。

2021 年，江苏力压广东，拿下了 GDP 增量第一的头衔，实际增速 8.6% 也要高于广东 8.0% 不少，这说明在诸多不确定因素下，粤苏之争还远没到胜负已分的时候。

广东和江苏快速发展的秘密，也隐藏在城市群中

广东所在的粤港澳大湾区，江苏所在的长三角城市群，是全国的两大顶级城市群，广东和江苏快速发展的秘密，也隐藏在城市群中。

以广东为例，当年深圳一举腾飞，毗邻世界级金融、航运中心以及"超级联络人"香港，是一个重要的要素。外资通过香港进入深圳，进入广东，为珠三角外向型经济打开了大门。

时至今日，粤港澳大湾区成为对标纽约、旧金山、东京等世界级湾区的存在，资本、技术以及人才在城市群内突破制度的障碍自由流动，城市各司其职，产业分工合理，无疑是不可忽视的因素。

江苏的发展同样如此。超级地级市苏州是上海的"后花园"，产业转移的第一阵地；被调侃是安徽省会"徽京"的南京，对安徽的辐射作用，也让江苏拥有更广阔的腹地。

可以说，没有长三角的这一帮帮手，不管是江苏，还是南京、苏州，都不可能达到现在的发展水平。

也正是因为依托城市群，市场要素的流通，打破了传统的行政壁垒，优质资源不至于被核心城市垄断，产业持续外溢，广东和江苏内部，能够形成比较合理的城市梯度结构，比单中心城市的省份发展更稳定。

随着东莞在 2021 年晋级 GDP 万亿俱乐部，广东和江苏目前都拥有 4 个万亿城市。其中江苏为南京、苏州、无锡和南通。

这些城市之间，错位分工，头部城市的发展红利，通过一体化融合充分释放给周边城市，形成正向反哺、共享红利的效果，不至于像一些中西部省份那样，出现一城独大的局面。

同时，一省之内，或者说一个城市群内部，城市之间的相互竞争追赶，也

让它们有不断自我提升的动力。在这个意义上，多中心的城市结构，又成了省域经济发展壮大的一个"因"。

其实跳出来看，中国经济的迅速发展，同样离不开龙头省份的相互竞争。粤苏之争背后，像广东所代表的珠三角模式，江苏所代表的苏南模式，为各地的发展提供了一种路径示范。强者越强，火车头效应发挥到极致，中国经济才能够跑得更快。

当然，不管是广东还是江苏，也都有自己的瓶颈。比如广东，在全新的双循环时代，传统的外贸优势未必还那么强。另外，广东的头部城市强，队尾城市弱，也是一大突出难题。省域经济在做强头部的同时，面临着平衡内部落差的巨大挑战。

至于江苏，虽然拥有 4 个万亿城市，但头部城市在全国仍然缺少足够的话语权——南京的 GDP 体量只能勉强跻身前十；苏州又受制于地级市的身份，战略地位有待提升。此外，从产业构成、顶级公司数量等维度看，江苏的产业层次相较于广东，还有不少提升的余地。

未来，粤苏两个经济火车头，仍然需要不断自我提升，粤苏跑得更快，中国经济也能走得更稳。

（2022 年 1 月 22 日）

第24个万亿之城：
"世界工厂"东莞是怎样炼成的

叶克飞

2022年1月5日，东莞市第十五次党代会开幕。东莞市委书记肖亚非所作报告显示，初步预计2021年东莞地区生产总值突破万亿元大关。

这也意味着，东莞将成为中国内地第24个GDP万亿城市，也是继深圳、广州、佛山后，第四个破万亿的广东城市。至此，广东万亿城市数追平江苏（苏州、南京、无锡、南通）。

值得注意的是，"七普"数据显示，东莞常住人口达1047万，成为广东第三个人口超千万的城市，仅次于广州（1868万）和深圳（1756万）。

从1978年的6.11亿元，到如今的超万亿GDP，东莞40多年的发展，早已被视为中国城市发展的奇迹之一。

小城奇迹：镇街兴，则东莞兴

东莞有太多传奇，其中少不了的元素是"大胆试大胆闯"和"东莞速度"。

东莞升格地级市后的首任市长郑锦滔曾回忆：1991年，瑞士雀巢公司总裁前来东莞，先飞北京，之后转飞广州，东莞市政府租了直升机在白云机场等候。对方一下飞机，就直接乘直升机到东莞雀巢工厂门前。考察结束后，吃了一顿午饭，又直接用快艇将对方从东莞送至香港，由中国香港机场飞往印度。

这个超高效率的接待，使得雀巢总裁作出决定，将在东莞的生产量由7000吨提高到1.4万吨，并将产品线由1个增至4个。也正是在这种高效率的发展之下，东莞从农业县变成"世界工厂"，从小城市变成大城市。

除了 GDP 突破万亿，2021 年还有另两个数据展现东莞硬实力——全社会用电量首次突破 1000 亿千瓦时，达 1001.18 亿千瓦时，同比增长 14.56%。5 年新增常住人口超过 220 万人，正式跨入千万人口特大城市行列。

用电需求旺盛，体现的是经济向好；人口持续新增，则体现城市吸引力。再考虑东莞的城市面积，这两个数据就更难得。

作为地级市，东莞全市面积仅 2400 多平方公里，甚至比不上许多县城。同时，1985 年成立县级市、1988 年升格为地级市的东莞，下辖 4 个街道、28 个镇、1 个高新区，是中国仅有几个不设区的地级市之一。

东莞一直有"镇街兴，则东莞兴"之说。在经济领域名头极大的东城街道、南城街道、常平镇、长安镇、虎门镇和厚街镇等，便是其中代表。

1978 年，东莞作为隶属于惠阳地区的农业县，农业劳动人口超过 80%。除莞香、莞草和烟花爆竹等手工作坊，工业领域几乎空白。当年 7 月，国务院颁发《开展对外加工装配业务试行办法》，允许广东、福建等地试行"三来一补"。广东省委率先决定，东莞、南海、顺德、番禺与中山作为先行试点县。

也是在 1978 年，为香港制造业成本上涨所困扰的港商张子弥来到东莞虎门，与当地的太平手袋厂签下 300 万元的投资合同。当年 9 月，太平手袋厂获得中国工商总局颁发的第一个"三来一补"企业牌照，编号为"粤字 001 号"，成为第一家"三来一补"企业，标志着引入外资经济的正式起步。

此后，港资、台资和日资等企业纷纷进驻东莞。它们为东莞、广东乃至中国内地注入大量资金，培养众多人才、提供无数技术和先进管理经验。

东莞人在当时便已极具创新意识。如在内地率先设立对外加工装配办公室，可全权审批 150 万美元以下的对外加工项目，一条龙办理所有手续，积极接纳来自香港乃至亚太地区的经济辐射和产业转移。仅仅 5 年就吸纳企业过千家，在当时的条件下堪称奇迹。

东莞的人口激增也在此时开启。1990 年的数据显示，户籍人口约 132 万的东莞，就已接纳 66 万外来暂住人口。2006 年，外来暂住人口已激增至 587 万。

在腾飞过程中，东莞镇街成为最重要的阵地。这当然有历史原因：改革开放初期，东莞处于"三缺"（缺资金、缺技术、缺人才）状态，当时的东莞县委果断提出利用农村"三堂"（祠堂、会堂与食堂）为厂房，推动农村发展。

升格为市后，东莞也坚持"直筒子"管理模式和分散化发展方式，由市直管镇街。

1984 年担任东莞县委书记，1994 年又从惠州市市长位置调回东莞，出任市委书记的李近维曾表示，东莞式的行政精兵简政，不是做减法，而是做加法，"干部人数不变，把产值与规模做上去，按产值与人头来比较，机关人员也算是精简了"。

在他看来，东莞如果在市与镇街之间设立县或区，看起来会高大上，可土地面积不会变，行政架构却会更庞大，人员增加，不利于经济发展。这个看法在当时可谓新锐，却成为东莞经济腾飞的有力后盾。

大城干细活：新形态下的"世界工厂"

每座城市的发展都有瓶颈期，东莞则是一次次突破瓶颈的榜样。

东莞绝非一帆风顺，早期的"三来一补"外向型经济固然支撑了 IT、服装、玩具、家具、灯饰和皮革等多个产业，但存在着巨大的不确定性。从某种意义上来说，当时的"世界工厂"只是"全球装配工"。

1995 年，东莞外贸达到辉煌顶点，当年进出口总额达到 1285.31 亿元，而同年全市 GDP 总量仅为 296.29 亿元，外向依存度达到 433.8% 的历史最高值。

所幸的是，东莞当时已经认识到"订单主导型"经济的危险，希望能改变制造业资本结构，从劳动密集型向劳动密集与资金技术密集型相结合转变。同时，大量资金开始流入第三产业，推动城市人居繁荣。

1997年的亚洲金融危机，成为东莞"三来一补"模式和产业转型的拐点。以IT产业为代表的现代制造业和高新技术产业迅速发展，民营经济也在与外资企业的协作配套中逐步成长。

2008年金融危机，让高度依赖外贸经济的东莞遭遇又一次考验。2009年，150万工人和3600家港台企业从东莞撤离，大量企业缩减生产规模甚至破产。直到2012年，东莞地区生产总值持续下滑，百强城市排名一度跌至第22位。

当时就有人说"东莞不行了"，可他们显然低估了东莞的转型决心。尤其是2014年后，东莞赶上了移动互联网的"风口"。通过不断淘汰低端落后产业，引进战略性创新机构和新兴高端产业，东莞成为智能手机生产重镇，实现"东莞制造"到"东莞智造"的转变。

如今的东莞，有着可以震撼世界的手机产业地图：松山湖高新区的华为和酷派，长安镇的OPPO和vivo，大岭山的金立生产基地，大朗的酷比手机，还有塘厦奥克斯智能手机……尤其是OPPO和vivo这对"双子星"，其诞生与辉煌，几乎就是东莞工业转型的全程见证。

对外资的过度依赖，也早已成为过去时。早在2019年，东莞民营经济增加值就达到4105.49亿元，占地区生产总值的49.5%。此外，东莞六成的固定资产投资、七成的税收都来自民营经济的贡献。

即使因为新冠疫情的侵袭，2020年的东莞遭遇困难，暂时未能进入GDP万亿俱乐部，但2021年的表现已足以说明这座城市的韧性。

"东莞模式"不但是珠三角唯一，也是中国唯一。东莞的叙事，也将从早年的"小城大事"，转向未来的"大城小事"。当然，这里所说的"小事"绝非仅指细分产业、精细化治理，还包括"小而美"的高科技和尖端技术。

经济学家张五常曾说："深圳+东莞，未来或超越硅谷，将成为地球经济中心", 这个目标会实现吗?

经济的活力只是一个因素, 曾因镇街经济而缺少市中心的东莞, 不但有着突飞猛进的城建, 而且有着深厚的人情味。这座全国唯一实现农(居)民医保全覆盖的地级市, 首创地方养老保险金的城市, 对年轻人也极为友好。

或许, 这才是最重要的。

(2022 年 1 月 8 日)

最新百强县公布，
县域经济转型的窗口已打开

土哥涅夫

由赛迪顾问县域经济研究中心编制的《2021 中国县域经济百强研究》显示，与 2020 年相比，2021 年百强县在地域分布上保持了大致稳定。其中东部地区占据 65 席，较 2020 年减少 2 席；中部地区上榜 22 席，较 2020 年增加 2 席；剩下的西部地区 10 席、东北地区占 3 席，数量上都没有变化。

但稳定背后也不乏看点，并隐藏着某些重大的、不可忽视的变局。

江浙鲁何以占据半壁江山？

俗话说，郡县治，天下安。县域经济的背后是市域经济、省域经济。

我们看常年霸占百强县榜单前三名的江苏、浙江、山东，就是省域经济排名全国第二、第四、第三的头部地区。2021 年，这三省分别有 25、18 和 13 个县上榜，占据了百强县总量的半壁江山。

但三省的强县在成因、分布上，也呈现各自不同的特点。

浙江县域经济发达，源于其独特的省管县模式。虽然不少地方或多或少都存在省直管县的情况，比如湖北的潜江、仙桃、天门和河南的济源，但是像浙江这样全省范围内实施省管县体制的，全国仅有海南与浙江两地。

省管县体制使得浙江的县拥有比其他地方更多的财权与事权，大大调动了县域发展的积极性。所以尽管 GDP 总量只有江苏的六成多，但浙江百强县的数量却经常超过江苏，像 2020 年，浙江就以 24 席排名全国第一。

与浙江不同，江苏实行的是市管县体制。但有道是"强将手下无弱兵"，作为全国仅有的两个 GDP 超过 10 万亿元的经济大省之一，江苏历来强县如云。

尤其是乡镇企业发源地的苏南地区，过去常年霸占百强县前 5 名，直到 2012 年，由于吴江撤市设区，才让出一个名额给了福建晋江。

不过，与浙江百强县东南西北均匀分布的情况不同，江苏的县域经济则按照苏南、苏中、苏北的顺序由强变弱，百强县数量由多变少，区位特征明显。

至于山东，虽然上榜数量也不少，但头部强县不多。前 10 名只有 1 个（龙口），前 50 名也只有 6 个，远低于江苏的 17 个和浙江的 12 个。

比这更能说明问题的是"千亿县"数量，山东仅有胶州、龙口两个，不仅跟江苏（16 个）、浙江（9 个）不能比，甚至比福建（4 个）、湖南（3 个）还少。

这或许也能够解释，为什么山东百强县那么多，却并没有给人留下民富县强的印象。

广东为何只有一个百强县？

与江浙鲁动辄十几、二十几个县上榜不同，身为中国经济第一大省的广东，却只收获了一席百强县——惠州博罗，而且排名相当靠后，位列第 89 名。这又是为何呢？

其实，历史上的广东也曾一度县域经济发达。早在改革开放之初，东莞、南海、顺德、中山四县就因为经济发展迅猛，被称为"广东四小虎"。

此后为了适应珠三角发展的需要，1988 年 1 月，中山与东莞两县升格为地级市。但即便如此，直到 20 世纪 90 年代，广东依然是百强县榜单的常客。

以邓小平南方谈话发生的 1992 年为例，广东就有 14 个县上榜，数量上仅次于山东和江苏，比浙江还要多出两席。其中，顺德和南海曾长期位列百强县第一、第二名，就连昆山、江阴见了都得喊一声大哥、二哥。

然后从 2000 年前后开始，广东掀起了一阵撤县设区的高潮。短短几年时间，包括花县、番禺、新会、南海、顺德、三水等一众百强县相继变区，广州、深圳、佛山、珠海等珠三角城市由此进入无县时代。

虽然后来也发现这么做存在一些问题，所以才有了 2009 年广东省委、省政府批复同意在维持顺德区建制不变的前提下，赋予顺德行使地级市管理权限的反复。但这些曾经的百强县常客，再也无法重回榜单了。

同时，粤东西北发展得不尽如人意，使得不仅没有后续新的强县补进来，廉江、高州等曾经的百强县也慢慢掉出榜单。

所有这些因素加总在一起，最终造成了现在的经济一哥广东，却只有一个排名靠后的百强县的局面。

县域经济转型的窗口已打开

说完几个代表性省份的情况，再来看县域经济的整体发展。

毫无疑问，跟随着中国经济发展的节拍，县域经济尤其是头部的百强县，也在持续、快速的发展中。2020 年，百强县人均 GDP 为 11.2 万元，已达到高收入国家水平。

但也应该看到，随着中国城市化进入下半场，人口流向开始从过去的由农村到城镇，变为从小城镇进一步向城市群、都市圈、中心城市聚集。

这点也得到了《2021 中国县域经济百强研究》的证实，虽然县域户籍人口仍占全国户籍人口总数六成之多，但数量逐年减少，至于更能反映人口实际居住情况的常住人口数据，那就更少了。

同时，产业的升级、转移，后工业化时代的到来，也使得县域经济正在失去其安身立命的第二产业优势。当六成省（市、区）县域开始以第三产业为主导，县城相对大城市的竞争劣势就愈发明显。

这几方面因素叠加到一起，结果就是县域 GDP 占全国 GDP 的比重持续下降，且县域间的经济差距也显著扩大。县域经济走到了一个十字路口。

即便是在浙江这样的发达省份，省管县体制的种种弊端，比如县域经济天花板太低，弱市强县不利于资源整合，地区间重复建设、产业同质化竞争等，也逐渐显露出来，逼着浙江近些年开始力推县域经济向都市经济转型，打造四大都市区。

可以说，属于县的黄金时代已经过去了，未来，除了长三角、珠三角及武汉、长沙、成都等几大中心城市周边的卫星县城外，其余地方的县域经济或将进一步萎缩。

当越来越多的强县通过撤县设区的方式融入核心都市，百强县榜单的含金量也会被进一步稀释。

（2021 年 8 月 7 日）

佛山"无影脚"，
一座 GDP 万亿之城的崛起

易 之

"北上广深"中国四大一线城市，广东独占其二。在广州、深圳外，"广东第三城"的竞争堪称激烈。

2020 年，佛山 GDP 突破一万亿，达到 10816.47 亿元，位列广东第三，成为全国第 17 个 GDP 万亿俱乐部成员。那么佛山，未来会不会成为"广东第三城"？

佛山确实很"能打"

佛山是国家历史文化名城，武术之乡。近代赫赫有名的康有为、黄飞鸿都是佛山人，著名的"佛山无影脚"就出自这里。

佛山人不光有"武功"，从经济实力看，佛山也确实很"能打"。除了高居广东第三的 GDP 总量，佛山的人均 GDP 也接近 2 万美元，在全国城市里排名第十二。

佛山的 A 股上市企业达到了 39 家，总市值超过了 1 万亿元。美的、碧桂园、海天、格兰仕、健力宝，这些全国知名的企业总部都在佛山。

佛山的王牌是制造业，光是世界产量第一的头衔，佛山就有很多：陶瓷、电风扇、微波炉、冰箱、空调、铝型材、消毒碗柜、热水器……包括酱油产量，都是世界第一。

甚至有这样的说法：有家就有佛山家电，有建筑工地就有佛山建材，有厨房就有佛山酱油。

这些成绩，基本都是民营经济带来的。2020 年，佛山企业百强榜中，81 家是民营企业。在佛山，民营经济贡献了 60% 的 GDP、70% 的税收、80% 的工业增加值、90% 的企业数量。

另一个并不常见的统计口径，也可以侧面反映出佛山的藏富于民。据胡润研究院统计，2019 年佛山有 3 万户家庭资产过 1000 万元，位于全国第九，在地级市里排名第一。

然而，佛山虽"能打"，但能不能坐稳"广东第三"的位置，还有诸多考验。

与东莞的"瑜亮之争"

从人均 GDP 来说，珠海其实领先佛山不少。当然，珠海和佛山可能不在同一个跑道上。而让佛山最有危机感的，是另一个重量级地级市——东莞。

东莞的人口比佛山更多。2020 年，东莞常住人口 1046 万，佛山则是 949 万。2020 年，东莞 GDP 达到 9650 亿元，已经到了 GDP 万亿俱乐部的门口，紧随佛山。

从区位来说，佛山紧紧依靠广州，而东莞则毗邻广州、深圳，距离香港更近，能大幅度接收核心城市的经济辐射。

目前，东莞大量承接从深圳外溢的高新技术产业，华为、大疆、蓝思科技纷纷在东莞落子，此外东莞还有本地巨头步步高。截至 2021 年 3 月底，东莞松山湖共有高新技术企业 366 家，松山湖也被称为"小南山"。

数据上东莞与佛山虽有差距，但相比于佛山的制造业，东莞的产业整体更加"高精尖"。在全球电子工业市场，甚至有"东莞堵车，全球缺货"的说法。这也是为什么有些观察者认为，未来几年"东莞超过佛山是大概率事件"。

当然，有竞争才有动力。对佛山来说，如何做好产业升级，实现从"制造"到"智造"的转变，是个值得研究的课题。

2019 年，广东省社会科学院发布《2019 年度广东产业转型升级指数评价研究报告》，直白地指出——"江门、佛山由于高技术制造业和生产性服务业比重较低，导致结构优化指数得分排名在全省较为靠后"。

转型升级、结构优化，佛山还得继续快马加鞭。

与广州的"同城化"

在佛山，坐地铁半个小时即可到达广州。

2008 年，"广佛同城化"被首次写进国家级发展规划《珠江三角洲地区改革发展规划纲要（2008—2020 年）》；2020 年，广佛两市编制了《广佛高质量发展融合试验区建设总体规划》。广佛同城化可谓已经历经考验，实现了蜕变。到今天，广州和佛山实在太像一个城市了，中间几乎看不到明显的界限。

二者有多近？广州和佛山的核心区，相距只有 20 公里左右，以至于二者经常被并列提起。两个 GDP 破万亿的城市，距离却如此之近，这种区位条件放在全国都是罕见的。

在越来越强调城市集群竞争的今天，广州和佛山的融合效果可以说非常显著，在很多当地人看来"这就是一座城市"。目前，已经有 150 万广州人居住在佛山。

总体来看，广州的主要优势是第三产业，是汽车制造业，计算机、通信和其他电子设备制造业；佛山的主要优势是第二产业，电气机械和器材制造业。可以说二者的互补性很强，这也是广佛同城化的底气所在。

广州面临的竞争很激烈，内有深圳压一头，外有重庆甚至苏州的紧逼。而广佛的同城化相当于造就了一个"大广州"：广佛合计 GDP 超过 3.5 万亿元，这个体量，在国内城市群中也是罕见的。

当然，广佛同城对佛山也有重大利好。

以人才为例，中国 GDP 百强城市的前 35 名里，佛山的"每万人在校大学生人数"排名垫底，被称为"中国最缺大学生的城市"。体量如此巨大、制造业如此发达的佛山，居然只有 5 所本科院校。

对于亟须实现产业升级、向高精尖挺进的佛山来说，智力资源如果成短板，无疑影响太大了。

而广州则大不一样，高校云集，在校生更是达到 113.96 万人，是佛山的 10 倍之多。广佛同城化无疑大大便利了人才流动，佛山相对广州更加便宜的置业成本，也能吸引大批广州的高学历人才前来，对于急缺尖端人才的佛山来说至关重要。

所以，看待佛山的未来，一定不能脱离广州这个大背景。在日益强调都市圈竞争的今天，未来二者将如何破圈，实现更深层次的融合，依然值得期待。而佛山如何在这种互动中借力助跑，解决自身的发展瓶颈，也是值得深思的。

融入粤港澳大湾区

粤港澳大湾区规划，绝对是近几年中国区域发展战略浓墨重彩的一笔。而如何抓住机遇，融入粤港澳大湾区战略，是佛山未来的发展看点之一。

佛山在《粤港澳大湾区发展规划纲要》(以下简称《纲要》)里，被定位成"重要节点城市"。《纲要》还提出"支持佛山深入开展制造业转型升级综合改革试点"。

这对佛山来说当然是利好消息，转型升级就是佛山当前主攻的发展方向。而随着大湾区的发展和繁荣，佛山从广州、深圳甚至香港、澳门吸纳资金人才用于改革破题，也有了更多的可能性。

未来，大湾区将成为世界级的城市群，城市之间的经济联系、人员往来、政策互通也将达到空前的水平。

届时，也许"广东第三城"的名号也就不再那么重要。不管是佛山还是东莞，既然身在同一个城市集群内，大家就应该把目光共同投向世界。

当然，对于佛山来说，依然需要明确自己在大湾区内的功能定位。毕竟大湾区内强手如林，如何刷出自己的存在感，佛山必须认真思索。

（2021 年 6 月 12 日）

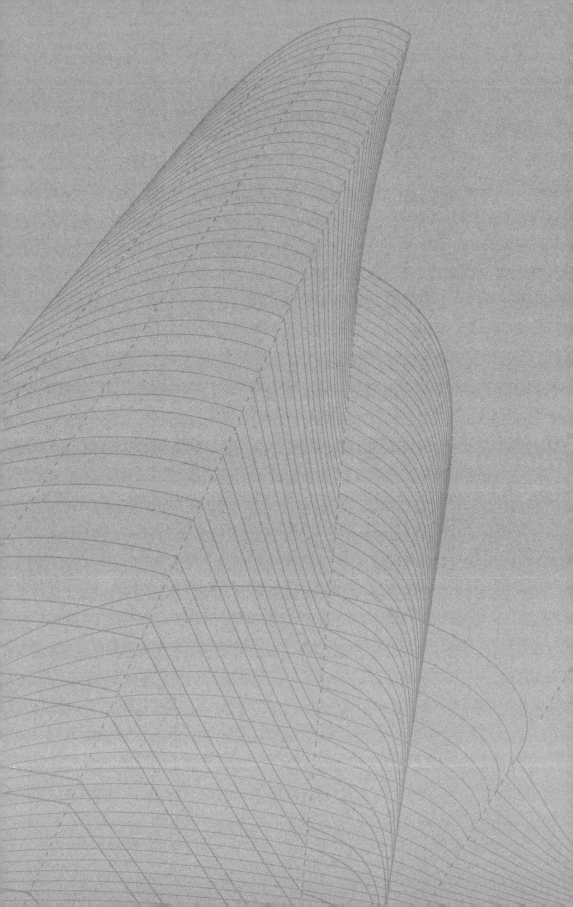

转型升级
探新路

七座超大城市之后，
谁能晋级第八席？

秋　池

电视剧《三十而已》里有一句让人印象深刻的台词："这座城市充满梦想，也充满诱惑。"

对于身处大城市的普通人来说，评价一座城市幸福感高低最直观的因素还是收入、资源和城市公共服务等。一个不容忽视的事实是，这些因素往往跟城市规模和能级呈现高度正相关，即城市越大，往往居民收入越高、资源和机会越多、生活更便利。

或许，这就是为什么很多人都向往大城市的原因。国务院第七次全国人口普查领导小组办公室编制的《2020 中国人口普查分县资料》显示，目前我国共有 105 个大城市，包括 7 个超大城市、14 个特大城市、14 个 I 型大城市以及 70 个 II 型大城市。

值得注意的是，位于金字塔顶端的超大城市仅有 7 座，分别是上海、北京、深圳、重庆、广州、成都和天津。而谁会是下一个超大城市，格外引人关注。

城区人口规模，评级的关键因素

衡量一座城市的规模大小，无外乎两个关键指标：人口和面积。不过，并不是城市人口数量越多、面积越大，就能位列超大、特大城市。

在我国中西部，尤其是西北、西南一些地级市面积非常大，有的甚至和沿海地区的一个省份面积相当，但由于人口不足，以及在经济、城市基础设施等方面相对落后，离超大、特大城市的概念还有不小差距。

而在一些经济较为发达的地区，虽然有些城市给人的印象是一片熙熙攘攘、人来人往的景象，但也未能入选，如苏州、厦门、福州、宁波这些热门大都市都没有入围特大城市。原因简单，衡量一个城市是超大、特大还是其他类型，主要看的是城区人口，而非全市常住人口。

根据 2014 年国务院发布的《关于调整城市规模划分标准的通知》相关划分标准，依据城区常住人口数量，将城市分为五类七档，其中城区常住人口1000 万以上城市为超大城市，500 万—1000 万为特大城市，而 300 万—500 万的Ⅰ型大城市和 100 万—300 万的Ⅱ型大城市并称为大城市。

位于第二档的特大城市，分别是武汉、东莞、西安、杭州、佛山、南京、沈阳、青岛、济南、长沙、哈尔滨、郑州、昆明和大连。这些城市的常住人口数量多数已经超过 1000 万，最高的郑州已经达到 1260 万人。但是这些城市由于存在大量农村人口和县域人口，城区人口规模还在 500 万—1000 万之间。

以这次"爆冷"的苏州为例，2021 年以 2.27 万亿元 GDP 排名全国第六，常住人口接近 1300 万，但城区人口只有 400 万左右。这背后是因为苏州的县乃至乡镇经济非常发达，汇聚了大量人口，如县级市昆山，2021 年 GDP 高达4748.1 亿元，人口超 200 万。以至于苏州城区人口统计下来，反而显得比重较小。

另外，还有一些经济社会比较发达的城市，城市体量本身就不大，属于"短小精悍"的。如作为副省级城市的厦门，无论是在行政级别上还是名气、人均 GDP 上，都让人觉得它够格，但是厦门是我国一二线城市中土地面积最小的，仅 1700.61 平方公里，常住人口也只有 528 万。

也因此，对于这份名单，我们不能过于"以此为准"，而城市之大，也不在于面积和人口。

热门候选城市：武汉、东莞、西安

在 14 个特大城市中，城区人口排在前三的分别是武汉（995.3 万）、东莞（955.76 万）和西安（928.37 万），这三座城市也是特大城市中仅有的三座城区人口超过 900 万的城市。也就是说，下一个超大城市很有可能在这三座城市间诞生。

从当前这三座城市城区人口数量来看，武汉距离超大城市 1000 万人的门槛只差 4.7 万人，如无意外，武汉将会跻身下一个超大城市。

虽然从"七普"数据来看，武汉市的常住人口为 1232.65 万，少于郑州的 1260.06 万，武汉人口总量排在中部第二名、全国第十一名，但实际上，武汉常住人口和城区人口很有可能被低估。《2021 年武汉市国民经济和社会发展统计公报》显示，2021 年底武汉常住人口达到 1364.89 万，比上年底增加 120.12 万人。超百万的年增量，显示出武汉常住人口开始大幅回流，且呈现井喷之势。

另外，自 2017 年武汉实施"百万大学生留汉创业就业工程"以来，173 万青年选择留在武汉。公开数据显示，仅 2021 年，武汉新留汉大学生 34.5 万人，其中在汉高校应届毕业生留汉人数较 2020 年增加 9.4%。

除了武汉，特大城市城区人口数量排在第二的东莞，也是超大城市的有力争夺者。目前，东莞建成区面积达到 1194.31 平方公里，在面积上已经达到超大城市的水平。在城区人口这项关键指标方面，2021 年东莞常住人口达到 1046.67 万，首次突破千万大关。其中，城区人口达到 955.76 万。

从城镇化率来看，东莞的城镇化水平已经达到 91%，是三座城市中城镇化水平最高的城市。

除此之外，东莞还是一个非常年轻的城市，60 周岁以上人口仅占 5.47%。

近年来东莞的吸引力还在不断增强，相关机构发布的报告显示，2022 年东莞人才吸引力指数在 100 个城市中排第十六名，比去年全国排名上升 7 位。

紧随武汉和东莞，西安的城区人口也超过了 900 万，不过距离 1000 万门槛，还差了将近 80 万人。2021 年，西安常住人口增量为 21.01 万人，即便这些增量人口全都是城区人口，西安在短时间内突破 1000 万，仍有不小的难度。

城市能级关乎资源分配，但目的始终是人

都说人口是反映城市吸引力、活力和实力的重要指标，在中国城镇化的大背景下，谁拥有更多的人口，谁便能在新一轮城市竞争中赢得主动。

与之相对应的是，城市能级的提升，除了意味着城市吸引力得到加强外，还意味着能够获得更多的资源。

以城市规划建设地铁为例，按照此前国家相关部门发布的标准，申报地铁需要满足三个条件：地方财政一般预算收入在 100 亿元以上，地区生产总值达到 1000 亿元以上，城区人口在 300 万以上。

不难发现，申报地铁对城市人口的要求便是以城区人口为衡量指标。这也很好理解，只有城区人口足够多，地铁的实际使用率才会高，人均建设和运营成本才不会那么大，产生的社会效益才会更大。

不只是地铁，从经济发展的效率来看，城市能级越高越有利于提高劳动生产率，越大的城市资源利用效率越高。就像美国的创新资源都集中在硅谷、洛杉矶、纽约等大都市区，这是一个全世界都适用的普遍规律。

当然，还是那句话，衡量城市规模大小，并不能仅看人口数量，还要看经济、科技、贸易、教育、交通、医疗等各领域综合实力。那些还有待进阶的城市，需要对照排位靠前的城市"择其善者而从之"，全面提升自己的软硬实力。

城市之大，说到底还是要落实到每一位市民的切身利益和实际感受上。让市民从城市的发展"壮大"中获益，有追求人生远大理想和经营幸福家庭生活的充分条件，才是一座城市的骄傲。

（2022 年 10 月 15 日）

向海而兴，
深圳冲刺全球海洋中心城市

余　寒

依海而生，向海而兴。建设全球海洋中心城市，深圳有了重要突破。2022 年 9 月 30 日，深圳市规划和自然资源局公布了《深圳市海洋发展规划（2022—2035 年）（征求意见稿）》（以下简称《规划》）。

《规划》提出深圳要建设具有竞争力、创新力、影响力的全球海洋中心城市，成为引领全球价值链、共塑海洋命运共同体的海洋城市发展典范；首次明确深圳海洋发展的四个战略定位，即全球蓝色经济引领者、全球海洋科技创新标杆、全球绿色海洋文明示范区、全球蓝色伙伴关系主平台。

全球海洋中心城市，是近几年不少大城市发力打造的重点方向。作为深圳建设全球海洋中心城市的顶层设计，《规划》落地之后，深圳"赴潮"，无疑将引领新一轮的蓝色经济竞争。

建设全球海洋中心城市，深圳基础雄厚

自大航海开启，全球贸易兴盛以来，人类发展就进入海洋文明时代。那一片片蔚蓝色的海域，不仅是一种自然地理形态，还成为经济发展的重要载体。

数据显示，世界上 67% 的人口生活在距离海岸 400 公里范围内，全球 GDP 的 61% 来自海洋和距离海岸线 100 公里之内的沿海地区。

海洋文明，塑造全球政治、经济格局。建设海洋强国，也成为我国的重大战略目标。在这个背景下，打造有竞争力、影响力的全球海洋中心城市，无疑

是建设海洋强国的一个重要方向。

2017 年发布的《全国海洋经济发展"十三五"规划》提出,"推进深圳、上海等城市建设全球海洋中心城市",这是在顶层规划层面对具体城市的首次点名。此后,先行示范区、粤港澳大湾区等规划文件中,都明确提出"支持深圳加快建设全球海洋中心城市"。

在建设全球海洋中心城市方面,深圳能够占据先机,这和它的区位条件、产业基础、科技创新环境等因素息息相关。

以区位为例,全球海洋中心城市建设,便利的海运条件是基础。而深圳不仅毗邻香港,本身还是距离南海最近的超大城市,有优良的深水港和航道。2021 年,深圳港全年实现集装箱吞吐量 2877 万标箱,进出口贸易相当发达。

深圳从"小渔村"起家,现在聚集了很多涉海龙头企业,海洋工程和装备业、海洋电子信息业、海洋生物医药业等产业发展迅速。据统计,深圳海洋生产总值已突破 3000 亿元,蓝色经济底蕴雄厚。

另外,中国特色社会主义先行示范区的城市定位,能为深圳探索独具特色的蓝色经济提供体制的优势;科技创新极富活力的土壤,能为深圳建设"全球海洋科技创新标杆"提供重要保障。

做大优势、补齐短板,才能形成自己的竞争特色

全球海洋中心城市概念的提出者张春宇曾提到,评价全球海洋中心城市至少有五大类指标,分别是航运中心、海洋金融与法律、海洋科技、港口与物流、城市的吸引力与竞争力等。

这五大类指标,不可能是一座城市与生俱来的。建设全球海洋中心城市,只有因地制宜,依托自身优势,才能形成自己的竞争特色。

深圳瞄准了全球蓝色经济引领者、全球海洋科技创新标杆、全球绿色海洋

文明示范区、全球蓝色伙伴关系主平台这四个战略定位，正是综合考虑自身的区位条件、资源禀赋、发展基础等因素的结果。

比如在打造"全球蓝色经济引领者"方面，《规划》不仅提到高标准建设国际航运中心，还重点提到要建设"深港蓝色金融服务中心"。

这一具体的目标，有两个重要背景。其一，深圳和香港一衣带水，而香港又是与纽约、伦敦齐名的全球金融中心；其二，深圳自身的金融业发达，是全球重要的金融中心城市。因此，发力蓝色金融服务，能形成区别于其他全球海洋中心城市的重要特色。

再比如，《规划》提出，打造"全球海洋科技创新标杆"。海洋领域的科技创新，离不开科技创新体系的支撑、科研成果的高效转化、科技人才的集聚。

深圳的科研创新活力，一直位居全国前列。创新资源投入尤其是 R&D 经费投入强度在全国遥遥领先，战略性新兴产业发达，还吸引了大量优质人才，这些都有助于海洋领域的科技创新。

当然，建设海洋中心城市，深圳不仅得将优势做大，还得补齐短板。像《规划》就提到，要构建"1+X+N"的多层次、梯度化海洋高校教育体系。

缺少顶级大学，向来是深圳的一个痛点，深圳这几年也在加码投入，积极兴建大学。而借着建设全球海洋中心城市的战略机遇，深圳建设海洋大学、特色海洋学院等，有利于丰富目前的高校教育体系。

另外，《规划》还有一个重要看点，在全市设置 11 处海洋发展重点片区，不同的片区承载不同的功能。这一方面可以引导优势资源向重点片区集聚，另一方面也实现了不同片区之间的差异化发展，避免了同质竞争。

新一轮全球海洋中心城市竞争，正在变得更加激烈

其实不只是深圳，自全球海洋中心城市的概念兴起以来，这一"头衔"就

成为沿海大城市竞逐的香饽饽。

据不完全统计，全国至少有上海、深圳、天津、青岛、宁波、大连、舟山等 7 座城市明确提出过建设全球海洋中心城市的目标，竞争之激烈程度可见一斑。

比如广州的"十四五"规划纲要提到，到 2025 年全市海洋生产总值占地区生产总值比重力争达 15% 左右；浙江方面，则采取了宁波、舟山共建海洋中心城市的策略。

最波折的要数青岛。前几年，为了冲刺国家中心城市，山东支持济南和青岛双双出战。也许是考虑到同质化竞争的问题，近两年，山东采取了差异化的定位发展策略，全力支持济南建设国际中心城市，支持青岛建设全球海洋中心城市，相当于对青岛进行了目标定位的调整。

而青岛从争创"国中"，转向建设全球海洋中心城市，在某种程度上也说明全球海洋中心城市对地区发展的价值在不断提升。

作为率先被点名的城市，深圳和上海在建设全球海洋中心城市上，占据了政策的先机。但是全球海洋中心城市毕竟不是单一维度的，这些后发城市同样各有各的优势。

比如宁波，与舟山一起拥有全球货物吞吐量第一大港宁波舟山港，货物吞吐量连续多年位居世界第一；比如福州，海洋生产总值同样已经突破了 3000亿元……

此次深圳的《规划》出炉，意味着建设全球海洋中心城市有了清晰的顶层设计规划和纲领。但新一轮的全球海洋中心城市竞争，也在变得更加激烈，谁能脱颖而出，依旧充满各种变数。

（2022 年 10 月 8 日）

建设全球海洋中心城市，
这八城开辟新赛场

涂　格

2022 年 8 月，广州正式发布《广州市海洋经济发展"十四五"规划》，提出：到 2025 年，广州要打造海洋创新发展之都，全球海洋中心城市建设初见成效；到 2035 年，广州要全面建成全球海洋中心城市，推动南沙建成全球海洋中心城市核心区。

至此，北部海洋经济圈的青岛、天津、大连，东部海洋经济圈的上海、厦门、宁波，以及南部海洋经济圈的广州、深圳等核心海洋城市，均已明确海洋经济"十四五"路线图。同时，这些城市也相继提出建设全球海洋中心城市的目标。

继国家中心城市之后，全球海洋中心城市正在成为沿海城市竞争比拼的新赛场。而其背后，是中国从海洋大国迈向海洋强国的新征程与新希望。

从"国际航运中心"到"全球海洋中心城市"

全球化时代，海洋有多重要，已经不言而喻。幸运的是，中国拥有 1.8 万多公里的漫长海岸线（大陆海岸线）和众多的深水良港。2021 年全球货物吞吐量排名前 10 的港口中，有 8 个在中国。但另一方面，就海洋综合实力而言，中国仍是大而不强。

以最新公布的 2021 年全球航运中心城市排名为例，第一名是新加坡，第二名是伦敦，拥有世界第一、第二大港口的宁波舟山与上海（货物吞吐量），分别位居第十和第三名，也是仅有的两个挤进前十的中国内地城市。其余像广州、青岛、深圳等，都在一二十位开外。这跟基于自然禀赋的港口排名，显然存在不小的上升空间。

随着中国日渐成为推动全球化的主力军，近年来中国政府越来越重视海洋发展。2017 年 5 月，国家发改委与国家海洋局共同发布《全国海洋经济发展"十三五"规划》，文件提出"推进深圳、上海等城市建设全球海洋中心城市"。这也是"全球海洋中心城市"一词首次出现在国内正式文件中。

在此之前，2009—2015 年，国务院曾先后批复过 5 个国际航运中心，分别是上海国际航运中心、大连东北亚国际航运中心、天津北方国际航运中心、厦门东南国际航运中心、广州国际航运中心。如今，从"国际航运中心"到"全球海洋中心城市"，不仅是名称概念的改变，更是建设内容、发展目标的全面升级。

根据权威机构的定义，所谓"全球海洋中心城市"，是指以海洋资源为基础、拥有领先的海洋核心竞争力，在一定区域内起着枢纽作用且对全球经济社会活动具有较大影响力的城市。从 2017 年至今，全国陆续已有深圳、上海、广州、天津、大连、青岛、宁波舟山、厦门等城市，提出要"建设全球海洋中心城市"。

随着越来越多沿海城市加入战局，国家"十四五"规划和 2035 年远景目标纲要在之前的基础上，提出了"三大海洋经济圈"的概念，表示将"建设一批高质量海洋经济发展示范区和特色化海洋产业集群，全面提高北部、东部、南部三大海洋经济圈发展水平"，"以沿海经济带为支撑，深化与周边国家涉海合作"。

上海跻身全球前十，其余诸城各有所长

说到全球，就不得不放眼世界范围内的"同类"。目前，世界范围内的

"全球海洋中心城市"都有哪些？

根据 2022 年版《领先海事城市（LMC）》报告发布的"全球海洋中心城市"榜单，新加坡继续蝉联第一名，第二至第五名依次是：荷兰鹿特丹、英国伦敦、中国上海、日本东京。上海是唯一挤进前五的中国城市。

数据也能证明这一点。从各地公布的"十四五"海洋规划来看，上海凭借2025 年海洋生产总值达到 1.5 万亿元的目标，遥遥领先各家竞争对手。而其余城市的海洋生产总值目标，大多集中在 2000 亿元—4000 亿元区间。

当然，这些城市的实力也不容小觑，并且各有所长。

其中，大连是东北海陆空立体交通枢纽；天津及南方的广州都是百年大港、重要商埠；青岛在海洋科技、海洋教育等方面拥有较大优势；宁波舟山港去年累计完成货物吞吐量 12.24 亿吨，连续 13 年位居全球港口第一；深圳则是国家最早确定的两座"建设全球海洋中心城市"之一，国际化优势突出。

同时，它们也各自肩负着不同的区域责任。比如大连，就被赋予了提升东北对外开放水平的重担；而广深，则是引领大湾区深度参与全球海洋竞争。

另外，像厦门、宁波、青岛、大连这四个城市，作为各自省内"双子星"之一，定位"全球海洋中心城市"，也可以和正在发力冲击国家中心城市的省会形成差异化发展格局。这既有利于提升所在省份的整体经济实力，也寄托着引领全省甚至所在大区"转身向海"的厚望。

正因如此，各地在打造"全球海洋中心城市"时，虽然有不少共同点，比如对海洋科研都十分重视，海洋科技创新载体数量、海洋科研专利拥有量等已成为上海、青岛、广州、深圳等多个城市未来 5 年推动海洋经济发展的关键指标，但在具体的产业领域，还是各自有所侧重的。

即便是海洋工程装备、海洋生物医药这些各地"十四五"时期发展海洋经济的"主流赛道"，三大海洋经济圈在细分产业的布局上，也有所区别。其中，北部海洋经济圈聚焦海水利用业，东部海洋经济圈在高端海工装备制造与材料业方面优势突出，而南部海洋经济圈则把海洋电子信息放在重要位置。

但不管怎么说，目前各地都在朝着"全球海洋中心城市"的目标奋力往前冲。

面向世界，国内诸城应在竞争中加强合作

与竞争"国家中心城市"全国各地竞相发力的情况不同，"全球海洋中心城市"的参赛范围面向全世界，对中国城市来说，对手主要是汉堡、鹿特丹、伦敦、东京这些领跑者，所以彼此之间虽然也有竞争，但更需要合作。

对于这一点，各个城市也都有清楚的认知。比如《广州市海洋经济发展"十四五"规划》就表态，"支持粤港澳三地在南沙携手共建大湾区航运联合交易中心"。而一些学者更是提出，应进行跨区域间的海洋发展合作。

中国（深圳）综合开发研究院前海分院副院长胡振宇就认为，"不是'以谁为主'，而是构建有效的城市网络，从而促进海洋城市合作网络的国际化"。

比如，青岛与上海、深圳、广州等海洋城市在海洋创新领域具有广阔协作空间，应通过城市协作进一步提升海洋生物医药等涉海科研成果的市场化水平；围绕"海洋"主题，探索跨区域协调、有效配置资源，推动自贸试验区更有效开放，发挥比较优势。

事实上，国家层面也早已着手在推进这方面的城际合作、区域整合了。比如《"十四五"现代综合交通运输体系发展规划》中提到，将"建设京津冀、长三角、粤港澳大湾区世界级港口群"，并在北、东、南各划了一个海洋经济圈。目的就是希望能够整合港口等海洋资源，以便更好地参与全球海洋中心城市的竞争。

但正如"全球海洋中心城市"概念的提出者、北京大学教授张春宇所指出的，目前，我国临海城市全球海洋中心城市的建设工作还处于起步阶段，距离

世界先进水平还存在不小差距，还有很多工作要做。

不过，这些年受新冠疫情及部分国家逆全球化等因素的影响，全球海洋中心城市的大格局正在发生急剧变化，这也给了中国城市弯道超车、后来居上的机会。

有理由相信，随着国家及地方层面越来越重视海洋经济，海洋经济结构日趋优化，未来一定会有更多中国城市上榜全球海洋中心城市名单，排名也将越来越靠前，从而带动中国真正从海洋大国迈向海洋强国。

（2022 年 8 月 27 日）

临港新片区"三岁初成"：
蹚出更高水平开放的大道

任　然

2019 年 8 月 20 日，中国（上海）自贸试验区临港新片区挂牌。2022 年 8 月 20 日，临港新片区正式迎来 3 周岁生日。

2022 年 8 月 19 日，在临港新片区揭牌成立 3 周年之际，时任上海市委书记李强在临港新片区调研并出席座谈会。李强指出，要增强承担国家战略的思想自觉和行动自觉，紧盯打造特殊经济功能区的目标和强化"五个重要"的定位，胸怀全局、放眼世界、把握时代，提高代表国家参与国际合作与竞争的大局意识和能力水平，加快构建现代化的创新体系、产业体系、市场体系和开放体系。

临港新片区：代表最高标准、最高水平的对外开放

作为上海自贸区的重要组成部分，临港新片区可谓一出生就风华正茂。它的定位到底有多高呢？

在 2018 年首届进博会期间，中央交付给上海三项新的重大任务，其中除了在上交所设立科创板，实施长三角一体化发展战略外，另外一项就是增设上海自贸试验区临港新片区。

截至 2020 年 9 月，我国已分多批次批准成立了 21 个自贸试验区。其中，每个自贸试验区内又有多个片区。而临港新片区之所以特别，是因为它具有一个最闪耀的定位，那就是把"自由"放在更加突出的位置，打造更具国际市场

影响力和竞争力的特殊经济功能区。

很大程度上讲，临港新片区 3 年来的成绩和突破，就是在这"特殊"二字上持续做加法。

对任何一个自贸区来说，营商环境都是核心竞争力。这方面，临港新片区主要体现在对"五自由一便利"（投资、贸易、资金、运输、人员从业自由和信息快捷联通）的推进上。

如贸易自由方面：在具备全国唯一性的洋山特殊综合保税区构建全新的"六特"海关监管模式，首创区内不设账册等为代表的全新海关监管制度。资金自由方面：在全国率先试点取消外商直接投资人民币资本金专户，率先开展境内贸易融资资产跨境转让、一次性外债登记等。人员从业自由方面：全面推进移民政策实践基地建设，率先探索口岸电子签证实施机制，先行先试更加便利更加开放的外籍人才长期及永久居留政策。数据安全有序流动方面：投入使用国际互联网数据专用通道；实现首家企业通过数据跨境流动安全评估试点。

这些措施中，不少都属于专业范畴，可能很多人无法具体感知。总结一点就是，它代表的是最高标准、最高水平的对外开放。

举个例子，很多人应该注意到，说到临港新片区的使命，往往都会提到"风险压力测试"这个词组。通俗理解就是，我们国家与国际接轨、对外开放，在走出去、请进来上到底能够走到哪一步，又要权衡哪些风险，在很大程度上就可以在临港新片区找到答案。

开放的大门只会越开越大，开放本身也是一个循序渐进的过程。这个过程中免不了要不断探索、试错，而临港新片区扮演的正是为国家推进更高水平开放不断探路和试错的角色，以积累更多可复制推广的开放经验和制度。

通过 3 年努力，临港新片区在"五自由一便利"方面，已经形成了 87 个具有代表性和引领性的制度创新案例，其中 36 个为全国首创。而"首创"，实际上就意味着突破和探索。

临港新片区的产业定位：创新与前沿

致力于对标国际最高标准、最高水平打造营商环境，归根结底是要增强产业的国际竞争力。而产业的发展水平、市场的活跃水平，就是营商环境的试金石。

截至 2022 年 8 月，临港新片区新注册企业超 6.4 万家，日均新设企业约 90 家。规上工业总产值、全社会固定资产投资、地方财政收入 3 年平均增速分别为 40.2%、43%、59.2%。其中，洋山特殊综保区内就集聚了 12 家全球 50 强货运物流企业、12 家中国 50 强物流企业、3 家全球十大船舶管理公司、4 家全球十大保税船供企业。

值得一提的是，作为对标国际先进水平的特殊经济功能区，临港新片区的产业定位也主要是偏向创新、前沿方向。

3 年来，临港新片区充分利用体制、政策、区位、空间优势，加快集聚了一批前沿性、带动性、国际性的前沿产业，已在 9 个前沿领域初步形成产业集群。如覆盖芯片设计、第三代半导体和封装测试的集成电路全产业链；涵盖创新药研制、国际医疗服务的生物医药产业生态圈；AI 芯片、算力中心、自动驾驶等多元应用场景层的产业链等。

2022 年 8 月，临港发布滴水湖 AI 创新港计划，力争用 3 年时间，集聚 AI 人才 2 万—3 万人，汇集企业 500 家，产业规模升至 500 亿元，成为上海人工智能产业发展新高地、国家人工智能产业重要集聚地。

能够最直接体现对外开放水平的是，3 年来，临港新片区实际使用外资金额每年翻一番，2022 上半年同比增长更是达 263.3%。如智能新能源汽车产业链中就引入了备受关注的特斯拉超级工厂，这也是上海有史以来最大的外资制造业项目。此外，全国首家外资控股的合资商业理财公司、首家跨国金融集团独资的金融科技公司等，也率先落地临港新片区。

之所以要注重发展这些创新性前沿产业，是因为它们代表的是未来全球产业竞争的主流。临港新片区在这些产业上发力，一方面是借助自身的比较优势，增强整个上海乃至国家的产业竞争力；另一方面也是通过具体产业的培育，来测试相关开放政策、营商环境的成熟度和国际竞争力，这实际上也是一种开放探索。

"五个重要"核心功能：助推国家实现更高水平的开放

前文一直在说临港新片区的特殊，那么它的特殊之处表现在哪里呢？

能够最直观展示临港新片区特殊性的地方，就是它被确立的"五个重要"核心功能：集聚海内外人才开展国际创新协同的重要基地、统筹发展在岸业务和离岸业务的重要枢纽、企业走出去发展壮大的重要跳板、更好利用两个市场两种资源的重要通道、参与国际经济治理的重要试验田。

3年来，临港新片区的所有努力，都可以说是围绕体现上述"五个重要"核心功能所展开。这方面的成绩，一系列的数字已经有充分的说明。

但正如临港新片区相关负责人所指出的，"这些数字本身不是我们最重要的目标"，"最重要的仍然是代表国家去试制度、探新路，去扩大开放"，"为整个国家积累地方的经验，提供我们新片区探索的样板"。

落到具体的行动上，就是要集聚配置全球高端资源要素，包括资金、技术、人才、信息等，代表国家参与产业、科技等方面的国际竞争。并且，临港新片区不仅是自己要建设成具有中国特色的最高开放水平的新标杆，还要通过探索可复制的经验、制度，助推国家实现更高水平的开放。

在中国的传统文化中，"三"有着特别的寓意：道生一，一生二，二生三，三生万物。成立3周年的临港新片区已然交出了一份沉甸甸的答卷。透过这份答卷，我们已经能清晰看到临港新片区的远大前程。

当然，打造具有国际竞争力的特殊经济功能区，3 年依然只是一个起步期。在国际竞争和全球化面临新变局的大背景下，临港新片去要蹚出一条更高水平开放的大道，"扮演不一般的角色、实现不寻常的作为、作出不平凡的贡献"，仍需加倍努力。

（2022 年 8 月 20 日）

布局"元宇宙"新赛道，
上海为何能领先一步？

朱昌俊

抢抓新赛道、培育新动能。2022 年 7 月，上海出台了培育"元宇宙"新赛道、促进绿色低碳产业发展、促进智能终端产业高质量发展三个行动方案。

其中，最吸引眼球的是"元宇宙"新赛道。根据相关目标，到 2025 年，上海元宇宙产业规模将达到 3500 亿元，并力争培育 10 家以上具有国际竞争力的创新型头部企业和"链主企业"，打造 100 家以上掌握核心技术、高能级高成长的"专精特新"企业，推出"50+"示范场景、"100+"标杆性产品和服务。

其实，在行动方案发布之前，上海各个层面就已多次释放了发展培育"元宇宙"新赛道的积极信号。如上海市第十二次党代会报告中明确提到，要强化高端产业引领功能，积极布局未来发展新赛道，推动新兴产业积厚成势、传统产业改造升级。

此外，上海市经信委印发的《上海市电子信息制造业发展"十四五"规划（2021—2025）》也提出，加强"元宇宙"底层核心技术基础能力的前瞻研发，推进深化感知交互的新型终端研制和系统化的虚拟内容建设，探索行业应用。

这也是"元宇宙"首次被写入地方"十四五"产业规划。此次培育"元宇宙"新赛道行动方案出炉，标志着上海在行动层面率先起跑。

从概念热炒到产业规划，多地争相布局"元宇宙"

虽然"元宇宙"的概念边界至今仍旧存在模糊性，但它作为数字经济的重要组成部分,甚至是"下一代互联网"的观念,已经得到越来越多的认同。

比如,我们所熟知的包括中国一些大公司在内的一批全球科技公司几乎都在切入这个赛道。此外,韩国、日本、美国等国家也明确提出入局"元宇宙"。

在国内,"元宇宙"从过去的概念热炒,也逐步进入产业规划层面,多地都明确了发展"元宇宙"的目标。如2022年武汉、成都、合肥等地的政府工作报告中提到了"元宇宙";浙江、江苏等地出台了"元宇宙"发展的相关政策规划。

2022年初,工业和信息化部召开的新闻发布会也指出,将引导和支持中小企业加快推进数字产业化和产业数字的进程,培育一批进军"元宇宙"、区块链、人工智能等新兴领域的创新型中小企业。

2022年9月召开的2022年中国国际服务贸易交易会上,电信、计算机和信息服务专题展首次设置"元宇宙"主题馆。

这些计划和行动表明,元宇宙及相关产业的发展,已经进入爆发前的酝酿期,并成为区域乃至国际科技、产业竞争的新风口。

上海培育"元宇宙"新赛道行动方案,是国内第一个省级行政区推出的"元宇宙"发展行动计划,它不仅将上海"元宇宙"发展进程又往前推了一步,而且具有风向标意义,有望带动国内更多地区加入"元宇宙"的新赛道中来。

培育发展"元宇宙",上海的优势在哪?

为什么是上海?上海的优势又在哪里?这个问题可以从几个方面来看。

其一,"元宇宙"代表的新赛道,背后拼的主要是科技创新能力。

这方面,上海作为全国乃至全球重要的创新策源地之一,无疑有着明显的优势。

此外,上海张江综合性国家科学中心,是全国四大综合性国家科学中心之一。并且颇为"巧合"的是,上海"元宇宙"领域布局的两个特色园区之一正是张江数链。

事实上,正是因为有着科技创新上的优势,从过去几十年的产业变革历程来看,无论是传统的汽车产业,还是电子信息,抑或是生物医药、新能源汽车,上海其实每一次都是扮演着引领者的角色。不管是在产业规模上,还是产业变革的"嗅觉"上,上海都处于国内领先地位。

所以,面对"元宇宙"这个新的产业变革风口,上海同样不会缺席,而且行动迅速。

其二,产业和市场基础。

现代创新的主体是市场。而上海作为全国最大的、工业门类最齐全的城市,其繁荣的市场生态不仅为"元宇宙"发展奠定了创新动力基础,同时还提供了各行各业的丰富应用场景。

比如,根据规划,到 2025 年,上海要力争培育 10 家以上具有国际竞争力的创新型头部企业和"链主企业",打造 100 家以上掌握核心技术、高能级高成长的"专精特新"企业。而上海正是"专精特新"概念最早的提出者和践行者,早在 2011 年,就率先启动实施"专精特新"中小企业培育工程。目前,上海"专精特新"企业数量居全国之首。

"元宇宙"发展的一个最主要的方向就是与其他产业的融合,其中应用场景的丰富程度就显得非常重要。这方面,上海同样有优势。比如,上海中国商飞提供了工业互联网 + 元宇宙场景,中山医院、瑞金医院提供了医疗 + 元宇宙场景,等等。

其三,基础设施优势。

"元宇宙"等新赛道产业发展离不开以新一代网络基础设施、高性能算力设施为特征的新基建支撑。

在 2022 年 7 月中国移动、中国电信、中国联通联合举办的投资者交流活动上，中国移动执行董事兼董事长杨杰就表示，没有信息基础设施，"元宇宙"无从谈起。

而上海的网络基础设施水平，在国内处于领先水平。

2020年，上海就在全国范围内率先发布了新基建行动方案，经过近3年的全力推进，目前在5G网络、算力设施等方面都取得了阶段性的良好进展。

截至2022年5月底，上海已建5G室外基站达到52400个，5G移动电话用户数超924万户，互联网数据中心达到36.1万个标准机架，上架率达到65%，居全国前列。同时，作为国家算力枢纽节点之一，上海还在积极试点"东数西算"、区域算力调度等示范应用。

这些网络基础设施上的提前布局和良好基础，不仅为上海培育"元宇宙"提供了有力的基础支持，还赢得了时间窗口。

其四，上海作为"五大中心"，在金融、信息、交通、对外开放等方面的综合优势，也是上海走在"元宇宙"发展前沿不可或缺的"大生态"系统。

比如，上海可以相对便利地接触到国内外的产业发展动态信息，并且在技术与企业的走出去和引进来上，都有着先天优势。

再比如，为推动"元宇宙"产业发展，上海将发起设立百亿级元宇宙产业基金，支持创新企业上市。这背后，上海国际金融中心的地位，无疑将带来非常大的加持。同时，上海还是科创板所在地。

这些金融方面的硬软件因素，都是上海发展"元宇宙"突出的比较优势。

培育发展"元宇宙"，究竟意味着什么？

"元宇宙"之所以在世界范围内得到重视，就在于它不仅是一个新兴产业，同时也与其他产业的变革息息相关。甚至可以说，它决定着传统产业升级的速度和质量，或将彻底改写和颠覆传统产业形态。

根据《上海市先进制造业发展"十四五"规划》提出的构建"3+6"新型产业体系目标，未来上海将聚焦发展集成电路、生物医药、人工智能三大先导产业，并提升发展电子信息、生命健康、汽车、高端装备、先进材料、时尚消费品六大新的重点产业，打造高端产业集群。

这里面的很多产业，其实都有望借助"元宇宙"实现新的升级。所以，在产业变革层面，布局"元宇宙"新赛道，也可以理解为是给上海的产业系统更新、升级播下新种子，寻找新杠杆，积蓄新动能。

进而言之，上海在"元宇宙"上的积极布局，在一定程度上也是代表国家在新的产业革命时代，在世界舞台上争夺未来在全球产业链中的话语权。

（2022 年 7 月 9 日）

广州南沙：
大湾区几何中心迎来历史性机遇

大湾区再迎来重磅消息！ 2022 年 6 月，国务院印发《广州南沙深化面向世界的粤港澳全面合作总体方案》(以下简称《方案》)，提出加快推动广州南沙深化粤港澳全面合作，将其打造成为立足湾区、协同港澳、面向世界的重大战略性平台的目标。

《方案》部署了一系列任务，包括：建设科技创新产业合作基地，强化粤港澳科技联合创新；创建青年创业就业合作平台；共建高水平对外开放门户；打造规则衔接机制对接高地；建立高质量城市发展标杆，加强城市规划建设领域合作，稳步推进智慧城市建设和粤港澳教育合作等。

可以看出，广州南沙的定位，已经发生了深刻的变化。

作为大湾区几何中心，南沙的价值日益凸显

在数千年沧海桑田中逐渐冲积而成的广州南沙区，是广州最年轻的行政区，辖万顷沙镇、横沥镇、黄阁镇和南沙街道。北邻广州番禺区，西南两面接壤中山市，东面与东莞隔伶仃洋和狮子洋相望，距离广州中心城区、深圳和珠海都只有 50—60 公里，距香港 38 海里，距澳门 41 海里，因此被视为大湾区的几何中心。

古老的土地、"年轻"的建制，背靠岭南、面朝大海……从地理到人文，从过去到未来，南沙区这片土地积累了一代代人的思想与经验碰撞。

早在 1978 年，香港知名实业家霍英东就在一次只能划小船跨越珠江的简陋考察中，发现了南沙的价值。1988 年，霍英东正式提出开发南沙的设想，20 世纪 90 年代初开始与当时的番禺县合作，开发南沙东部。此后 15 年间，他到访南沙多次，投放启动资金超 25 亿元。

1990 年，广东省确定广州南沙、惠州大亚湾和珠海西区为 20 世纪 90 年代的三大重点发展区域。1993 年，国务院批准设立国家级南沙经济和技术开发区，揭开南沙大规模开发的序幕。

进入 2000 年后，南沙在基础建设方面突飞猛进，地位一再凸显。2012 年，南沙区被设立为国家级新区。2015 年 4 月，中国（广东）自由贸易试验区广州南沙新区片区挂牌。

大湾区概念提出后，南沙的前景也更加被看好。根据 2019 年 2 月印发的《粤港澳大湾区发展规划纲要》，南沙的定位是"三区一中心"（国家新区、自贸试验区、粤港澳全面合作示范区和承载门户枢纽功能的广州城市副中心）。

三十几年间，南沙从一片农业为主的土地逐渐变为新兴城区，兼具港口与发达路网，拥有大批世界级企业，变化之大超出人们想象。

无论是 2019 年的《粤港澳大湾区发展规划纲要》，还是如今的《方案》，都让南沙的定位进一步提高与清晰。

南沙三大优势：面积、交通与"一路向南"

《方案》的提出给南沙设置了更高的目标。潜力的挖掘、预期的实现，都需要南沙"拿出"更多东西来——人们更关注的是，除了拥有极其优越的地理位置之外，南沙还拥有什么。

第一个优势当然是面积。作为粤港澳大湾的三个重大合作平台之一，相比 120.56 平方公里的深圳前海和 106.46 平方公里的珠海横琴，南沙区不但拥有全域 803 平方公里的面积，土地也可连片开发。

虽然方案中规划的先行启动区为总面积约 23 平方公里的南沙湾、庆盛枢纽、南沙枢纽 3 个区块，但以点带面、循序渐进的建设时序，无疑强化了南沙区的潜力空间，同时也让重心更加明确。

在先行启动区的 3 个区块中，南沙湾与香港以水路相通，且有多年发展基础；庆盛枢纽通过广深港高铁与深圳、香港连通，南沙枢纽与珠海、江门、深圳和东莞相连接，与香港来往同样便利。换言之，与香港的来往是否便利，是《方案》考量的重要条件，也是未来发展的重要依托。

南沙的第二个优势是交通。连通珠江东西岸的南沙大桥，其定位并非仅是一条跨江大桥，更被视为打通大湾区"动脉"的关键之路。南沙港铁路则被视为打通泛珠三角与内陆地区海铁公联运"最后一公里"的关键。此外，在地铁、水上航班、高速公路和快速路等领域的突破、规划与建设，将使得南沙这个大湾区几何中心名副其实。

第三个优势，则是广州"一路向南"的决心。城市南拓是广州这些年来的重要建设主题，第一个受益者当然是番禺区，而"广州最南"的南沙，则将成为最重要的受益者。

这条南拓之路并不平坦。受限于珠江河道持续收窄、黄埔港吞吐量增长趋缓的广州，一度在南沙挖出深水港，并以南沙取代黄埔，称为广州面向海洋的第一道关口，也让南沙迎来历史上第一次高速发展。

但广州中心城区发展早且快，区位优势非常明显。在中心城区深耕细作，成为既必要又稳妥的选择，"南下"动力一度被中心城区的高速发展所遮蔽。

最初的南沙，以临港工业和物流业为主，并在广州"适度重型化"的驱动下布局重化工业，后因环评问题开启搬迁。早期的种种尝试，并不能用"弯路"来形容，它让南沙找到了与大时代的真正契合点。或者说，这是这片土地与时代的磨合。

　　时至今日，南沙区的 GDP 在广州各区中虽仅仅排第七，但近年增长率一直位居广州各区前列，2021 年 GDP 首度突破 2000 亿元，固定资产投资首度突破 1000 亿元。在经济增长层面，它已经体现出磨合的力量。

南沙、前海与横琴，三大平台"和而不同"

　　2021 年 9 月，《横琴粤澳深度合作区建设总体方案》和《全面深化前海深港现代服务业合作区改革开放方案》相继发布。相比之下，南沙的《方案》来得比深圳前海与珠海横琴要晚。

　　南沙与前海、横琴的"并肩"，始于 2011 年的"十二五"规划纲要，三者被视为未来广东转型升级的三大重要平台。在《粤港澳大湾区发展规划纲要》中，三者的地位得到了延续。

　　这次南沙《方案》的一大重要举措是"双 15"优惠，即企业所得税与个人所得税均按最高 15% 的税率来征收。这项特殊的优惠政策堪称三大平台的标配，但时间各自不同。

　　早在 2011 年的《深圳经济特区前海深港现代服务业合作区条例（草案）》中，前海就独创性地对境外高端人才和目录内企业所得税率设置 15% 的上限，成为前海发展的最大助力之一。

　　而在南沙《方案》中强调的制度创新，则是横琴的强项。2019 年，横琴的"分线管理制度"就被纳入自贸区制度创新探索中。这也暴露了南沙的劣势：相比在制度创新上更具探索精神与经验的经济特区，南沙背后的广州会更为慎重，有时显得"慢半拍"。

　　但慢未必是坏事，尤其是对于南沙而言。面积远大于前海与横琴的南沙，有更充裕的地域空间和时间来探索发展的确定性。

　　从定位而言，前海着重于对接香港的现代服务业合作，横琴则重点连通澳门的产业发展，这显然与二者的地理位置有关。而南沙则在摸索一条二者兼得的路子，它既是地理层面的定位，也是大湾区建设提出的新要求，即不局限于点对点的就近地域联系，而是形成有效的区域联动。作为大湾区的几何中心，南沙在这一点上有先天优势。

南沙所要走的未来之路，未必会处处立竿见影，比如如今所专注的人工智能等新兴产业。但就像三十几年来的一次次思想与经验的碰撞那样，每一次火花都可以在某个时间或某个领域，成为一种指引。

而拥有了三大新平台的粤港澳大湾区，也将迎来全新的合作发展局面。

（2022 年 6 月 18 日）

新电商时代，
杭州还能领先吗？

涂　格

新冠疫情发生后，由于线下消费场景受限，电子商务和平台经济迅速补位，为保障社会经济的平稳运行发挥了重要作用。

作为中国电商产业重要的发源地之一，2022 年 6 月，杭州发布的《关于促进杭州市新电商高质量发展的若干意见》(以下简称《意见》) 引发各方关注。

《意见》提出，对招引的新电商企业，每年按其实际投资额的 20% 给予资助，最长不超过 3 年，累计不超过 500 万元；对本地年实际交易额在 100 亿元以上的电商平台，给予不超过 100 万元的一次性奖励；对符合条件的新电商园区（基地），按其实际投资额的 20% 给予最高 500 万元的一次性资助。

近两年，随着其他城市电商产业的崛起，杭州"电商之都"的地位也面临挑战。此次杭州首次出台新电商促进政策，也是意图在电商新赛道上维持领先优势。

值得一提的是，第十一届全球新电商博览会于 2022 年 6 月 29 日至 7 月 1 日在杭州国际博览中心召开。这些真金白银的奖励和资助，也是一种预热。

问世 20 多年，电商已成为中国经济的生力军

中国的电子商务产业起步于 1997 年。当时以 IBM 为首的一些国外 IT 企业，率先把电子商务的概念引入中国，激发了不少创业者的兴趣。他们相继注

册成立了 8848、阿里巴巴、易趣、当当等电子商务网站，打造了最早的一批电商服务平台。

然而，由于这一时期我国的信息化发展水平较低，社会大众对于电子商务缺乏了解，仍习惯于到实体店购物，所以电商网站的发展步履维艰。加之不久后互联网泡沫的破裂，中国的电商产业一度跌入冰河时期，直到 2003 年才迎来转机。

非典疫情的发生，使得很多出不了门的人转而尝试网上购物，由此掀起了一波电商热潮。后来支撑电子商务产业发展的一些基础设施和政策法规，也在这一时期陆续诞生。比如《国务院办公厅关于加快电子商务发展的若干意见》《电子商务发展"十一五"规划》等接连落地，从政策层面为电子商务发展指明了方向。一些平台也解决了网购支付的便捷性、安全性等问题，彻底激发了大众的网购热情，电商产业就此迎来了高速发展的黄金年代。

2021 年，全国网上零售额已经达到 13.1 万亿元，较上年增长了 14.1%，更是 10 年前的整整 9 倍。而根据《"十四五"电子商务发展规划》，到 2025 年，全国电子商务交易额还将达到 46 万亿元，网上零售额预期目标为 17 万亿元，跨境电商交易额有望实现 2.5 万亿元。

可以说，电子商务在中国这 20 多年的发展，不仅改变了国民的购物消费习惯，催生了 618、双十一等购物狂欢节，也促进了国内产业结构的调整，带动了快递业务量、非银网络支付交易金额的飞速增长。

甚至，就连全国的区域城市格局，也因为电子商务产业发生了重大改变。一些城市依托电商的发展实现了崛起，杭州就是其中一个典型代表。

杭州激起涟漪，百花齐放的电商城市格局

在成为"电商之都"以前，杭州留给外人的第一印象是一座梦想成为"东

方日内瓦"的美丽旅游城市。

而说起杭州的产业，20 世纪 80 年代以前，多还是杭钢、杭氧、杭丝联等传统工厂的天下。改革开放以后，虽然崛起了万向、传化、娃哈哈、农夫山泉等一批知名民企，但因为行业所限，对于整个国民经济的影响并不大。

1999 年，杭州诞生了一家名字听起来有些怪异的公司：阿里巴巴。到 2008 年时，杭州的电子商务企业已近 200 家。也是在那一年，中国电子商务协会授予杭州"中国电子商务之都"称号。

杭州在电子商务上的成功，在全国激起了巨大的涟漪效应。

2011 年 11 月 16 日，国家发改委在深圳召开"国家电子商务示范城市、国家物联网云计算试点示范、国家创新能力建设"授牌表彰大会。北京、天津、上海、重庆等 21 个城市（后增加到 23 个）被授予"国家电子商务示范城市"牌匾。

此后的 2014 年、2017 年，国家发改委联合相关部门又评选出了第二、第三批名单，另外 47 个城市入围创建"国家电子商务示范城市"。

经过这 10 多年的培育发展，如今电子商务在中国已经呈现百花齐放的格局。不仅北上广深电商产业规模庞大，广大中西部地区的电子商务也蓬勃发展。

2009 年 12 月，第三届网货交易会在成都召开，标志着 2300 亿网货内销市场与中西部对接的管道被打通，电商产业开始从发达城市向中西部地区延伸。到 2021 年，成都的电子商务交易规模已经达到 2.45 万亿元，网络零售额近 5000 亿元，在全国排名第六。

同时，电商产业也逐步向三四线城市甚至农村下沉。根据"2022 年度县市电商竞争力百佳样本"榜单，义乌、石狮、常熟等县市的电商产业规模已不输大城市，而农产品电商更是成为普宁、和林格尔等地县域经济发展的新引擎。

这种扩散、下沉的产业现象，也促使杭州不得不去反思和改进。

在杭州市人民政府网站，一则对上述《意见》的政策解读文章提道："经过 20 多年的发展，杭州电商发展取得了令人瞩目的成绩。但不容忽视的是，与兄弟城市相比，近年来杭州网零增幅逐年下滑，在内容电商、生鲜电商、兴趣电商等电商新赛道后继乏力，新兴企业成长匮乏等问题初见端倪。"

的确，与传统电商相比，新电商从功能型消费转向了体验式消费；从以产品为中心变成了以用户为中心；从单一场景精华到多场景融合。这些新特点，都需要杭州电商产业有新的布局和规划。

新电商时代来了，还要争什么实体和虚拟？

最近这些年，舆论场上出现一股奇怪言论，觉得凡是跟互联网沾边的就是虚拟经济，就加以贬斥。比如电商社区团购，明明降低了人们买菜的时间和金钱成本，却被一些人指责为抢了菜贩的饭碗。似乎只有坚持实体制造业，才是城市发展的正道，这显然是对电子商务的极大曲解。

正如 2022 年第十一届（杭州）全球新电商博览会介绍的，大会致力于帮助传统企业转型线上电商新渠道，鼓励企业充分利用直播带货 + 社群 / 社群团购，以新电商、新直播、新渠道为主题，推动直播电商 + 社区团购阔步前行、健康发展。

事实上，随着新一代信息技术的加速发展，电子商务不仅新业态、新模式层出不穷，而且正在加速线上线下、产业链上下游以及国内外市场的融合发展，助力传统零售企业的数字化转型和农业数字化的加速推进。

以往，每到收获季节，总会在媒体上看到某地丰产不丰收，呼吁大家踊跃购买的报道。现在，借助农村电商平台，畅通了工业品下乡、农产品进城渠道，很少再听到农产品滞销的消息了。

而作为消费者,通过电商平台,我们也可以比过往更加便捷、廉价地购买到海南的芒果、新疆的哈密瓜甚至美国的车厘子,从而极大地丰富餐桌。

"十三五"期间,全国农村网络零售额增长了5.1倍,2020年达1.79万亿元。同样,在制造业领域,电子商务也正在以数据为纽带,加快与制造业融合创新,推动智能制造的发展。

所以,简单地以"虚拟经济"还是"实体经济"来定义电子商务,是不准确的。随着线上线下的融合,已经没有了所谓虚拟经济与实体经济的对立,有的只是电子商务产业发展得好还是不好的区别。

站在便利民众生活、创造就业岗位的角度,电子商务越发达、产业链越完善的城市,才越具有吸引力和竞争力,而不是反过来。

在这一点上,杭州起步早,但想要在新电商时代保持持续领先的地位,显然还需要不断突破。

所谓不进则退,这两年,抖音、快手、小红书等新电商平台纷纷崛起,内容电商、生鲜电商、兴趣电商等新电商业态也方兴未艾,这些都挑战着传统电商的江湖地位,促使杭州这样的"电商之城"去积极适应和改变。

(2022年6月4日)

赣州、闽西，
这两大革命老区为何被委以重任？

熊　志

革命老区、革命老区重点城市，再次收获政策加持。

2022年4月，国家发改委印发《赣州革命老区高质量发展示范区建设方案》(以下简称《方案》)、《闽西革命老区高质量发展示范区建设方案》，对赣州、闽西革命老区高质量示范区建设作出统筹谋划，也为赣州、龙岩、三明等市的高质量发展提供了指引。

其实，国内的革命老区有很多，革命老区重点城市也有不少。《"十四五"特殊类型地区振兴发展规划》中，提到了赣闽粤原中央苏区、陕甘宁革命老区、大别山革命老区等多个革命老区。而被点名的革命老区重点城市，包括赣州、吉安、龙岩、三明等在内，一共多达20个。

赣州、闽西革命老区为何脱颖而出

为什么赣州、闽西革命老区会脱颖而出，被选中来打造高质量发展示范区？

首先要指出的是，在这一次发改委公布方案前，赣州、闽西革命老区获批建设高质量示范区，可能早在去年就已经敲定了。

2021年发布的《国务院关于新时代支持革命老区振兴发展的意见》就提到，研究支持赣州、三明等城市建设革命老区高质量发展示范区。2022年3月，《国务院关于同意建设赣州、闽西革命老区高质量发展示范区的批复》发布，这两个区域正式被委以重任。

而选择赣州、闽西革命老区作为示范区，有两个层面的背景。

其一，因为历史原因，全国的这些革命老区，基本上都处在省与省的交界地带。一方面，它事关红色基因的传承；另一方面，其经济又相对较为落后，不仅需要政策扶持，还需要可以推广复制的经验，来指引它们发展前进。

其二，就赣州、闽西革命老区自身而言，它们是赣闽粤原中央苏区的核心组成部分，有一定的区位条件和发展基础，发展潜力较大，示范效应明显，适合作为样板来打造。

以赣州为例，"十三五"时期，赣州的地区生产总值年均增速超过9.5%。2021年，赣州的GDP达到4169.37亿元。另外可能很多人不知道的是，赣州是江西的人口第一城，常住人口数量多达897万。

《"十四五"特殊类型地区振兴发展规划》对于赣州的定位也是，"建设全国性综合交通枢纽，全国重要的区域性中心城市，稀有金属等特色产业基地"。

至于闽西革命老区中重点点名的福建龙岩市、三明市，"十三五"时期的年均增长也高达9%左右，2021年GDP均在3000亿元上下。大家熟知的沙县小吃，正是源于三明市。

乡村振兴与创新驱动发展

因为革命老区很多处于欠发达地区，所以此次赣州、闽西革命老区的示范区建设方案，把乡村振兴摆在了很重要的位置。

比如赣州的《方案》提到，要"推动巩固拓展脱贫攻坚成果同乡村振兴有效衔接"，"加强乡村交通水利等基础设施建设"，"促进乡村产业兴旺"。至于闽西革命老区方面，其方案围绕"全面推进乡村振兴"同样有不少相关部署，如支持示范区建设特色现代农业产业园、国家林下经济示范基地等。

当然，除了让它们在乡村振兴、生态文明等方面发挥示范作用外，两份方案还有一个重要的关键词——创新。创新驱动发展，来让特色产业进一步做大做强。

以赣州革命老区为例，《方案》给出了一揽子的支持措施。如推进中科院赣江创新研究院建设，支持与国内优势力量合作创建稀土领域国家技术创新中心，等等。

这里提到的推进中科院赣江创新研究院建设，可能很多人不太了解。事实上，该研究院 2020 年 10 月在赣州揭牌成立，是中科院新增的第一个研究机构，也是江西省第一个中科院直属科研机构。它的落地，填补了江西无国家级大院大所直属机构的空白。

而《方案》提到，支持该研究院与国内优势力量合作创建稀土领域国家技术创新中心，这也符合赣州的产业特色优势——赣州是目前全国的三大稀土产地之一。

围绕提升区域创新能力，在赣州革命老区投放创新资源，布局一些创新平台、院所，足以说明对于革命老区的重视。它既能让地区产业优势最大化，也能让高质量发展形成示范。

承接产业转移，主动向发达地区靠拢

地处省域交接地带，是革命老区的一个重要特征。像赣州、闽西革命老区，就位于江西、福建和广东的接合地带。

在区域经济领域，有一个明显的现象，省份交界处的经济往往发展条件欠佳。因为这类地区通常是偏远闭塞、不适宜经济活动的地区，而一省的资源，往往会重点投入位于省份中心的省会城市。

这是革命老区发展的一大难点，但对赣州、闽西革命老区而言，这种特殊的地理位置，其实也蕴含着机遇。比如赣州所在的江西，是唯一一个同时和长三角、大湾区两大城市群接壤的内陆省份，而赣州是传统的交通要道，且毗邻经济发达的广深等城市，有跨省承接产业转移的就近优势。

2022年3月发布的《国务院关于同意建设赣州、闽西革命老区高质量发展示范区的批复》就提到，协调上海市、广州市、深圳市等有关地区加强与三明市、龙岩市、赣州市的对口合作。

这次赣州革命老区的示范区建设方案也提到，要"打造江西对接融入粤港澳大湾区桥头堡"，支持赣州探索与深圳开展对口合作，建设深（圳）赣（州）港产城一体化合作区等。闽西革命老区的方案，同样要求龙岩、三明与福州、厦门等城市协同发展。

也就是说，在发展方向上，要有更加开阔的视野，不能局限于本省，被行政边界所束缚，要利用靠近省份交界的毗邻优势，主动融入发达地区的发展大格局中，去做产业配套。

这些融入周边地区发展体系的要求，和《国务院关于新时代支持革命老区振兴发展的意见》中"加强革命老区与中心城市、城市群合作"部署形成了呼应。

正所谓"背靠大树好乘凉"，既然有承接产业转移的地理优势，那就应该充分利用好，主动向发达地区靠拢。这样那些发达地区外溢的产业利好，也能优先惠及；革命老区的高质量发展，在发达地区的辐射带动下，也有更加强劲的动力。

（2022年4月16日）

沪苏浙城市结对合作帮扶，
皖北要"起飞"了

涂　格

长三角一体化发展又有大动作。2021年12月8日，国家发改委发布《沪苏浙城市结对合作帮扶皖北城市实施方案》（以下简称《实施方案》）。

《实施方案》明确，上海市闵行、松江、奉贤3个区，江苏省南京、苏州、徐州3个市，浙江省杭州、宁波2个市，与安徽省淮北、亳州、宿州、蚌埠、阜阳、淮南、滁州、六安共8个皖北城市，开展结对合作帮扶，期限至2030年。

长三角扩容与安徽入"长"

如果从1982年国务院决定由上海及周边9个城市共同成立上海（长江三角洲）经济区算起，长三角区域合作已风风火火走过了近40个年头。

但直到2008年以前，这种合作仍多局限在江浙沪"包邮区"内部——虽然安徽早在1990年，就提出了"抓住机遇、开发皖江、强化自身、呼应浦东、迎接辐射、带动全省"的战略决策。

2008年9月，《国务院关于进一步推进长江三角洲地区改革开放和经济社会发展的指导意见》正式印发，意味着"泛长三角"被提至国家战略层面。原本由江浙沪两省一市参加的长三角地区主要领导座谈会、长三角地区合作与发展联席会议随即扩容，安徽首次应邀出席。

2009年11月，在苏州举行的长三角地区主要领导座谈会则明确安徽不再是应邀参加者，而是作为正式一员出席。以此为标志，安徽入"长"的速度明显加快。

2010 年，合肥、马鞍山率先被吸纳进入长三角城市经济协调会，获得了"长三角城市"的官方身份认证。长三角的"朋友圈"，从此由"包邮区"拓展到了八皖大地。此后，又经过 2013 年、2018 年和 2019 年的三次扩容，安徽 16 个地级市全部投入长三角大家庭的怀抱。

跟 1997 年长三角城市经济协调会刚成立时的 15 城相比，如今的长三角城市成员已经达到 41 个；范围面积扩大了 4.5 倍，达到 35.8 万平方公里；经济和人口总量分别占到全国的 24%、16.7%，妥妥的"中国第一城市群"。

但长三角"家庭群"的快速膨胀，也带来了一些问题。最突出的就是内部区域发展不均衡，特别是安徽诸市加入后，这种不均衡体现得更为明显。

区域和省内发展不均衡明显

作为长三角一体化发展、长江经济带发展、中部地区高质量发展三大国家战略叠加的唯一省份，安徽既是长三角成员，又是长江经济带承东启西的重要节点，还是中部地区与长三角联动发展的桥头堡。

优越的地理区位、充足的劳动力人口，以及科学大胆的产业政策，使得安徽近些年经济飞速增长，发展成就有目共睹。10 年间，其 GDP 全国排名相继超过辽宁、河北等省。2021 年前三季度，安徽以 31847.8 亿的 GDP 总量，成功跻身全国前十大省份之列。

不过跟同期江苏 8 万亿级、浙江的 5 万亿级比起来，安徽的经济体量还有不小差距。而且，在长三角城市 GDP 排名前 10 的榜单中，安徽只有合肥这一"独苗"。省内第二的芜湖，排到第 20 位；排倒数的 10 名中，有 7 座是安徽城市。

更值得重视的是，过去作为安徽重要竞争力之一的人口优势，近年来也在慢慢消退。根据"七普"数据，从 2010—2020 年，10 年间，安徽人口增幅为 2.57%，低于江苏的 7.74%、上海的 8.04%、浙江的 18.63%。传统意义上的劳动力大省安徽，成了长三角人口增幅最小的省份。

而且，安徽有接近三分之二的城市（10 座）人口在负增长，2021 年发布的《安徽省人口与计划生育条例（修订草案征求意见稿）》说明中，对人口现状出现了"整体呈断崖式下降趋势"的表述，一度登上热搜。

此外，省内各地发展不均衡也是困扰安徽崛起的一大顽疾。长江和淮河不仅在地理上将安徽两分为三，也在很大程度上影响了其经济社会发展。相较一骑绝尘的合肥、紧邻江浙核心区的皖南诸市，作为传统意义上的黄泛区，皖北地区人口多、底子薄、基本公共服务历史欠账多，发展相对滞后。

正如 2021 年 12 月 9 日《安徽日报》头版评论《一盘区域协调发展的"大棋"》所指出的，人口多、底子薄的皖北地区，是推进长三角更高质量一体化发展的突出"短板"之一。

结对合作帮扶，每一对都有深意

跟国内其他地区相比，拥有全国首个共同富裕示范区的长三角，具有更鲜明的共富烙印和实现区域均衡发展的雄厚条件基础。此次沪苏浙城市结对合作帮扶皖北 8 市，既是实现共同富裕的应有之义，也能够进一步促进长三角地区实现更高质量的一体化发展。

此次合作帮扶实行"点对点""市对市"模式，每一对结得都颇有深意。比如苏州—阜阳，前者是制造业大市，用工需求旺盛，后者是劳动力输出大市，彼此正好互补；又如宁波—蚌埠，一个是海港枢纽，一个是铁路重镇，都是重要的交通节点型城市，产业布局思路上存在很多共通性。

从宏观上看，根据《实施方案》，结对合作帮扶的重点任务包括开展干部互派挂职、共建省际产业合作园区、搭建资本与项目对接平台、提升民生共享水平、加强农业全产业链供应链协同，以及建设优质绿色农产品生产加工供应基地等。其中，在提升民生共享水平方面，将推动优质教育、医疗、康养等资源共建共享。

其实，相关工作在长三角内部已开展多年。像复旦大学教授陈诗一（现任安徽大学常务副校长）等多名上海高教界人才赴安徽高校任职；江苏与安徽共建苏滁现代产业园、天长环保产业园等工业园区；浙皖 2012 年开始实施新安江流域水环境补偿机制，开创了国内跨省生态补偿的先例。

随着对口帮扶方案的落地实施，上述合作将得到更深入、制度化、持续性的推进。皖北，这块长三角的"发展短板"，也有望在未来 10 年内被有效补上。这不仅造福当地百姓，也能够进一步拓展长三角的经济腹地，增强区域竞争力。

安徽"第三城"为何也要被帮扶？

这其中，受益最多、最受关注的城市，可能就要数不那么"皖北"也不那么"落后"的滁州了。

毕竟，滁州地处安徽东部，且近年来经济发展势头相当不错——自 2019 年跨级站上安徽"第三城"后，已经连续两年稳坐这一位次，有多项经济指标领跑全省。也难怪《实施方案》公布后，诸如"安徽第三城为何也要被帮扶？""滁州是否能算皖北城市？"的评论频现网络。

原因在于，滁州虽整体定位为皖中城市，但县域面积较大，部分县（市）在国家层面的规划文件中被划入了皖北地区。根据国家发改委印发的《促进皖北承接产业转移集聚区建设的若干政策措施》，皖北承接产业转移集聚区包括安徽省淮北、亳州、宿州、蚌埠、阜阳、淮南 6 市，以及滁州市定远、凤阳、明光和六安市霍邱4县（市）区域内的国家级、省级开发区和省级（际）合作共建园区。这也成为滁州成为此次结对合作帮扶皖北8市中一员的重要依据。

至于"安徽第三城为何也要被帮扶？"之问，则属于对《实施方案》的误解。从字面上理解，"结对"之后，首先是"合作"，然后才是"帮扶"，合作优先于帮扶，这才是实质。

选择南京作为滁州的结对城市，是考虑到两市山水相连、人文相近，已有良好的合作基础。过去几年，南京的高校、医院、企业纷纷到滁州落户建校区、分院、产业园。连接两地的宁滁城际铁路（南京段）工程可行性研究报告，前不久也获得了江苏省发改委的批复。《长江三角洲区域一体化发展规划纲要》中6个被要求推动协同发展的省际毗邻区域，滁州占了2个，且都与南京有关。两地同城化的趋势越来越明显。

作为安徽"第三城"的滁州，其崛起不仅有利于自身，还可以辐射带动皖北的淮南、蚌埠等地，并与苏北的宿迁、淮安等城市形成互动，进一步推动整个长三角北部地区的发展。

（2021 年 12 月 11 日）

城市简称，
为何会成为西安"甜蜜的烦恼"？

朱昌俊

我国不少城市的名字都不止一个。正式名称里，除了全称，还有简称，比如北京简称京，上海简称沪，广州简称穗，南京简称宁。此外，还有别称，甚至"戏称"，比如网友们口中的各种"都"。

相形之下，作为历史上的十三朝古都、现代的副省级城市、被批准建设的国家中心城市，西安似乎一直缺乏一个辨识度和认同度高的简称。这时常引起市民和网友的讨论。

有网友建议西安简称为"昊"或"兆"。用"昊"的理由，是西安位于西北，在后天八卦里，西北属乾位，为天，昊字为如日中天之表象，象征着西安前途光明，蒸蒸日上。取"兆"，是因为京兆是西安的古称；且"兆"代指一百万，呼应唐长安是首个一百万人口的大城市，又代指数量多多。

当地民政部门表示，行政区划管理涉及当地的经济发展、资源环境、人文历史、地形地貌、治理能力等诸多要素，在变更、确定行政区划名称（简称）时，还应当体现当地历史、文化和地理特征，将在今后开展相关工作时，将该网友的意见予以参考、研究，进行风险评估、专家论证。

甜蜜的烦恼："镐"认同度不高

网上有一种说法，西安是一座没有简称的城市，这其实是不准确的。因为长期以来，西安有一个半官方简称：镐。

不过，因为"镐"属于生僻字，使用上不太方便，本地人的认同度不高，自然也无法流行开来，时间久了，就有了"西安没有简称"的说法。

2005年，西安民政局与当地媒体联合发起一项调查，结果显示，83%的人不赞同西安简称"镐"。其原因或许确实与"镐"不那么接地气有关，但从另一个角度来说，这也说明，西安历史文化深厚，可以用来作简称的选择太多。

调查中，尽管多数市民不认同"镐"，但对到底选哪个字作简称，也并未达成共识。市民意见相对集中的选项就多达六个——"灞""丰/沣""凤""唐""秦"和"雍"。如果再加上这次网友建议的"昊"或"兆"，就多达八九个。可能没有哪座城市有如此多的简称备选答案。

从来源看，这些被提出来的选项，多数都与西安的历史有关。"镐"本就是西安作为周朝都城时的称谓；"唐""秦""兆"，也直接来源于历史。

因此，西安市民在简称这个问题上无法达成共识，也可以说是西安的深厚历史文化带来的一种"甜蜜"的烦恼。

事实上，不只是简称，西安人对城市名字的纠结，在所有城市中可能都是比较突出的。如网上还有一种流传和讨论已久的说法或是建议——西安要不要重新改名为历史上更为人熟知的"长安"？

城市改名，当然不是一件容易的事。西安人非常在意城市的简称、名字，这背后所展现出的强烈的城市主人翁意识，值得肯定。一个被广泛接受的简称，有助于进一步增进市民对城市的文化认同，也利于城市的形象和知名度传播。

那些不为人熟知的城市简称

不过，真要衡量起来，西安市民争论的，与其说是哪一个简称更能代表西安，不如说是到底哪一个字作为西安的简称，才能被更多人所熟知。也就是说，在当下，城市简称所指向的文化意义，更多是对外的，而不是向内的。

就像说到城市简称，绝大多数人都立即想到京、沪、渝、蓉等，这本身就说明，城市简称更多指向的是城市外在传播。

从公开信息来看，不少城市虽然都有简称，但真正能够广泛传播被大众使用的，其实非常少。像西安的"镐"一样，不被人记住的，绝非个例。

仅以省会、副省级城市为例，像贵阳简称筑、南宁简称邕、兰州简称皋、太原简称并，厦门简称鹭等，其实都不太为人所熟知。至于更多的普通地级市、三四线城市，被边缘化的简称就更多了。可以说，城市简称被遗忘是常态，被记住才是例外。

这里面的原因主要有两个。第一，简称的生僻与否。北上广深渝蓉等城市的简称，说到底就是字简单、大众化，更容易被记住和传播。相较之下，筑、皋、邕等源自古语中的称谓，确实不太利于在现代语境下传播。

第二，与城市的经济发展水平，或者说与城市在现代社会的发展地位息息相关。北上广深这些城市的简称之所以被更多人知道，在于它们的存在感很强，受到的关注度高。其实，除了称谓，与这些城市相关的几乎所有信息，都更容易被传播。

就这个角度来说，一些城市的简称逐渐被人所遗忘，或者说社会知晓率不高，其实不必太遗憾。说到底，这是受传播规律所决定的，与具体名字的关联性并不是很强。

被大众所接受的，才是最好的

谈到城市简称，需要区分一个概念，那就是别称。

城市的正式简称，或者说特定的单字简称，一般都取自历史，或者与河湖山等地名有关。像西安的镐、南宁的邕、宁波的甬、重庆的渝等，它们都与现在的名字没有直接关系。多数省份的简称，也是遵循这一生成逻辑，它主要凸显的是城市的历史底蕴。

城市一般的简称，或者说别称，多就是城市的首字简用。比如，"北上广深"的说法就是典型。这种别称也多用来作为高速公路、铁路的命名。比如哈大高铁、兰海高速等。

需要指出的是，北京、上海、天津、重庆、成都、武汉等城市的简称知晓率高，它们在铁路、高速公路中的命名也经常以正式简称出现。如北京几乎所有的高速公路、铁路命名，都是以京出现，像京九线、京沪线等；成都则有渝蓉高速、沪汉蓉高铁等。

但也有例外，如西成高铁、成昆铁路等，它们是源自城市名首字。

这种差别涉及一个非常重要的问题，即约定俗成的力量。简单说就是，如何用，关键还是要接地气，读起来顺口，方便传播。

说一个细节。这几年，不断有川渝的网友问，成渝城市群，为什么不叫"渝蓉城市群"？一个是直辖市，一个是副省级城市，把重庆放在前面不是更合理？重庆发改委回应称，"成渝"作为约定俗成的提法，就像"巴蜀"一样，并无排名先后之分，为避免引起不良影响，不宜修改此称谓。

这个官方回复表明，城市简称也好，别名也罢，还是要遵循约定俗成的力量，被大众所接受的，才是最好的。如果过去很多年没有变化，说明已被多数人所接受，那么刻意改变，就没什么必要了。

就像西安，虽然多数人不知道"镐"，但并不妨碍它的知名度。

值得注意的是，近些年，城市的别名流传度大有超越正式简称的趋势。比如，"北上广"比"京沪穗"更为人熟知；长沙没有正式的简称，但它的别名"星城"，被越来越多的人知晓和接受。广州的"羊城"、成都的"锦城"，也是如此。这或许是因为，更直白通俗的别称，更契合互联网和社交媒体时代的传播密码。

所以，城市的知名度，与简称并没有必然联系。关键还在于，社会的认同度到底高不高。西安简称的备选答案很多且难以形成统一的答案，这种多元化现象，未尝不是西安的独特魅力。

因此，西安简称到底要不要改、改成什么，不妨将选择交给时间。西安民政部门的慎重态度，其实是对的。

这些年，网上关于城市改名的讨论不少。已经明确的有，襄樊重回襄阳，大庸变为张家界等。但更多的讨论，最后并没有形成一个明确的共识性结果，比如黄山要不要改成徽州。根本原因就在于，人们的认同度差异。明白这一点，城市的名字、简称，改与不改，或许就没那么多纠结了。

（2021 年 11 月 13 日）

除了全运会，
西安这些年也"蛮拼的"

2021 年，第十四届全国运动会在陕西举行。作为全运会主会场，西安这座千年古都再次成为全国关注的焦点。

回顾全运会的历史，到第九届之前，举办地一直为北京、上海、广东三地所垄断。直到 2001 年国务院办公厅发布《关于取消全国运动会由北京、上海、广东轮流举办限制的函》，才开始有别的省市参与进来。

但是从第十届的江苏、第十一届的山东、第十二届的辽宁到第十三届的天津，全运会的举办地无一例外都位于东部沿海。此次"十四运会"乃全运会首次移师中西部地区举办。

透过全运会这扇窗口，人们不仅可以看到中国体育竞技人才的成长，也能感受到古都西安乃至整个中西部地区迈向高质量发展的澎湃脉搏。

大型赛会之于城市，是锦上添花

说起大型赛会与城市的关系，人们多习惯于从赛会带给城市甚至所在国家的影响和改变这一角度出发，进行解读。比如 1964 年东京奥运会之于日本，1988 年汉城奥运会之于韩国，以及 2008 年北京奥运会之于中国，都被视为国家崛起的标志性事件。

至于 2016 年杭州 G20 峰会、2017 年厦门金砖峰会、2018 年青岛上合峰会，则成为举办地大规模推进城市基建更新、提升知名度的重要契机。

但反过来看，上述城市之所以能从激烈的竞争中脱颖而出，成功获得赛会的主办权，本身就说明其拥有完善的基础设施和强大的组织动员力。赛会之于城市，起到的更多是锦上添花，而非雪中送炭的作用。

就像这一次，西安获得全运会的主办权，同样跟过去这些年当地经济社会的快速发展有着莫大关系。

作为九个国家中心城市之一，西安历史底蕴深厚，科教资源丰富，与南京、武汉常年并列全国"高教第三城"。随着国家西部大开发战略的深入实施，西安获得了空前的发展机遇，城市潜力被彻底激发。

来看一组数据：2000 年，西安全年 GDP 为 689 亿元，在全国各大城市中排名全国第 34 位；2010 年，这两项数据分别变为 3241 亿元和第 29 位；等到 2020 年，西安 GDP 一跃突破万亿大关，达到 10020 亿元，排名也进一步上升到第 22 位。

20 年间，西安 GDP 增长了 14.5 倍，排名上升了 12 位。这个成绩虽然较长沙、合肥等黑马还略逊一筹，但放在北方城市中足以令人惊艳。

随着大连、沈阳、哈尔滨、长春、石家庄等一座座经济总量曾经领先西安的北方重镇被它相继反超，如今的西安，已是仅次于北京、天津、青岛、郑州的北方第五城，跟济南不分伯仲。

要知道，陕西 GDP 只有山东的三分之一，作为省会，西安能打平济南，实属不易。

为什么西安能够强势崛起？

西安为什么能够在区位条件、资源禀赋均不如中原甚至东北的情况下，实现强势崛起？

这就不得不提到近年来备受关注，也引发一些争议的"强省会"战略。

与大多数中西部省份一省推出一个强势省城不同，西安的崛起某种意义上是西北五省共同努力的结果，这也是作为"西北共主"的西安和东北F4（哈尔滨、长春、沈阳、大连）城运走势此消彼长的原因所在。

这种资源的集聚效应，最明显的反映在人口数据上。过去10年，陕西人口增长了220万人，而西安却暴增448万人。这背后不仅是省内人口向省会的进一步集中，还包含了大量来自甘肃、宁夏、青海等邻近省份的"移民"。

作为最早参与"抢人大战"的城市之一，从2017年起，西安便动作频频，又是召集500多名户籍民警开誓师大会，又是全国游走宣讲西安人才政策，甚至还创造了女博士10分钟完成落户的最快纪录……一通操作下来，当年西安人口就增长了70万人，排名全国第一。

截至2020年底，西安常住人口已经达到1295万，反超苏州（1274万）、郑州（1260万）、杭州（1193万）等前排城市，首次跻身全国十强。

随着人口的集聚，西安的城市基建、产业经济日新月异。以地铁为例，曾几何时，由于地下古墓万千，大大拖累了西安修建地铁的速度，但最近这些年，西安地铁建设进度明显加快。截至2021年7月，西安已开通运营8条线路，总里程达到258公里，在北方城市中仅次于北京，跻身全国第十。

地铁只是西安近些年发展的一个缩影。在经济学人智库（EIU）评选的2021年中国最具经济潜力城市排行榜中，西安和北京、郑州、天津成为仅有的4座跻身前20名的北方城市。其中西安位列第18位，排在天津之前、中山之后。

当然，城市发展不是光有硬件就行了，对于生活在其中的人们来说，软件服务有时候更重要。比如，GDP全国第四的浙江，在人口吸引力方面仅次于广东，成为极少数所有地级市过去10年人口都实现正增长的省份，这就跟浙江力推的"最多跑一次"政务改革有莫大关系。

相较于城市硬实力上面的狂飙突进，西安在软件方面也取得了不俗的成绩，诞生了诸如不倒翁小姐姐、大唐不夜城等网红 IP。在抖音最火城市排行榜上，西安也经常是第一。可以说，西安的文化牌打得有模有样。

当然，西安在人均 GDP、公共服务和招商引资等方面，距离东部沿海地区的发达城市，还有很大的追赶空间。2021 年上半年，西安 GDP 同比增长 7.8%，不论实际还是名义增速，都远落后于全国平均水平。下半年，西安要更拼才行。

希望此次全运会的举办，能够成为西安全方位高质量发展的契机，从而更好地服务西北，甚至辐射中原，这对于区域协调发展和共同富裕都具有重大意义。

（2021 年 9 月 19 日）

申遗成功的泉州，
有"爱拼才会赢"的基因

朱昌俊

2020 年成功跻身 GDP 万亿俱乐部的泉州，又迎来一件大事。

2021 年 7 月 25 日，我国世界遗产提名项目"泉州：宋元中国的世界海洋商贸中心"顺利通过联合国教科文组织第 44 届世界遗产委员会会议审议，成功列入《世界遗产名录》，我国世界遗产总数升至 56 项。

这不是泉州第一次申报世界遗产。2018 年，泉州曾以"古刺桐"文化遗址项目申遗，但并未成功。此后在总结经验教训的基础上，"古泉州（刺桐）史迹"正式更改为"泉州：宋元中国的世界海洋商贸中心"，让泉州作为中国海洋文明的重要代表性城市的地位更加突出、印记更加鲜明。

泉州是中国古代"海上丝绸之路"的重要起点。GDP 超万亿、申遗成功，让人们对这座古老的城市刮目相看，而泉州在传统与现代之间的成长之路，还在延伸之中。

申报世遗，底气很足

作为宋元朝时期全球最繁忙的港口之一、古代海上丝绸之路的起点、首批国家历史文化名城，泉州历史文化底蕴深厚。此次申报的遗产点就达到 22 处。

像海洋贸易行政管理机构与设施遗址、宗教建筑和造像、文化纪念地史迹、陶瓷和冶铁生产基地，以及由桥梁、码头、航标塔组成的交通网络，完整体现了宋元泉州富有特色的海外贸易体系与多元社会结构。

目前，泉州境内有全国重点文物保护单位共 31 处，在坊间有"地下看西安，地上看泉州"之说。

随着历史变迁，多种因素影响下，今日的泉州已不复往日"东方第一大港"的荣光。但是除了历史遗存，在现代经济发展上，泉州依然不负众望，是直辖市、副省级城市、省会城市之外，中国最强的普通地级市之一。

经济总量上，泉州 2020 年成功跻身 GDP 万亿城市俱乐部，且连续 22 年位居福建省内第一。可以说，尽管泉州在舆论场上的存在感不是很强，如在福建省内，其知名度就远低于网红城市厦门，但经济方面眼下仍是福建的第一担当。

你可以不知道泉州，但泉州产的品牌，你一定多多少少有所耳闻。随便罗列一下——安踏、特步、鸿星尔克、361°、乔丹、劲霸、七匹狼、九牧王、恒安等，这些知名品牌，都是泉州造。

数量众多的品牌，共同撑起了泉州的工业强市地位。目前，泉州跻身中国十大工业城市之列，工业增加值把武汉、南京、成都等明星省会城市都甩在身后。

以 2020 年为例，泉州的三次产业比例为 2.2 ： 57.2 ： 40.6。第二产业占据一半以上，这在今天是一个非常高的比例，泉州的实业实力之强可见一斑。

民营经济，敢闯敢拼

泉州的工业强，还有一个突出特点——民营经济强。

民营经济是泉州的一大特色。媒体对此有"八八九九九"的概括，即民营经济贡献了泉州 81% 的税收、82.1% 的 GDP、93% 的研发投入、96% 的城镇就业、95% 的企业数。

泉州民营经济突出，有着多方面的原因。比如，自古就是重要的开放港口和贸易重镇，这为泉州植入了开放基因，也逐渐形成了一种"敢闯敢拼"的精神。

再比如，作为著名的侨乡，泉州的民营经济发展，在资金、市场、信息等多个方面都具有一般城市难以比拟的优势。

改革开放后，泉州充分利用侨乡海外关系，打好侨牌，承接"三来一补"业务，大力发展纺织鞋服、工艺制品等劳动密集型产业，为今天的工业发展奠定了基础。

据相关统计，祖籍泉州的华侨、华人 750 多万人，港澳同胞 76 万人，分布在世界各地 129 个国家和地区。他们为本地经济的发展所作出的贡献不容低估。

还有一个被忽视的因素，就是自身地位的尴尬，进一步激发了泉州的自强精神。在福建省内，不仅省会福州的地位比泉州高，厦门也是副省级城市。在政策、资源等多个方面，泉州都不占优。这样的地位，倒逼泉州必须在"夹缝"中走出一条"内生"式发展之路。所以，民营经济反而因此一枝独秀。

可以说，泉州的成功，确实如闽南语名歌《爱拼才会赢》中所唱的——七分靠打拼。泉州以实力诠释了"爱拼才会赢"。

福州紧追，面临挑战

不过，在新的经济社会发展背景下，泉州受到的挑战也很明显。

如一直引以为傲的福建第一经济强市的地位，目前已经不稳。2020 年，福州与泉州双双进入 GDP 万亿俱乐部，泉州之于福州的 GDP 优势已经缩小到百亿元左右。在福建明确提出"强省会"战略之后，福州在经济总量上反超泉州，相信只是时间问题。

此外，随着 2021 年 6 月福州都市圈规划正式获得国家发改委批复，在都市圈时代，福州也跑在了泉州前面。

另一个隐忧体现在，泉州的传统产业结构，也走到了必须转型升级的关口。目前泉州的主打产业仍以制造业为主，尤其是一些鞋服制造业，被诟病为多而不强。而在近些年方兴未艾的互联网产业浪潮中，泉州的反应也显得慢半拍。

还有一个值得注意的现象就是，近些年泉州知名企业总部外迁，成了一股风潮。像安踏、特步等把总部迁到了上海，还有一些企业则相中了厦门。

企业的出走背后，是对泉州融资环境、人才供给等短板的直接回应。比如，泉州目前仍无一所能够与其经济实力相匹配的大学。

事实上，在交通、医疗、教育等公共服务方面，泉州的综合表现都远不如其经济实力。在目前的 GDP 万亿俱乐部中，泉州也是唯一一个未通地铁的城市。

公共服务方面的欠缺，不仅影响到企业的选择，也伤害了对人才的吸引力。根据第七次全国人口普查数据，过去 10 年，泉州常住人口只增加了 65.38 万人，在全省的比重由 2010 年的 22.03% 下降到 21.14%。

因此，贵为最强地级市之一的泉州，在新的城市发展大势下，要进一步突破发展天花板，还需要克服诸多挑战。

当然，完全可以相信，只要"爱拼""敢闯"的气质不丢，泉州的运气就不会差到哪里去。

（2021 年 7 月 24 日）

做大做强石家庄，
多地为何力推"强省会"战略？

熊　志

　　向来低调的省会城市石家庄，也开始谋划"强省会"的战略蓝图了。

　　2021 年 7 月，石家庄出台《关于落实〈省委省政府关于大力支持省会建设和高质量发展的意见〉的实施方案》。方案提到，要大幅提升城市品位、能级和首位度，目标是到 2025 年，全市经济总量力争超万亿元，常住人口城镇化率达到 75% 左右。

　　在此之前，河北明确喊出了"强省会"的战略，支持石家庄做大做强。而这次石家庄出台的实施方案，包括"九大工程""九大提升"等一揽子重点任务和措施，让人对"国际庄"的未来倍感期待。

　　不管是河北还是石家庄，在"强省会"战略上的发力，其实并不让人意外。因为不论是就石家庄在省内的辐射引领带动作用，还是在省外的影响力而言，确实有很大的提升余地。

"强省会"是流行趋势

　　目前，评判"强省会"，一个直观的数据指标是经济首位度，也即 GDP 全省占比。2020 年数据显示，石家庄 GDP 为 5935.1 亿元，而河北为 36206.9 亿元，石家庄的占比只有 16.4%。在全国省会城市中，这一比值仅高于呼和浩特、南京和济南。

　　而以"强省会"著称的武汉、成都、西安等城市，经济首位度基本都在

30% 以上。

值得一提的是，根据"七普"数据，石家庄是全国的 18 个千万人口城市之一，但其人口首位度同样只有 14% 左右。

在省内，石家庄是省会、行政中心，但却不是河北的经济第一城，GDP 长期被省内的唐山压着一头。而在省外，石家庄的存在感也明显不足。

所以，要进一步做大做强石家庄，让河北的发展有一个更加强劲的增长极，"强省会"的确是必要之路。

放眼全国，"强省会"战略早已成为大趋势。前面提到的武汉、成都、西安，都是依靠着"强省会"战略一路发展提升。如今它们不仅是省内的经济、科技、文化、金融中心，还拿到了国家中心城市的入场券，在全国的战略地位不断抬升，承担着至关重要的国家战略职能。

临渊羡鱼，不如退而结网。一些省会首位度不是特别突出的省份，在"强省会"的趋势下，同样坐不住了。比如，贵州在 2021 年就专门印发了《关于支持"强省会"五年行动若干政策措施的意见》；而广西在 2019 年也印发了《关于实施强首府战略的若干意见》······

这些以"强省会"命名的主题文件，充分体现了各省份做大做强省会，提升省会城市引领和辐射带动作用的决心。但值得注意的是，"强省会"战略还不仅仅是中西部地区的专利。

在 2018 年的中央第一轮巡视中，有多个城市被点名，其中包括济南、南京等沿海地区省份的省会城市。

如山东省会济南，通报是"副省级城市的功能作用发挥不够"，要"研究提高济南省会城市首位度"；江苏省会南京，通报是"省会城市功能作用发挥不够"，要"加快提升省会城市功能和中心城市首位度"。

从首位度来看，它们被点名并不是毫无来由。2020 年，济南和南京的经济首位度只有 14% 左右，正好处在全国垫底的状态。

近两年来，我们可以看到，在发展相对更均衡的江苏、山东等地，官方层面开始明确提出"强省会"的概念，支持省会城市做大做强。如山东省委十一届十二次全会明确提出实施"强省会"战略，而济南在此前也出台了《关于贯彻落实强省会战略的实施意见》。

可见，不论现在的省会首位度是高是低，"强省会"都在成为越来越多省份的选择。

"强省会"不单是为了做大省会

其实，像山东、江苏这样的沿海经济大省，省内发展更均衡，不存在一城独大的问题。山东是青岛和济南双子星闪耀，江苏则拥有苏州、南京、无锡、南通 4 个 GDP 过万亿的城市。

那么，为何它们也会转向发力"强省会"呢？

首先，现在的区域竞争，很大程度就是中心城市的较量。中心城市的发展高度，直接影响甚至决定着所在省份的天花板。

其次，相较于广撒胡椒面式的平均主义，让资源集中到中心城市，也即通常为行政、经济、科技、金融中心的省会，能够起到资源最优化配置的作用。

近几年的城镇化建设任务，也遵循着这样的发展规律。以《2021 年新型城镇化和城乡融合发展重点任务》为例，其中提到，要增强中心城市对周边地区的辐射带动能力。

梳理过去几年的人口和经济数据，同样可以发现类似规律。从 GDP 增幅来看，过去 10 年来的增长第一梯队，恰恰是成都、合肥、贵阳等"强省会"，或正在建设"强省会"的城市；从人口流动数据看，流入量较大的二线城市，也是成都、西安等"强省会"。

像四川，"六普"期间是典型的劳动力流出大省，但近几年，劳动力大量回流。而回流的趋势和成都的快速发展是密不可分的。对很多四川人来说，不断发展壮大成都，为其提供了靠近家门就近务工的重要选项。

当然，"强省会"这种发展模式，意味着举一省之力，将重点资源和优质的项目，都投入省会城市之中。对全省来说，这是一种相对最好的选择，是一种经济效率优先的路线。但与此同时，它确实面临着公平性的问题，会加剧省会对周边城市的虹吸效应，放大发展落差。

此前《求是》杂志刊发的高层文章就提到，中西部有条件的省区，要有意识地培育多个中心城市，避免"一市独大"的弊端。中西部省区本身是"强省会"的集中地，这一定调对"强省会"带来的弊端，无疑是一种纠偏和提醒。

另外，一个不能忽略的现象是，最近几年，城市群和都市圈战略加速推进。这一城镇化思路，其实也是让一些中小城市能够通过产业分工和公共服务的一体化，分享中心城市的发展成果，避免区域内部经济落差过大。

所以，地方在发力"强省会"战略的同时，要明确一个前提：做大做强省会城市，并不是强省会的最终目的，最终目的是要加强省会城市对周边地区的辐射引领和带动作用，最终实现共同发展。

（2021 年 7 月 17 日）

《洛神水赋》走红后，
河南第二大城市如何出圈？

张　丰

视频节目《洛神水赋》火了。这段水下舞蹈精彩绝伦，以河洛之神宓妃为原型，表达了曹植名篇《洛神赋》的意境，也让洛阳这座城市受到全国网友的关注。

很多洛阳网友自豪地感叹："这下洛阳红了，出圈了。"这其实也是一种提醒：这座千古名都、河南第二大城市，不应该只靠一段视频出圈。

中国人谁不知道洛阳呢？但人们知道的洛阳，是那个"历史中的城市"；现实中的洛阳，2020 年 GDP 排在全国城市第 45 位，并不特别显眼。它想要重现往日的辉煌，还有很长的路要走。

历史的洛阳：经济和文化中心

洛神宓妃，传说是守护洛河（文艺点叫"洛水"）的女神。洛水，在如今洛阳一带注入黄河，是黄河的重要支流之一，因此这一带也称为"河洛地区"。

历史上，从西安到洛阳这一带，是中国文化的中心。到了隋唐时期，洛阳和长安都高度繁荣，成为最早意义上的"都市圈"。在唐代，西安更多是政治中心，洛阳则是经济和文化中心。日本人修建京都，就是模仿洛阳和长安，但是只修了一半，就是像洛阳的那一部分——所以，在日本历史上，去京都也被说成"上洛"。

对洛阳人而言，对历史的追忆有着双重味道：一方面，它让人自豪；另一方面，对照现实，多少让人感到一丝落寞。中国历史上著名的古都西安、北京、南京、杭州乃至成都，进入现代仍然是大都市，而洛阳和开封，则毫无疑问尚有很大差距。

民国时期，洛阳曾有进入"中心"的机会。1932 年日军进攻上海，国民政府一度把洛阳定位"行都"，洛阳也一度作为河南的省会。新中国成立后，1954 年，河南省会从开封迁往郑州，从此奠定了后来河南几大城市的发展格局：位于陇海和京广铁路交会点的郑州，成为河南最大的城市。在陇海线上，洛阳成为西安和郑州两大省会中间的一个站，很多特快火车甚至不在这里停留。直到 20 世纪 90 年代，普通中国人开始旅游，洛阳传统的一部分才重新焕发出新机。

洛阳就是这样的"时间城市"。现在慕名而来的日本人，心中装着京都，要来看一个"原版"，当然找不到了。洛阳的王牌旅游项目是牡丹节，这里有"国际牡丹园""中国牡丹园"，还有一个"神州牡丹园"，牡丹让人想起盛唐富贵，但它终究只是一种植物。

有了郑州的参照，洛阳人的失落是难免的。在本地论坛上，经常可见洛阳人的感伤。比如"洛阳没崛起，河南就不算真正崛起"。从 20 世纪 90 年代开始，中国大部分城市都进入了发展的快车道，城市之间的竞争日趋成为潮流，洛阳如何破阵出圈？

现实的洛阳：中原城市群副中心

改革开放后，随着人口流动，郑州的地位变得更加重要，但是直到 2000 年之前，在全国省会城市中，郑州都是相对不显著的。

郑州的崛起是从 21 世纪开始的，按照规划，郑州将有一个东部新区，城市格局就此改变，一路向东，延伸到开封，甚至有"郑汴一体化"的构想。这种变化对西面的洛阳来说意味深长。

21世纪的最初10年，在郑州的带动下，河南经济发展提速，经济增长率明显高于全国水平，一个相对落后的中部省份开始成为经济大省。在第二个10年，河南经济增速有所放缓，但是仍然强劲——在这一过程中，相比于郑州和京广线沿线的城市，处在陇海线的洛阳表现并不突出，在网上甚至有2005—2015年是"洛阳失去的10年"的说法。

郑州向东发展，留给洛阳一个背影，但也留给了洛阳更大的空间。洛阳仍然是河南省GDP排名第二的城市，2020年GDP为5128亿元，不到郑州1.2万亿元的一半。对比其他中西部省份，"一省一个大城市"的趋势日趋明朗，以四川为例，成都2020年的GDP超过17700亿元，但排名第二的绵阳只有3000亿元出头，明显大于郑州与洛阳的差距。

洛阳可能成为一个例外：它是中西部除省会之外的第一大城市。它和郑州的差距在变大，但是终究保持了自己第二的位置，没有像开封那样成为郑州的一个"小兄弟"。

人们发现，在西安和郑州之间，还有足够广阔的区域。国家发改委也把洛阳定义为"中原城市群副中心城市"，它终究还是一个中心。作为一个参照，洛阳地铁1号线、2号线已经通车，还会有3号线。而最近传出，国家已经叫停了中小城市修建地铁的计划——如果地铁是"大城市"的标配，洛阳已经"上车"了。

破阵出圈：历史和美作为生产力

美出天际的《洛神水赋》让人想到洛阳，但它和洛阳并没有"直接关系"。这是河南卫视的创意和拍摄，演出者何灏浩是一位在广东打拼的湖南妹子，曾是花样游泳运动员，舞蹈视频是在上海拍摄的。

但是，如果把《洛神赋》理解为一个 IP，它确实和洛阳有关。这对洛阳来说，也是一种启示：当外交部发言人都要向全世界介绍《洛神赋》的时候，洛阳怎能无动于衷呢？这并不是说洛阳要花大价钱请知名导演来办一场《印象貂蝉》之类的实景演出，而是重申，洛阳真正特别和有价值的，是它的传统和文化。

从 20 世纪 90 年代开始，中国城市飞速发展 30 年，已经到了从硬件建设到文化引领的阶段，未来一个城市最有吸引力的地方，一定是它独特的文化。

在比拼 GDP 的时代，洛阳显得步履有些艰难，"曝光度"也不是很强，但是到了普遍重视文化传统的时候，它就有先天的优势。光是世界文化遗产，洛阳就有 3 项共 6 处。2020 年，国家级文化生态保护区"河洛文化生态保护实验区"挂牌，也暗示洛阳未来会把"文化生态"作为发展重点。

这当然是不容易的，"大干快上"的文化建设，也很有可能变味。但是，这仍然值得我们期待，至少想象一下：在中国，有没有一个城市，并不以 GDP 为导向，不以基建为重点，而是靠发展文化和美，来吸引世人的目光？像日本京都那样，把历史、文化和美作为生产力？

在这方面，洛阳还有很长的路要走。古代的洛阳不是一天建成的，今天也不可能在短时间内一步登天。但好在，洛阳人已经意识到这一点，正在用行动破阵出圈。这座城市的未来，一定也会像《洛神水赋》一样，令世界惊艳。

（2021 年 6 月 19 日）

晋级特大城市，
合肥做对了什么？

熊　志

2021 年 5 月 21 日，安徽合肥公布"七普"数据。数据显示，合肥全市常住人口为 936.99 万，市区人口为 511.82 万。

根据国务院 2014 年印发的《关于调整城市规模划分标准的通知》，城区常住人口在 500 万以上 1000 万以下的，为特大城市。

也就是说，合肥正式迈入特大城市行列。

2017 年印发的《安徽省新型城镇化发展规划（2016—2025 年）》提出，"到 2020 年，把合肥率先培育成市区常住人口超过 500 万的特大城市"。在当时看来，要达到这一目标，压力不小。2018 年时，合肥的城区人口还只有 394 万。现在如期交上合格答卷，不容易。

目前，全国的特大城市才 10 个出头，含金量还是很高的。长三角城市中，除上海这座超大城市外，杭州和南京之前都已晋级特大城市，合肥的入围，标志着在人口规模上跟杭州南京站到了同一起跑线上。

而且，合肥的总人口增长势头也不错：10 年增加近 200 万人，相当于每年新增 20 万人；总人口超过南京，增量居长三角城市第三。这样的表现，在高手如林的长三角城市中，相当难得。

当然，合肥的人口增量，有一部分源于 2011 年拆分巢湖的区划调整。但除去这一因素，合肥的人口增长率仍不俗。新增人口中，有很大一部分来自外地——包括省内其他城市人口聚集省会，以及外地皖籍人口的回归。

可以说，不管是晋级特大城市，还是总体增量数据，都是合肥人口吸引力和城市活力的直观缩影。

有人会好奇，人口规模带来的城市规模等级升级，意味着什么？

其一，人口数据是一座城市综合实力的一个重要参考维度。那些千万人口城市和 GDP 万亿城市，是高度重合的。换句话说，人口大城，通常就是经济大城。

其二，更多的人口，意味着更充足的劳动力、更广阔的消费市场，也意味着更多的政策资源——2020 年发布的《关于新时代加快完善社会主义市场经济体制的意见》提到，推动公共资源由按城市行政等级配置，向按实际服务管理人口规模配置转变。

其三，城市规模等级的提升，和城市的建设水平直接挂钩。比如地铁申建，一个重要门槛就是"市区常住人口在 300 万以上"。更高规格的城市，在基础设施完善上，拥有更高规格的建设标准。

人口的快速增长，为合肥未来的经济发展提供了保障。反之，对外来人口强大的吸引力，是过去合肥快速发展的必然结果。2020 年，合肥的 GDP 首破万亿大关，跻身全国 20 强之列。过去 20 年来，合肥的 GDP 累计增幅也处于全国前列。

那么，合肥到底做对了什么？

梳理合肥"开挂式"的进击之路，有三个层面的因素不容忽视。

其一，合肥主动融入长三角一体化的发展脉络中，寻求差异化发展。

虽然合肥面临着"徽京"南京的直接竞争，甚至南京都市圈的范围都延伸到了合肥都市圈的地盘上，但合肥主动向长三角靠拢的战略发展方向，一直是十分清晰的。

在产业上，合肥和长三角城市——尤其是上海，有很多紧密的分工合作。事实证明，融入长三角并没有导致合肥的人口和资源被虹吸，反而让合肥分享到了长三角一体化的巨大红利。

其二，长三角沿海地区的开化风气，让合肥在经济发展和产业建设上，有较强的开放、创新意识，敢想敢干，而不是墨守成规、循规蹈矩。

民间有合肥是最大"赌城"的说法，证据是合肥在招商引资中"不走寻常路"——从接手不被看好的京东方，到押注存储芯片产业，再到投资跌入低谷的蔚来汽车。产业建设的冒险历程虽伴随一定争议，但的确为合肥带来了充足的回报。

而且，像合肥一样敢"赌"的城市不少，却不是个个都能成功。合肥的"赌"，不是单纯地靠运气、靠天收，而是对自身的区位条件、资源禀赋和未来发展方向有比较成熟的研判，在此基础上去大胆创新、不断试错。

其三，合肥的快速发展，离不开安徽的"强省会"战略。

内陆省份集中力量发展省会的做法，一直也有争议。但相较于广撒胡椒面式的平均主义，集中优势力量率先做大做强省会，确实是不具备港口优势的内陆省份最现实的发展模式了。

安徽的"强省会"战略，一直是清晰而坚定的。《安徽省新型城镇化发展规划（2016—2025年）》提到，"强化合肥省域核心增长极，做大做强区域中心城市"。

这种提法，针对的是合肥在省内带动作用的不足。其实，合肥的经济首位度并不算高，2020年为26%；人口首位度更低，2010年"六普"时为12.5%，"七普"才提升到了15.4%。换句话说，合肥以15.4%的人口，贡献了安徽26%的GDP。可见，单位人口的经济产值是相当强大的，这也说明安徽做大做强省会的正确。

有芜湖媒体曾发文，对一些本地干部"合肥快速发展是沾了'省城'的光"的想法，进行了批评。坦诚地说，这种想法是有部分现实基础的。但"强省会"有效果，前提是合肥本身的发展思路正确。另一方面，没有合肥，安徽的发展可能更被动。

以人口数据为例，安徽"六普"到"七普"之间的人口增量为153万人，增幅为2.57%，增幅远低于合肥，也远低于浙江和江苏。这意味着，如果没有合肥，安徽的人口很可能被周边省份虹吸更多。

合肥做大做强，对安徽内部和长三角，都将形成"鲶鱼效应"。比如芜湖就提出，要"对标合肥，学习和追赶合肥"；合肥的跃升，对南京、杭州也是一种压力，会倒逼它们加快发展脚步。

值得重视的问题是，在"强省会"政策的加持下，合肥的虹吸效势必进一步增强，很可能加剧省内发展不均衡的局面。

2020年，合肥GDP为10045.72亿元，第二城芜湖为3753.02亿元，差距相当大。未来，合肥在一路进击的道路上，应该加大对周边地区的带动扶持。如果"强省会"只是换来合肥一城独大，那就偏离了政策的本意。

合肥在晋升特大城市后，也要加快解决自身发展过程中的突出问题，比如房价。前几年合肥的房价一路水涨船高，涨幅位居全国前列。房价上涨背后，是对房地产行业的过度依赖，而这会对产业和人口产生挤出效应。

（2021年5月22日）

大交通推动
大发展

东方枢纽来了，
上海又一超级工程浮出水面

涂 格

2023 年 2 月 16 日，上海市委书记陈吉宁在实地调研东方枢纽、浦东国际机场四期扩建工程等重大工程规划建设情况时指出，要着眼最高标准、最好水平，深化前瞻性、战略性研究和谋划，以改革创新的精神推进工程规划建设，全力打造新时代国际开放门户枢纽新标杆。

20 世纪 80 年代的上海，有一句家喻户晓的话："宁要浦西一张床，勿要浦东一间房。"经过 30 多年的浦东开发开放，黄浦江两岸的经济差距早已消弭。甚至经过数次区划调整和扩容，如今的浦东新区已成长为当之无愧的"全国第一区"。

不过，经济之外，在交通方面，失衡的情况依然存在。虽然 1999 年浦东机场的建成，使得浦江两岸在民航空运方面实现了平衡，但在铁路方面，目前上海的几大火车站，包括上海站、上海南站、虹桥站，以及更外围的松江南站，都位于浦西，这不仅影响了浦东 500 多万市民的长途出行，也不利于浦东作为中国对外开放窗口作用的发挥。

好在，这一局面即将改变。据上海电视台报道，上海东站确定于 3 月开工建设。而选址浦东中部的东方枢纽，将依托铁路上海东站，打造形成集航空、国铁、市域铁路、城市轨道交通等交通功能及站场城开发于一体的大型综合交通枢纽。

不只是浦东版的"虹桥枢纽"

相较于虹桥枢纽，东方枢纽有哪些特别之处？它的建设，又将对浦东、上海乃至长三角带来哪些影响与改变？

"东方枢纽"第一次公开出现，是在 2022 年 11 月。当时，"上海发布"刊登了一篇关于上海市领导考察东方枢纽建设情况的文章，文中提到"东方枢纽上海东站是事关国家战略实施和上海长远发展的'超级工程'"。而后，上海市政府正式发文《关于同意组建上海东方枢纽投资建设发展集团有限公司的批复》，"东方枢纽"开始从纸面落到地面。

根据《浦东枢纽地区发展"十四五"规划》此前披露的信息，"东方枢纽"是上海浦东国际机场与上海东站（在建）"强强联合"，打造的"空铁一体化"的综合交通枢纽，具体位置为川杨河、浦东机场东侧围区、下盐公路、浦东运河围合而成的区域。

作为上海市 8 个重特大项目之一，"东方枢纽"计划将新增 5000 万人次 / 每年的航空旅客吞吐能力，14 台 30 线（含国铁和市域场）枢纽车场规模，布局"5 条市域线 +2 条市区线 + 多条局域线"，总投资高达 1500 亿元。

对比其他站的规划目标，如虹桥站的 16 台 30 线（加市域场、磁浮场达 40 线）、松江南站的 9 台 23 线，以及上海北站的 10 台 22 线，可知建成后的上海东站将成为仅次于虹桥站的上海第二大高铁站。

至于"机场 + 高铁站"的组合，更是不禁让人联想起浦西的虹桥枢纽。

公开资料显示，虹桥枢纽总规划面积 151.4 平方公里，其中商务区 86 平方公里，拓展区 65.4 平方公里；而东方枢纽总规划面积 155 平方公里，其中主功能区 84 平方公里，拓展区 71 平方公里。二者不论是总规划面积，还是主功能区、拓展区的面积都非常相近，难怪不少人都将"东方枢纽"称为浦东版的"大虹桥"。

不过，虽然都是空铁联动的交通枢纽，两者的定位、分工还是有所不同的。大虹桥以国内客流为主，而东方枢纽以国际线为主，通往世界各主要城市，是具有国际影响力的枢纽门户口岸。

更重要的是，大虹桥片区开发已经接近饱和，而东方枢纽周边仍有拓展空间，因此其运载能力和未来发展或将超过虹桥枢纽。就像浦东新区 GDP 逆袭浦西诸区一样。

可以想见，等到 2024 年上海东站投入运营后，未来国际化的贸易很可能是飞抵浦东机场，再通过上海东站，换乘沪通地铁，直达自贸区设立的企业总部。在这个意义上，东方枢纽就不只是浦东版的"虹桥枢纽"——如果说后者是"国内大循环"的核心引擎，那么前者则堪称"国内国际双循环"的战略支点。

上一个虹桥，下一个祝桥？

交通枢纽带动片区崛起，这几乎已经成为城市发展的常识，看看国内遍地开花的高铁新城、空港产业园就知道，而作为这方面的鼻祖，虹桥枢纽带动闵行、长宁，进而辐射青浦、嘉定的成功案例就在眼前，所以可以肯定，东方枢纽的建设也将极大地赋能所在地。

那么，未来的东方枢纽将长啥样呢？

根据《浦东枢纽地区发展"十四五"规划》，东方枢纽区域将形成"一轴、一核、多心、多片区"的空间发展格局。

其中，作为"一核"的上海东站核心区总开发量近 300 万方，包括商品住宅约 60 万方、租赁住宅约 15 万方、商业服务约 82 万方、商务办公约 60 万方、教育约 7 万方。相较几乎全是商务办公和商业服务的虹桥商务区核心区，上海东站核心区的城市功能更加复合多样。

可见，东方枢纽不甘心只做面向国内国际的"交通门户"，而是想成为一个集生活、休闲、娱乐和大型 CBD 于一体的"城市客厅"。而这，最先将利好上海东站所在的祝桥镇。

从地图上看，祝桥东接浦东国际机场和空港综合保税区，南拥商飞总装基地，西临迪士尼乐园和上海东站，北靠"虹桥—浦东"空港发展黄金轴，雄踞外高桥港、浦东空港、洋山深水港"三港三区"产业带的核心区域，是上海建设国际航运中心的腹地和中国大飞机产业的基地。

现在，上海东站的落子，无疑将进一步坐实祝桥上海东部交通枢纽、物流中心的地位。未来上海将形成"东祝桥、西虹桥"的双核枢纽格局，祝桥复刻虹桥的繁华，成为上海下一个"宇宙中心"指日可待。

除了利好本地，东方枢纽同时也将联动中央活动区、花木—龙阳路城市副中心、张江城市副中心、川沙城市副中心、南汇新城，像川沙、临港等板块都将从中获益。

前者的主要利好来自两条地铁。根据规划，机场联络线共设 9 站，而川沙迪士尼正是东方枢纽出来的第一站。此外，轨道交通 21 号线也让川沙能更便捷地抵达金桥、张江等浦东高价值板块。可以说，川沙就像大虹桥的徐泾，吃到了东方枢纽的第一波资源和人口外溢红利。

后者则因为上海东站的落子、快速路的规划，而显得不再那么偏远，这将大大推动未来临港新片区建设和人员的导入。

当然，无论是祝桥、川沙，还是临港，最终都将利好整个浦东。作为中央明确的"社会主义现代化建设引领区"，东方枢纽的打造将补齐浦东的交通短板，提升其全球资源支配能力，真正激发引领区的经济社会活力。

长三角的新交会点

关注上海城建的人可能听说过，"东方枢纽"之前曾被叫作"浦东综合交通枢纽"。之所以改名，可能是因为该枢纽虽然地处浦东新区，但它服务的却是长三角，甚至是整个华东地区。它不仅是上海作为"全球城市的门户"，也是"长三角一体化的窗口"。

说起长三角一体化，首先要解决空间距离的拉近，也就是轨道上的一体化。目前，长三角区域最重要的两条铁路干线——南下方向的沪杭铁路，以及北上方向的京沪铁路（沪宁线），进入上海地区后均接入虹桥枢纽。

但随着近年来这两条铁路运力的日趋饱和，而汇入上海的人流、城市数量却有增无减，比如杭州湾另一边的宁波，就一直在谋划直通上海的轨道线路，这些都使得上海亟须开辟新的铁路线路，以提升运力，满足长三角人员、物流的往来需求。

而上海东站正是为了解决这个问题诞生的。根据规划，上海东站作为沿海铁路上海段的主要客站，未来将接入沪通铁路和沪乍杭铁路，并可引入沪苏湖铁路、南／北沿江铁路等。

其中，沪通铁路和沪乍杭铁路作为国家"八纵八横"高铁网络中沿海通道的重要组成部分，建成贯通后将形成京沪、沪杭铁路之外，人口南下、北上的第二通道。这不仅可以大大提升整个上海过境人流的接待能力，也将扩大上海对于西南面平湖、嘉兴及江北南通方向的辐射影响力。

考虑到南通正在建设的新机场（上海机场占股 51%，因此也被称为"上海第三机场"），将通过沪通城际、北沿江铁路等线路与上海东站连通，而伴随上海东站一并落成的机场快线，则将使从上海东站到虹桥枢纽只需 40 分钟左右。

未来，浦东、虹桥及上海第三机场有望通过国铁及轨交系统彼此连通，形成一个三角网络，彼此相互协作，为促进长三角一体化、助力全国统一大市场的建设提供枢纽支撑。

（2023 年 2 月 18 日）

新成昆线全线通车，
凉山驶入动车时代

朱昌俊

2022 年 12 月 26 日 8 时 05 分，一列有着"绿巨人"之称的复兴号动车组从成都南站缓缓驶出，向南飞驰而去。至此，新成昆铁路（成昆铁路扩能改造工程）最后未开通运营的峨眉至冕宁段正式通车，新成昆铁路实现全线贯通运营。

作为成昆铁路的复线，新成昆线可看作是"老成昆"的升级版。它起自成都南站，沿途经过四川省成都市、眉山市、乐山市、凉山彝族自治州、攀枝花市，云南省楚雄彝族自治州、昆明市，终至昆明站，全程约 900 公里，横跨四川、云南两省，进一步拉近西南两大省会城市的时空距离。不过，这条线路开通的意义和影响，不止于四川、云南两省，甚至也不限于大西南。

新老成昆线，标注中国铁路发展刻度

提到新成昆，就不得不说"老成昆"。20 世纪 50 年代末，成昆铁路在一片"不可能"的声音中启动建设，为配合"三线建设"，保障"战略大后方"，最终历时 10 余年克服种种困难完成修建任务。

该线路之所以在中国铁路建设史上留下厚重一笔，其修建难度之大，工程任务之艰巨，是一个重要原因。

成昆线沿线区域地质结构复杂，地形险峻、山高谷深，长期伴随着高自然风险，被称为"地质博物馆"，一度被国外专家认为是铁路的"禁区"。关于铁路修建过程中的种种艰辛乃至牺牲，至今还流传着很多故事。

公开报道显示，成昆铁路共有约 36 万军民参建，2000 多人牺牲，被称为"一公里一忠魂"，目前沿线建有 22 座烈士陵园。

正是由于这个工程建设的无比艰巨性，1984 年，成昆铁路项目与美国阿波罗宇宙飞船登月活动和苏联第一颗人造卫星，共同被联合国组织评为"象征 20 世纪人类征服自然的三大奇迹"。

不过，受制于经济、技术等多方面的时代局限性，老成昆铁路投入运营近 30 年后，已无法满足经济社会发展的全部需要。进入 21 世纪，国家便开始谋划成昆铁路的复线改造工程。

在多番论证后，2007 年，作为西部大开发重要项目的新成昆铁路正式开工，该项目重新优化了路线选择，采取分段建设、分段运营模式推进，全长比老成昆线缩短了接近 200 公里。

如今，很多人习惯拿过去的绿皮车和今天的动车、高铁对比，来说明中国铁路建设的跨越式发展。而新老成昆铁路的变化，提供了一个具有代表性的观察窗口。

比如，在运行速度上，新成昆线的设计速度由过去的 80 公里每小时提高到了 160 公里每小时，输送能力和效率大幅提升。

运行时间上，全线运行将由之前的 19 个小时缩短到 7 个小时左右，压缩了近三分之二，沿线地区的时空距离大大缩短。

在如此复杂的建设情况下，于半个世纪时间里实现"更新换代"，可能没有哪条线路比新老成昆线更适合作为中国铁路大发展的注脚了。

兼顾客货运输，为沿线地区增加"致富路"

对沿线区域的民众和地方来说，新成昆线首先是一条"致富路"。

在高铁对百万以上人口城市的覆盖率超过 95% 的今天，作为动车线路的新成昆，可能在一些人看来，速度似乎还不够惊艳。但对成昆铁路沿线地区而言，这条线路的开通毫无疑问是居民出行效率、区域发展机遇上的巨大跨越。比如，位于大凉山深处的西昌、甘洛、越西、喜德、冕宁、德昌 6 个县（市），凭借这条线路终于从过去的"慢火车"时代迈入了动车时代。

众所周知，四川大凉山被称为脱贫攻坚中最难啃的"硬骨头"。在完成脱贫攻坚任务后，当地的经济社会发展任务依然繁重。掣肘因素之一，就是交通等基础设施仍待完善。而新成昆线的全线贯通运行，就是包括凉山州在内的沿线地区基础设施上的一次标志性补强。

比如，搭乘新成昆线，从成都到西昌（凉山州首府）最快可在三小时内到达，这意味着凉山正式进入成都"三小时动车旅游圈"。很多本地媒体就指出，成都人不出川也能观"海"、喂"海鸥"、耍"沙滩"（西昌属热带高原季风气候区），这对凉山当地的文旅经济而言是一个极大的利好。尤其是一些少数民族特色地区从此有望吃上"旅游饭"。

事实上，成昆线串联的成都、眉山、乐山、凉山、攀枝花、楚雄、昆明等地区，拥有丰富的旅游资源、气候资源、农特资源。但此前一些地区面临"酒香还怕巷子深"的尴尬，文旅经济活力无法被彻底激活。现在，随着交通条件限制被进一步解除，很多资源的变现便拥有了更大的想象空间。要知道，新成昆线带来的改变，既是沿线地区时空距离的缩短，也是一种心理距离的拉近，这对发展要素的聚集至为关键。

除了旅游资源丰富，成昆沿线还是国内重要的矿产资源聚集地。比如，有全国最大、世界第二的钒钛资源，也是四川省内重要的金属矿、钢铁等大宗货源的原产地。多年来，沿老成昆铁路运送的金属矿、钢铁在四川同种类产品中占比高达 90%。但是，老成昆铁路运行时速仅 80 公里，货物运输能力一直处于饱和状态，严重限制了资源开发和对外输出效率，现在增加了一条快速通道，这种局面将大为改观。

这里实际涉及成昆线的一个相对特别的功能。大家都知道，成昆线所经区域多属于"偏僻"地带，人口其实不算密集。在修建老成昆铁路时，一个非常现实的考量，就是要满足沿线煤、铁矿藏的开发和钢铁基地的建设。而新成昆线，在这方面同样将扮演重要角色。它不仅将接过客运任务，确保老线完全用于货运，同时也能兼顾货运需求。

连接中老铁路，为西部对外开放注入新的想象力

当然，与老成昆线相比，新成昆线所蕴含的战略价值要更丰富。

就在其开通全线运行的第 4 天，一辆装载着家电、百货等川内本地货物的中老铁路（成都—万象）国际班列从位于成都市青白江区的成都国际铁路港发车。该班列将经由新成昆铁路衔接中老铁路开往老挝万象。这实际是新成昆线助力大西南对外开放的一个缩影。

一年多前，中老铁路正式开通运行，为云南与南亚、东南亚地区的互联互通增加了一条新纽带。而新的成昆线，就与中老铁路、沪昆高铁等相连接，不仅成为四川连接云南、促进南向开放的大通道，也是整个西南地区出境至东盟国家铁路大通道的重要组成部分。

四川作为西部第一大省，经济总量和对外开放活跃度都居于内陆地区前列，在国家向西向南开放的战略布局中扮演着非常重要的角色。新成昆线将进一步放大四川在这方面的开放优势。如借助高效便捷的新成昆铁路，成都至老挝国际班列开行频率将进一步变高，带动本地企业加快融入中南半岛经济走廊建设，构建成都—老挝常态化合作机制，促进四川与东南亚、南亚地区的贸易交流。

此外，在北向上，新成昆铁路还可以和宝成线、成渝线相连，为大西南和

大西北的联系增加一条新的纽带，并方便带动更多地区乘上中老铁路这条国际铁路大通道的快车，为促进西部对外开放和大开发贡献积极力量。

从这个角度可以说，新成昆线不只为沿线地区增加了"致富路"，对整个西部地区的铁路网完善和对外开放效能提升，都有着不可小觑的助推作用。这也是为全国对外开放版图打开新的空间。

（2022 年 12 月 31 日）

建设综合立体交通网主骨架，这"4极"再挑大梁

李 蜀

"千古百业兴，先行在交通。"又一项国家层面的交通建设部署加快推进。2022 年 10 月，为全面落实《交通强国建设纲要》《国家综合立体交通网规划纲要》，加快建设国家综合立体交通网主骨架，交通运输部、国家铁路局、中国民用航空局、国家邮政局联合印发《关于加快建设国家综合立体交通网主骨架的意见》(以下简称《意见》)。

《意见》指出，到 2025 年，国家综合立体交通网主骨架能力利用率显著提高，运行效率、服务质量和统筹融合发展水平明显提升，实体线网里程达到 26 万公里左右；到 2030 年，主骨架基本建成，实体线网里程达到 28 万公里左右；到 21 世纪中叶，全面建成现代化高质量国家综合立体交通网，拥有世界一流的综合交通基础设施体系。

交通建设的过程，实际就是为经济发展赋能的过程。随着主骨架建设的加速推进，一些地方在挑起大梁的同时，也将迎来新的发展机遇。

6 条主轴、7 条走廊、8 条通道

国家综合立体交通网主骨架具体是指什么？

《意见》指出，国家综合立体交通网主骨架由国家综合立体交通网中最为关键的线网构成，包括 6 条主轴、7 条走廊、8 条通道。

其中，6 条主轴是连接京津冀、长三角、粤港澳大湾区和成渝地区双城经

济圈 4 极。具体包括：京津冀—长三角主轴、京津冀—粤港澳主轴、京津冀—成渝主轴、长三角—粤港澳主轴、长三角—成渝主轴、粤港澳—成渝主轴。

7 条走廊、8 条通道，则是指连接长江中游、山东半岛、海峡西岸、中原地区、哈长、辽中南、北部湾和关中地区 8 个组群，以及呼包鄂榆、黔中、滇中、山西中部、天山北坡、兰西、宁夏沿黄、拉萨和喀什 9 个组团。它们涵盖了"八纵八横"高速铁路网、"71118"国家高速公路网、"四纵四横两网"内河高等级航道的主要线路。

正如名称所示，这些线路撑起的是中国立体交通网的主骨架，也可以说是国内交通的大动脉。其他交通毛细血管线路，都将围绕这些大动脉展开。

它们的综合地位和价值，从《意见》给予的定位就可见一斑——我国综合立体交通网的主通道、国土空间开发的主轴线、国民经济循环的主动脉，也是技术等级最高、运输强度最大的骨干网络。

事实上，6 条主轴、7 条走廊、8 条通道的规划，在 2021 年印发的《国家综合立体交通网规划纲要》中就已经明确下来，这次《意见》侧重的是建设推进。可以明显看出，主骨架的范围差不多囊括了全国主要的城市群。这其中，6 大主轴放在最前面，也是分量最重的，可谓是骨架中的骨架。

这从线路的密度区别也可以看出来。比如，6 条主轴要基本实现高速铁路、普速铁路、国家高速公路、普通国道各有 2 条及以上贯通；7 条走廊则是基本实现高速铁路、普速铁路各有 1 条贯通，国家高速公路、普通国道各有 2 条贯通；8 条通道是基本实现铁路干线、公路干线贯通；多层次一体化的综合交通枢纽体系基本建成。

四大城市群为何处于突出位置？

6 条主轴之所以最重要，首先是地理位置和区位因素决定的。因为它们串联的四大城市群，实际是中国地理版图上的东西南北 4 极。这决定了串联起它们才能以更坚实的基座托起其他 7 条走廊、8 条通道的建设。

并且，这 4 极虽然是在交通网主骨架建设上提出的，但外界也普遍将它看作是对四大顶级城市群地位的肯定，暗合了城市群的综合发展水平。

这四大城市群，本身已经是铁路、公路、机场、航运等综合立体交通最为发达、彼此联系最紧密的区域。原因无他，因为它们在人口密度、经济总量、城市能级等方面的优势最突出，相应互联互通的需求更大。这也在侧面表明，交通建设水平与地方综合发展水平的强关联。

当然，根据《意见》，4 极内部的具体建设基础和要求，又有一些区别。位于东部地区的京津冀、长三角、粤港澳，这 3 极间的交通主轴能力是要"全面提升"；而成渝连接其他主要城市群的 3 条交通主轴，则是要"加快畅通"。

提及交通建设，很多人会立马想到"要想富，先修路"。这句话最通俗地诠释了交通建设对于经济发展的重要性。而加快建设国家综合立体交通网主骨架，说到底也就是要通过完善交通基础设施，进一步提高发展效率，尤其是要缓解区域间发展不平衡状况，为畅通内外循环消除阻力，从而为经济发展注入更强大动能。

举个最简单的例子。成渝地区和东部 3 极的交通通达效率继续提高，无疑将更利于国内产业的梯度转移，增强我国在产业转移中的全球竞争力，避免产业外流。把 4 极的交通建设优先级放在突出的位置，也是基于同样的逻辑。因为它们作为经济最活跃的中心城市和城市群，发展动力最强，交通完善所带来的综合效益也最高。

近几年来，不同层级的区域发展政策中都强调，要提高中心城市和城市群综合承载和资源优化配置能力。这是因为当前我国经济发展的空间结构正在发生深刻变化，中心城市和城市群正在成为承载发展要素的主要空间形式。

如 2019 年召开的中央财经委员会第五次会议就指出，新形势下促进区域协调发展，要按照客观经济规律调整完善区域政策体系，发挥各地区比较优势，促进各类要素合理流动和高效集聚，增强创新发展动力，加快构建高质量发展的动力系统，增强中心城市和城市群等经济发展优势区域的经济和人口承载能力。

要实现这一目标，强化配套的交通基础设施支撑，是必不可少的一点。这其中，囿于地理区位和综合发展能力，4 极自然要担当大任。同时，也意味着将获得更多的发展机会。

既要完善交通网络，也要优化结构、提升质量

近几年，国家大力推进都市圈建设，推进大城市落户门槛降低，背后的逻辑也是一样，都是要突破发展制约因素，促进包括资金、人才在内的发展要素的流动与聚集。而这些，都离不开更完善的交通基础设施的支撑。

置于当前的现实语境下，基础设施建设之于"稳增长"的作用更显突出。在此时加快推进国家综合立体交通网主骨架建设，显然并不是巧合。

有媒体统计，仅从 2022 年 9 月 28 日至 2022 年底，中国已经或即将开工的铁路项目至少就有 29 个，总投资规模达到 1.22 万亿元，总里程超过 7000 公里。并且，这些线路主要就是围绕交通"主骨架"展开，尤其排在最前列的 4 极地区。

当然，建设规模的扩大，只是一个方面。根据《意见》，经过多年建设，我国综合立体交通网主骨架空间格局已基本形成。截至 2021 年底，国家综合立体交通网主骨架已建成 25.1 万公里，约占规划里程的 86%。但仍存在网络不够完善、结构不够合理、部分通道能力不足、规划建设缺乏统筹、发展质量不高等问题。

也就是说，新一轮综合立体交通网主骨架的建设，不只是完善网络，还要

注重结构、质量的优化和提升。比如,《意见》中就提到,加强东中部地区、主要城市群国家高速公路拥挤路段扩容改造,加快打通中西部国家高速公路待贯通路段,提升西部地区普通国道二级及以上比例。

《意见》还强调,要坚持创新驱动,以数字化、网络化、智能化为主线,推动感知、传输、计算等设施与主骨架交通基础设施协同融合建设;推进铁路电气化和机场运行电动化,加快高速公路快充网络有效覆盖等。甚至还提出要强化技术攻关,如加强高速铁路提速改造改建技术研究,推进高速磁悬浮铁路研究论证。

要指出的是,立体交通网络,不单指道路交通,还包括航空、水运等。如开展湘桂、赣粤运河等工程重点问题专项研究并适时实施,推进三峡水运新通道、大型跨海通道研究等,都在这次计划之内;这次还点名要推进广州、深圳、昆明等枢纽机场改扩建,强化国际枢纽机场与轨道交通高效衔接等。

可以说,新一轮的交通基础建设高潮即将来临。它不仅是量的增长,也是质的提升、全局的优化。

（2022 年 10 月 29 日）

中国首条跨海高铁，
助力榕厦泉唱好"三城记"

任　然

2022 年 8 月 30 日，福厦高铁全线铺轨贯通，标志着这一国内首条跨海高铁的建设取得关键性突破，距离开通运营又近了一步。

实际上，福厦高铁不仅是国内首条跨海高铁，也是福建第一条真正意义上的快速铁路。其设计时速达到 350 公里，正线全长 277.42 公里，将福建的三座"中心城市"——福州、厦门、泉州都串联起来。

福厦高铁开通后，可推动福州、厦门两地进入"1 小时生活圈"，同时，也将大大助力福州、厦门、泉州唱好"三城记"。

福厦高铁：中国高铁迈入跨海时代

作为跨海高铁，福厦高铁修建过程中，既要突破地形限制（福建山地多），又要克服海上作业的风险，可谓是真正的"逢山开路，遇水搭桥"。

如 2021 年 7 月，历经 27 个月奋战，福厦高铁新大顶山隧道顺利贯通，标志着正线隧道全部贯通。而该隧道所处地层地质条件复杂，穿越多个断层及节理密集带，其中四级以上围岩占比超 24%，给施工造成较大困难。再比如，由于海上水文环境复杂，风险系数高，福厦高铁全线铺轨有三处难度极大的施工地点，分别为湄洲湾、泉州湾、安海湾三座跨海大桥。

大家都知道，跨海大桥的修建不仅成本高，而且施工难度大。而福厦高铁修建中一口气架起三座跨海大桥，需要克服的困难可想而知。事实上，为突破施工限制以及保障大桥的安全，该高铁建设过程中创新了多项技术，运用了多项高科技。

此外，福厦高铁全线桥隧比高达 84.3%，存在长大隧道通信困难、车辆定位与车速监控难等技术难题，为此建设与施工单位运用了目前国内最先进的铺架综合指挥调度系统，并将无线网络传输、定位导航等功能集成到调度系统中，实现调度指挥智能化、信息化、可视化管理。

应该说，这条高铁为我国在复杂条件下的铁路建设进一步积累了经验，也预示着中国高铁即将迈入跨海时代。

福州和厦漳泉两大都市圈的强强联合

尽管需要克服重重困难，但相对于这条高铁带来的综合价值，它的建设是完全值得的。

福厦高铁，北起福州市，南至厦门市和漳州市，沿线设福州南、福清西、莆田、泉港、泉州东、泉州南、厦门北、漳州 8 座客站。

说到它的意义，被提得最多的是它使得福建省会福州与副省级城市厦门进入"1 小时生活圈"。但实际上，这条线路不仅强化了福州和厦门的"双城记"，也为福建的两大都市圈——福州都市圈和厦漳泉都市圈提供了一条强劲的纽带。

福建一共规划了福州和厦漳泉两大都市圈。其中，福州都市圈已于 2021 年获得国家发改委的批复，成为第二个获批的国家级都市圈。但厦漳泉都市圈的实力同样不容小觑，它既拥有厦门这样的副省级城市，同时还有泉州这样的 GDP 万亿城市。因此可以说，借助福厦高铁，这两大都市圈将真正实现强强联合。

这里要指出的是，在国内的省份中，福建的区域经济布局是非常有特色的。比如，省会城市福州虽然是一个省的中心，但是副省级城市厦门的国内知名度一向很高，在经济总量上民营经济大市泉州也毫不逊色（2021年，福州GDP才在20多年来首次超过泉州），因此福建省内真正形成了"三足鼎立"的格局，与一般省份的省会城市独大或者说"双子星"格局，都有明显区别。

福厦高铁正好把这三座城市都串联在一起，它囊括了两大GDP万亿级城市，以及一座副省级城市，线路途经的可谓是福建人口密度最大、经济发展水平最高的区域。这也能够解释它的受关注度为何如此之高了。

铁路建成通车后，福州、厦门两地将实现"1小时生活圈"，厦门、泉州、漳州这个闽南"金三角"更是将形成半小时交通圈。

如此，一方面可以在现有的福厦铁路的基础上，进一步提升福州、厦门及其所领衔的两大都市圈的连接效率。比如，届时福州、厦门的高铁通行时间可以缩短至一小时，这意味着两座城市之间其实可以完全实现通勤了。在福州买房，在厦门上班，不再是一件不可思议的事。此外，也能促进沿线旅游经济的共赢发展。

另一方面，借助福厦高铁，福州都市圈和厦漳泉都市圈内部的联系紧密性也将大大提高。这对于提升都市圈的一体化和协作发展水平，有着非常重要的意义。且交通基础设施的改善，对于两个都市圈的营商环境也是直接利好。

高效连接东南五省的新通道

跳出福建来看，该条线路同样具备突出的战略意义。

福厦高铁北端衔接合福铁路、温福铁路，南端衔接厦深铁路、龙厦铁路，如此一来，福建经济发展水平最高的区域都可以借此融入全国高铁网。

同时，福厦高铁既可参与构建京福厦高速铁路客运通道，又通过与新建成的杭甬高铁、甬台温铁路、温福铁路、厦深铁路连为一体，形成我国东南沿海快速铁路通道，将海峡西岸与长三角、珠三角三大沿海经济区紧密联系起来，实现城市群之间的"互联互通"。

大家都知道，东南五省，即广东、江苏、山东、浙江、福建，是我国区域经济发展最成熟的区域，而福厦高铁实际上为其中的四个省份提供了一条新的高效连接的大通道，这对于整个国家区域经济的发展都可谓有重要助力。

按照官方的说法，福厦高铁对于缓解东南沿海地区铁路"瓶颈"、完善路网结构、提高综合运输能力，对于促进海峡西岸的经济发展、推动祖国实现完全统一，都具有十分重要的意义。

（2022 年 9 月 3 日）

打通广西"任督二脉"，
平陆运河力争年内开建

任　然

又一项引人瞩目的重大工程呼之欲出。

2022 年 7 月，广西壮族自治区十三届人大常委会第三十一次会议审议通过了关于同意建设平陆运河的决议。

这不是一条普通的运河。此次会议给出的说法是：平陆运河是全区各族人民期盼多年的重大战略工程，是西部陆海新通道建设的关键枢纽工程，党中央、国务院高度重视。

而前不久，当地的《钦州日报》则称：平陆运河是我国自京杭大运河后一千多年来的第一条运河，是新中国成立以来的第一条运河，是广西各族人民期盼了 100 多年的运河，是融入共建"一带一路"、西部陆海新通道、交通强国、新时代西部大开发等国家战略的重大牵引工程。

同时，这条运河也被外界视为是广西难得的发展机遇。其始于南宁横州市西津库区平塘江口，经钦州灵山县陆屋镇沿钦江进入北部湾，全长约 135 公里。按内河 I 级航道标准建设，通航 5000 吨级船舶。主要建设内容包括航道工程、航运枢纽工程、沿线跨河设施工程以及配套工程等，项目估算总投资约 727 亿元，工期约 54 个月。项目力争 2022 年开工建设。

那么，这条自带诸多"第一"的运河到底能够给广西带来怎样的变化？

平陆运河，设想已久

在一些公开的分析报道中，常常可以看到这样一种说法：早在 100 多年前，孙中山在他的《建国方略》中，就提出打通珠江、西江及北部湾，开通平陆运河的设想。

这一说法的历史真实性目前仍存在一些疑问，但该运河建设确实是设想已久，并不是横空出世的。

公开信息显示，早在 20 世纪 90 年代初，广西交通厅就编写了《平陆运河工程建设前期工作立项报告》。但后期因为种种原因，平陆运河工程始终处于搁浅状态。

真正加速建设的信号在近几年才到来。

比如，2019 年，"推进沟通广西西江至北部湾港的平陆运河研究论证"，被写入国务院批复的《西部陆海新通道总体规划》。

此后，该项目又被接连纳入国家"十四五"规划纲要、《国家综合立体交通网规划纲要》和《北部湾城市群建设"十四五"实施方案》。

有了国家规划层面的加持，2022 年以来，平陆运河的前期准备工作全面提速：当年 3 月，平陆运河项目正式立项；6 月，平陆运河集团成立，项目用地预审、环评获批；7 月，项目水资源论证等获批；目前，运河建设的前置性要件均已齐备。

到这次决议获得审议通过，意味着该工程即将正式进入开工建设阶段。

是时候终结"广西货不走广西港"了

广西为什么需要一条运河？这要从当地的交通现状来寻找答案。

大家都知道，广西是西部唯一的沿海地区，同时还是中国对东盟开放合作的前沿和窗口。但是，由于地理位置和地形的原因，广西内部各区域大多处于分散、割裂的状态，尤其是各水系未能真正打通，致使非北部湾地区的大宗货物如果通过北部湾港口出海，成本非常高。相对来说，"绕道"珠三角出海，更为划算。

所以，坊间一直有着"广西货不走广西港"的说法。

比如，平陆运河修建，受益最明显的南宁就非常具有代表性。长期以来，南宁都是通过沿西江到广东的珠江口出海，虽然距离较远，但水路运输的成本低，是很大的优势。而平陆运河修建后，意味着南宁可以直接借助内河水路直通钦州的北部湾出海，距离缩短了整整560公里，如此一来，平陆运河的优势就大大显现出来了。

当然，修建平陆运河，其意义绝不只是给首府南宁开设一条最近的出海线路，更为重要的意义是真正让广西的出海口红利得到有效的兑现。

一方面，是真正终结"广西货不走广西港"的尴尬。这最直接体现在，通过运河连接起省内多条水系，方便省内货流、人流的出海。更深层次的意义则是，出海成本大为降低之后，使得广西的沿海区位价值得到显现，这对承接产业转移和招商引资有着看得见的利好。尤其是对一些有着大宗货物运输需求的制造业企业而言，有平陆运河加持的广西，其吸引力势必明显增强。

另一方面，则是增强广西的出海口通道价值。前面说过，广西是西部地区唯一的沿海地区，同时，也是大西南地区最便捷的出海口。但是，由于区域内的交通不够方便，出海成本较高，其作为大西南地区最便捷出海口的通道价值实际上并没有得到最大限度的发挥。

根据《西部陆海新通道总体规划》，西部陆海新通道虽然设置了三条主通道，但它们的出海口都是北部湾，这足见广西出海口通道的重要性。然而，由于缺乏内河水运优势，尤其是西江虽有"黄金水道"之称，但却是流向珠三角而非北部湾，这导致区域内的港口与内河通道处于割裂状态，限制了运输成本优势的发挥。

像之前贵州、云南、川渝等地区的货物，很多还是"舍近求远"到广东出海。这意味着广西的港口作用在很大程度上被浪费了。而有了平陆运河直通北部湾港口后，这一状况将得到显著改善。如此就可有效兑现广西的通道价值，使其真正成为大西南的"流量"出口。

当然，平陆运河建成，对大西南地区而言，也是直接利好，意味着收获了实质上的最便捷的出海口。同时，还有利于促进中国—东盟经贸合作全面发展。

如何让平陆运河发挥更大作用

说到底，相较于内陆地区，广西最大的优势就是沿海区位条件，平陆运河的修建则是要让这种优势真正释放出来。因此，其对广西的重要性不言而喻，有分析将之形容为打通广西的"任督二脉"，并非夸张。不过，平陆运河到底能够为广西带来怎样的实质性助力，还是更多取决于其自身的努力。

首先，如此一个耗时耗资的大工程，其建设过程本身就存在不少的不确定性因素。回望历史，京杭大运河的坎坷修建过程，是众所周知的。当然，今天各方面的条件，远非古代所能够比拟，但平陆运河项目每公里成本大约 5 亿元，工期长达 54 个月左右。同时还涉及环境保护、生物多样性保护等，以及后续的维护，这些都意味着现实的难度。

其次，从广西自身的发展来看，平陆大运河的修建自然是值得期待的红利，但一个地方的发展毕竟是靠多种因素带动的，在产业发展、营商环境、港口运营、开放观念等多方面，广西还需要进一步推动工作。

特别值得注意的一点是，过去关于广西发展的一个重要"槽点"就是在发展方向选择上的摇摆。而平陆运河建成后，意味着广西在"内向"发展上，将更进一步，可以减少对外部的依赖。但与此同时，如何平衡好"外向"发展，继续强化与其他区域的开放合作，也值得深思。

比如，近年来广西提出了东融战略，明确要加速融入粤港澳大湾区，而平陆运河建成后，广西的货物将更少通过大湾区出海，这种情况下，如何继续保持与大湾区的融合发展，考验各方的平衡能力。

总之，平陆运河建设，相比激活广西的出海口优势，其更重要的意义应该还是进一步提升广西的开放程度。

（2022 年 7 月 23 日）

强化开放枢纽门户功能，
上海锚定又一个"世界级"

朱昌俊

上海又有了新目标。2022 年 6 月，在上海市第十二次党代会开幕式上，时任上海市委书记李强在报告中提出，上海要强化开放枢纽门户功能，建设世界级航运航空枢纽。

建设世界级航运航空枢纽，是一个新的提法。近些年，上海一直致力于"五个中心"建设。到"十三五"末期——国际经济、金融、贸易、航运中心基本建成，具有全球影响力的科技创新中心形成基本框架。

其中，国际航运中心由海运和空运这两大基础行业构成主支撑。那么，为何这一次要专门区分航运、航空，提出打造世界级航运航空枢纽？

内地城市中，上海的海港和空港优势结合得最好

上海明确建设国际航运中心的目标，最早可以追溯至 20 世纪 90 年代。1995 年，党中央、国务院作出建设上海国际航运中心的重大决策。

经过 20 多年的发展，上海"已基本建成航运资源要素集聚、航运服务功能完善、航运市场环境优良、航运物流服务高效的国际航运中心，初步具备全球航运资源配置能力"。

《2020 新华·波罗的海国际航运中心发展指数报告》显示，上海国际航运中心全球排名第三。有几个简单而通俗的数据，可以帮助我们理解上海的航运地位。

比如海运方面，2021 年，上海港集装箱吞吐量突破 4700 万标准箱，连续 12 年位居全球第一。尤其值得一提的是，新冠疫情期间，上海港也未曾有一天停转。2022 年前 4 个月，上海港集装箱吞吐量实现 1.9% 的正增长，依然保持世界第一。

特殊时期的"坚韧"，充分体现了上海港在全球航运版图上的重要地位和难以替代性。

空运方面，上海机场旅客吞吐量连续多年全球排名第四。其中，浦东机场航空货邮吞吐量连续十九年位居全球第三。

在中国内地城市里，这些年有不少城市都提出了要打造国际航运中心，或建设国际航空枢纽的目标。但这里面，真正名副其实的，被全球公认的国际航运中心，仅有上海。其中一个最浅显的标准或许就体现在，上海是唯一一个海运和空运能力都站在"塔尖"的城市。

海运方面，上海港集装箱吞吐量多年雄冠全球自不用说；空运方面，上海也是全国最早布局"一市两场"的城市，总的航空吞吐量（货物、旅客）位居全国第一、世界前列。

可以说，上海是内地城市中，海港和空港优势结合得最好的城市，没有之一。

世界级航运航空枢纽，是国际航运中心的升级版

相比国际航运中心，建设世界级航运航空枢纽，到底"新"在哪？

在一定程度上说，我们可以将后者理解为前者的升级版。

从字面上理解，相对于"中心"的表述，"枢纽"的内涵更丰富。它不仅仅是强调自身在全球航运版图上的地位，更指向与国内其他城市的交互能力、连接能力。

比如，对交通枢纽来说，它的枢纽地位主要就是指中转能力。世界级交通枢纽，不仅是国内旅客、货物的中转站，也是世界旅客、货物的集散中心。

所以，我们不应该忽视的一个细节是，这次报告中，"建设世界级航运航空枢纽"的前一句是——"强化开放枢纽门户功能"。

也就是说，上海建设世界级航运航空枢纽，实际是为了服务于上海的开放枢纽门户功能。

众所周知，上海是一个国际门户型城市，具有得天独厚的区位条件，经济发展水平高，是最重要的国内资源要素集聚地之一，也是最具国际性的进出口平台和开放窗口之一。

如 2020 年新冠疫情背景下，上海机场承担了我国约三分之一出入境航班、二分之一进出境抗疫物资的防疫和保障工作。并且，一度成为全球空中连通指数最高的城市。

建设世界级航运航空枢纽，就是要把这种对内对外的枢纽门户功能体现得更充分。

从"五个中心"的角度讲，航运中心与其他"四个中心"的建设也是相辅相成的。上海接下来要打造"五个中心"的升级版，自然也需要航运中心的升级。

可以参考的是，全球公认的世界三大金融中心——"纽伦港"（纽约、伦敦、香港），它们无一例外都是国际航运中心城市。

所以，放在上海继续提升城市能级，"推动城市核心功能在量的积累中实现质的飞跃"，"吸引全球高质量商品和高技术要素，深化内外贸一体化发展，密切与全球经济体系的联系"的语境下，我们就更能理解上海提出"建设世界级航运航空枢纽"的深意。

进一步提升海运空运能力，上海面临多重机遇

从"航运中心"到"航运航空枢纽"，也可以理解为更明确区分了海运和空运的各自使命和定位，这有利于两者实现"1+1 ＞ 2"效应。

事实上，上海海运和空运能力的提升，都还有很大的空间，并且都面临着多重机遇。比如，海运方面，上海"十四五"规划提出，要支持市场主体以资本为纽带强化长三角港航合作，与浙江联合实施小洋山北侧综合开发，与江苏共同推进沿江、沿海多模式合作，研究完善上海深水港布局。

2022 年 6 月 15 日，上海与浙江正式签署协议，双方将进一步深化小洋山区域共商共建、全面合作，确保小洋山北作业区项目年内尽早开工，为深化建设上海国际航运中心、共同打造辐射全球的航运枢纽提供有力支撑，更好服务长三角一体化发展国家战略。此举的目标是"努力打造全球港口新标杆"。

上海"十四五"规划还提出，要持续完善内河高等级航道网络，推进苏申内港线、油墩港等航道整治工程，发展江海直达、河海直达运输模式；结合沪通铁路项目，建设外高桥港区铁路专用线，改善铁路与港区物流运输通达条件等。

空运方面，上海"十四五"规划提出，建设最具影响力的世界级航空枢纽，全力拓展亚洲最高水平的洲际航线网络，推进芦潮港集装箱集疏运体系提升工程，推进上海航空货运枢纽港建设。

此外，"推进浦东国际机场四期扩建工程，结合南通新机场规划建设，进一步巩固上海航空枢纽核心地位"，也被写入了上海"十四五"规划。其中，浦东机场四期扩建工程已于 2022 年初开工。

在补短板方面，《上海国际航运中心建设"十四五"规划》也曾指出，上海围绕海港、空港、邮轮港的增值服务规模相对有限，临港、临空经济有较大

发展空间。而实现上述目标、弥补短板的过程，也就是上海建设世界级航运航空枢纽的过程。

当然，打造世界级航运航空枢纽，除了要持续提升基础设施等硬件水平，软件的升级——包括政策、法律、标准、机构等服务要素对标国际化，同样必不可少。要知道，世界级航运航空枢纽的核心竞争力，实质就是国际化服务能力。而《长江三角洲区域一体化发展规划纲要》对上海的一个重要要求便是——着力提升航运高端服务功能。

对此，上海"十四五"规划中也已经描绘了路线图。诸如完善航运保险市场体系，加快形成具有国际影响力的航运保险市场；建设国际海事司法中心、亚太海事仲裁中心，积极打造海事纠纷解决优选地；推动口岸、物流、交易、金融等数据集成，提供口岸大数据智能物流服务，打造国际物流信息交换枢纽等。

受疫情影响，当前全球航运市场处于一个新的洗牌和再塑阶段。上海在此关键时期，提出新的更高的发展目标，也是试图在逆境中抓住机遇，继续巩固自身国际航运优势。同时，也是向全世界宣告——虽然经历挫折，但大上海的"星辰大海"之梦，依然未变。

（2022 年 6 月 26 日）

大运河全线通水，
哪些城市最受益？

朱昌俊

说到京杭大运河，很多人应该都知道它的前缀——世界上里程最长、工程最大的古运河。但因为种种原因，进入20世纪后，这条古老运河的黄河以北河段，基本上处于断流状态。

但现在，这一状况正在得到改变。2022年4月28日10时，山东省德州市四女寺枢纽南运河节制闸开启，京杭大运河百年来首次全线水流贯通。这被媒体称为——千年运河迎来世纪复苏。

南起杭州，北至北京，贯穿江南与华北，全长近1800公里的京杭大运河，时隔近百年复归全线水流贯通之状，到底意味着什么？从北京坐船到杭州有可能吗？

其实，近几十年来，对于京杭大运河的治理、修复工作一直在进行，贯通工作此前也在以阶段性的方式实现。比如，2019年10月，京杭大运河通州城市段11.4公里河道正式实现旅游通航；2021年6月，京杭大运河武清段、北京段通航。

2022年，为了更好地保护和利用好大运河，水利部启动了京杭大运河2022年全线贯通补水行动，通过优化调度南水北调水、黄河水、本地水、再生水及雨洪水等多水源，向京杭大运河黄河以北河段进行补水。正是得益于这个破天荒的补水工程，京杭大运河真正意义上实现了百年来的首次全线水流贯通。

当然，20年前的2002年，大运河被纳入"南水北调"东线工程，为此打下了重要基础。

全线通水后，一个被很多人畅想多年的，带着"中国式浪漫"的问题又一次引发热议——大运河何时实现全线通航，我们距离从北京坐船直达杭州的那一天还要等多久？

理论上，通水就意味着具备了通航的可能性。但是，一方面，即便目前实现了全线水流贯通，大运河北段的水流还是比较小，很多河段仍不具备适航条件；另一方面，大运河要实现全线船只贯通，还必须突破黄河的限制。

所以短期内，坐船从华北下江南的梦想还是无法实现。当然，全线通水后，至少看到了新的可能性。

"流动的人类遗产"更实至名归

除此之外，大运河全线水流贯通还有着多重现实价值。

首先，从文化层面来看，京杭大运河历史悠久，沟通南北、贯联古今，积淀了深厚的文化底蕴，可以说是中华民族文化的集大成者。无数中外学者对中国历史的研究，几乎都绕不开大运河，为此也留下了诸多经典著作。

尤其是在 2014 年入选世界文化遗产名录之后，京杭大运河更是被称为活着的、流动的重要人类遗产。

因此，全线水流贯通，意味着其作为"流动的重要人类遗产"的地位变得更实至名归，也更有利于大运河文化的保护和传承。

一个颇具标志性的动作是，2020 年，大运河国家文化公园与长城、长征、黄河国家文化公园一起被列入了国家"十四五"规划建议。此后，建设大运河国家文化公园，被定位为"传承中华文明的历史文化标识、凝聚中国力量的共同精神家园、提升人民生活品质的文化体验空间"。

可以想见，全线贯通的大运河，将为大运河国家文化公园建设带来更多的鲜活素材和场景。在很大程度上说，大运河百年来首次全线通水，也是为运河文化注入新的生命力。

其次，断流、缺水的河段在补水后重新流动起来，也给沿线地区增加了新的水源。无论是居民用水，还是灌溉用水，都将直接受益。

这次补水的区域，实际都是北方缺水较为严重的地区。补水后，河流重新流动起来，实际也就是给沿线地区增加了一条真正的河流，由此也就可以减少其对于地下水的依赖。并且，河水还能够对地下水带来回补。此外，也有助于丰富和涵养沿线地区的生态环境。

哪些地方将擦亮运河经济？

京杭运河自北而南，流经北京市通州区，天津市武清区，河北省沧州市，山东省德州市、泰安市、聊城市、济宁市、枣庄市，江苏省徐州市、宿迁市、淮安市、扬州市、镇江市、常州市、无锡市、苏州市，浙江省嘉兴市、杭州市18个市区，沟通了海河、黄河、淮河、长江、钱塘江五大水系。

历史上，运河对于沿线地区的商贸、农业发展，可谓功不可没。

全线通水，虽然由于短期内无法实现全线通航，其能够发挥的航运经济价值也无法和过去相比，但对于沿线区域的发展有着看得见的好处。这次通水主要涉及北京、天津、河北、山东等北方河段，相关城市将直接受益。

比如，河北沧州在2019年就提出，要紧抓大运河文化保护传承利用机遇，打造大运河文化旅游带。包括建设高品质的滨河休闲带和运河风情走廊，塑造大运河枢纽城市形象等。而这次补水后，意味着沧州的大运河枢纽城市形象将更为凸显，旅游发展或也将迎来新的契机。

同样的例子还有山东德州。2022年德州市政府工作报告提出，要以大运河保护传承利用为指引，提高文化影响力感召力凝聚力，打响大运河国家文化公园德州品牌，让"大德之州、好运之河"成为城市新名片。补水后的大运河，相信将为德州实现这一目标提供更强的助力。

全线通水，主要是对大运河黄河以北河段的疏通。但并不仅仅是润泽了北方区域，大运河南段区域也同样是受益者。

比如，之前大运河的一些河段本就是"北煤南运"的主通道。这次补水后，有助于改善相关河段的航运条件，从而提高"北煤南运"的效率，这自然利好南方地区的能源保障。

当然，诚如专家所指出的，考虑到大运河的历史文化底蕴、水文条件等，其全线通水，对于加强运河文化遗产和运河生态环境保护的作用，是第一位的，推动有序、合理利用则是第二位的价值。

有意思的是，近年来，我国掀起了"运河热"。除了京杭大运河历史性地实现全线通水，赣粤大运河、浙赣大运河、平陆运河等大工程也被提上议事日程，甚至已被正式列入规划。这背后，是对内河航运价值提升的一种顺应，置于当前背景下，也未尝不是契合了建设全国统一大市场、更好畅通双循环的大方向。

不过，每条运河的历史和现实情况不一样，各自的定位也不一样，因此对其价值也应该有科学全面的评估。

（2022 年 4 月 30 日）

早上吃泡馍中午吃火锅，
"高铁西三角"呼之欲出

朱昌俊

2022年新年伊始，陕西、重庆、四川喜提一条时速350公里的新高铁。

2022年1月，国铁集团和陕西省、重庆市、四川省人民政府《关于报送新建西安至重庆高速铁路安康至重庆段可行性研究报告的函》获国家发改委批复，标志着西渝高铁安康至重庆段项目即将正式进入实施阶段。

东西线并存，西渝高铁拒绝"内耗"

西渝高铁，也称渝西高铁，是国家《中长期铁路网规划》"八纵八横"高铁通道中包（银）海通道、京昆通道的重要组成部分，全线由西安至重庆。

其中，西安至安康段已先期开工建设。相较而言，安康至重庆段，因为涉及路线方案争议，可谓一再"难产"。

一种路线，是四川方面极力争取的"西线"方案，由陕西境内经四川的达州、广安等地到重庆；另一种路线是重庆方面主张的直接由陕西至重庆的"东线"方案。

而最终国家发改委批复的方案，可谓"皆大欢喜"——两条路线并存。

"西线"是经岚皋、城口、樊哙、宣汉南、达州南、大竹、广安东、合川、北碚，至重庆枢纽重庆西站，线路全长477.9公里，设11座车站。

"东线"则是建设四川的樊哙经重庆的开州至万州连接线，长90.2公里，设3座车站，再通过连接既有的渝万高铁，到达重庆主城。

东西方案并行，最大程度兼顾了四川和重庆对于这条国家干线高铁的需要，也让其对于沿线地区的带动作用更为凸显。

如"东线"，主要可照顾重庆的开州、万州等区县；"西线"则不仅照顾了川东北的达州和广安及其多个区县，也让重庆的北碚、合川等直接受益。

不管是从辐射的地区，还是从实际覆盖人口来看，目前的双线方案都确保了川渝两地利益的最大化。最直接的是，川渝地区有更多的地市和区县借此线路圆上了"高铁梦"，相互之间的联系也有望更加紧密。

值得注意的是，西渝高铁安康至重庆段最终选择的是东西线共存的"双线方案"，而不是单线方案，也可看作是川渝两地在成渝地区双城经济圈建设背景下"相向发展"，减少不必要的"内耗"，所取得的又一新成果。这为未来川渝两地继续深化融合发展，奠定了更好的基础。

"高铁西三角"串起三大国家中心城市

西渝高铁安康至重庆段的尘埃落定，还有着多重意义。

比如，它标志着西安、重庆、成都这三座城市的"高铁三角"真正形成。

众所周知，西安、重庆、成都，既是目前西部地区仅有的三座 GDP 万亿级城市，也是西部地区仅有的三座国家中心城市，长期以来就有着"西三角"之称，可谓共同支撑起西部"大后方"。

2020 年发布的《中共中央　国务院关于新时代推进西部大开发形成新格局的指导意见》也明确提出，要加强西北地区与西南地区合作互动，促进成渝、关中平原城市群协同发展，打造引领西部地区开放开发的核心引擎。

而加强合作互动，实现协同发展，合力引领西部地区开放开发，交通上的强联系，自然是必不可少的基础。但是，这三座城市在如今已是最重要的交通基础设施的高铁上的联系强度，依然有待提升。

最突出的一点就是，西安和成都之间，成都和重庆之间，虽然都有高铁直通，但重庆与西安之间的直通高铁仍未实现。渝西高铁正好能弥补这一缺憾，且其开通后，西安、重庆、成都也能真正形成高铁意义上的"西三角"。

这对于进一步畅通三座中心城市之间的人流、资金流、信息流，无疑有着不可替代的意义。此外，也为加强西北地区与西南地区合作互动，撬动成渝、关中平原城市群的协同发展，添加了新纽带和新杠杆。

作为西部地区前三"经济体"的四川、陕西、重庆，共提一条新高铁，也将进一步重塑各自在全国高铁版图上的地位。

西部高铁，让蜀道不再"难"

在高铁建设上，西部省市本就处于相对滞后的状态。根据最新的高铁通车里程排名，全国已有 7 个省份高铁通车里程超过 2000 公里。而西部地区高铁通车里程最靠前的广西与四川，也尚只有 1700 公里左右。因此，西渝高铁完全获批，也可以说是西部地区高铁资源补课迈出的重要一步。

不过，这种补课，除了高铁规模的扩容，更大意义体现在西部省市与东部地区的时空距离进一步拉近。如西渝高铁开通后，重庆到北京的高铁时间将缩减到 6 小时，这提升的实际是成渝地区双城经济圈与京津冀这两大城市群的高铁通达度。

这里不得不提到一个背景。川渝所在的四川盆地历史上有着"蜀道难"之称，其中，北部秦岭的阻隔就是一个重要因素。而西渝高铁是继西成高铁后，第二条穿越秦岭的高铁，它的建设也可以说象征着川渝地区对于秦岭的又一次"征服"，以及在突破"蜀道难"的自然局限性上的又一次跨越。

它带来的便利是非常具体的。如对普通人而言，早上在西安吃羊肉泡馍，经过三小时车程就可以在山城吃上地道的重庆火锅，这种体验，在过去是不敢想象的。

当然，提到高铁穿越秦岭，也不能忽视它对于沿线地区经济发展带来的助益。这次国家发改委的批复在谈到西渝高铁建设意义时，就专门提到了"巩固秦巴山区脱贫攻坚成果"。

事实上，高铁、动车对于西部一些偏远地区发展的积极意义，还有很多现实案例。如 2022 年 1 月 10 日，"复兴号"开进大凉山就备受关注，它标志着中国最大的彝族聚居区，也是曾经的深度贫困地区正式迈入"动车时代"，这同样寄托着当地民众对于铁路资源助力巩固脱贫攻坚成果的满满期待。

（2022 年 1 月 15 日）

合肥南昌高铁直通，
中国高铁驶入 4 万公里时代

朱昌俊

2022 年元旦前夕，中国铁路发展迎来两个新节点——高铁运营里程突破 4 万公里，铁路营运总里程突破 15 万公里。

助力实现标志性突破的关键动作，是京港高铁安庆至九江段（以下简称"京港高铁安九段"）于 2021 年 12 月 30 日正式开通运营。

当然，这段线路开通的意义不仅仅体现在为铁路运营里程做了加法。

比如，它还标志着全国"八纵八横"高速铁路网京港（台）通道商丘至深圳段全线贯通。

再比如，这段线路全长虽然仅有 176 公里，但连接了安徽、湖北、江西三个中部省份，并且实现了两大省会城市——合肥与南昌的高铁直通。这对于安徽与江西两省的高铁交通地位，是一次有力的提升。同时，也为长江中游城市群的发展增加了一条促凝聚、强合作的新纽带。

安庆、九江或成"最大赢家"

任何高铁线路的开通，最直接受益的当是沿线各地。京港高铁安九段开通运营后，安庆和九江无疑是最大的赢家。

说到安庆，对于安徽历史有所了解的人或许会知道，在合肥成为省会之前，它曾当了几百年的安徽"省会"，并且一度与重庆、武汉、南京、上海并称"长江五虎"。

但因为各种原因，这座城市的发展逐渐不复往日之辉煌。进入现代，随着"省会"地位的旁落，发展上的相对滞后变得更为明显。有两个细节可以作为注脚。

一是在普铁时代，安庆的铁路交通地位就比较尴尬。进入高铁时代，在安徽高铁通车里程一度高居全国第一（前不久赣深高铁开通，被广东超过），并且成为全国第二个"市市通高铁"省份的大背景下，安庆在全国高铁版图中的地位依然比较边缘化。直到这次京港高铁安九段开通，安庆才真正意义上融入了国家"八纵八横"高铁网。

二是根据第七次全国人口普查，过去10年时间里，安庆常住人口较10年前减少了114.6万人，是安徽仅有的两个人口减少超百万的城市之一。由人口大规模流失所折射出的发展被动局面，交通上的掣肘当是一个重要原因。

京港高铁安九段的开通运营，将直接改变安庆在高铁时代的窘境，并且随着后续其他线路的开通，安庆有望成为真正的区域性高铁枢纽。比如，京九段通车后，一个最直观的改变是，安庆至深圳由16小时大幅缩短至6小时，至南昌也由4小时缩短至2小时。相信，在即将到来的春运里，就会有无数安庆人体会到高铁开通带来的巨大便利。

此外，京港高铁安九段的运营也使得安庆的潜山、太湖、宿松三县市正式迈入高铁时代，这对强化安庆之于下辖县市的辐射和凝聚力，将会有直接利好，为区域性中心城市建设打下交通基础。

京港高铁安九段开通，对九江的意义同样不俗。

众所周知，九江作为区域性铁路枢纽的地位，在普铁时代就已奠定。而安九段的开通，将进一步强化九江在高铁时代的铁路枢纽地位，从而提升其发展动力。

在过去相当长的时间里，九江和赣州都是江西"第二城"的最有力竞争者，此前还均被明确为建设"省域副中心"。但无论是江西省"十四五"规划，还是前不久国家发改委出台的《"十四五"支持革命老区巩固拓展脱贫攻坚成果衔接推进乡村振兴实施方案》，都点名的是赣州建设省域副中心城市，这意味着九江在战略地位上的一种"降级"。

这种背景下，九江如何寻求发展突破，已成为一道非常现实的命题。继续保持并强化自身的交通枢纽优势，无疑变得更为重要。京港高铁安九段在此时开通，有力巩固了九江的高铁枢纽地位，为其外向发展提供了新的想象空间，其意义与赣深高铁之于赣州的南下通道意义一样，不容低估。可以说，自此九江作为江西"北大门"的重要性，变得更为突出。

更近邻的中部，更畅通的中国

借助京港高铁安九段，南昌与合肥两座省会城市实现高铁直通，也具有非常重要的意义。

直通以后，合肥到深圳的高铁无须再绕行，通行时间可缩短 2 小时左右，直接拉近了合肥与大湾区的时空距离。相应地，整个安徽在高铁南下北上与连接东西上的便利度也继续提升。

要知道，在过去的普铁时代，安徽屡屡错失重要线路。京港高铁安九段的开通，让安徽在高铁时代的"逆袭"故事，变得更为"励志"。

同样，江西先后喜提赣深高铁和京港高铁安九段，意味着这个被网友戏称为"阿卡林省"（默默无闻、存在感较低的意思）的省份，在南下和北上的高铁通道建设上，实现了大步跨越。有此新加持，加上之前就已经"市市通高铁"，至少在高铁发展上，江西的存在感愈发不容忽视。

置于长江中游城市群建设背景下，京港高铁安九段的开通还有更宏观的意义。

虽然在 2015 年国务院批复的《长江中游城市群发展规划》中，合肥并没有入列，但无论是地理区位上，还是实际合作行动上，合肥都是长江中游城市群的重要成员之一。

如已连续举行多届的长江中游城市群省会城市会商会，合肥每年都有参加。而纵观武汉、长沙、合肥、南昌这四座长江中游城市群中的省会城市，唯独南昌与合肥之间的直通高铁最为滞后。

此次京港高铁安九段开通运营，正好解决了这一短板，为长江中游城市群四大省会城市的抱团发展，注入了新的可能性，也可以说为中部崛起及长江经济带的发展，奠定了更好的交通基础。

实际上，京港高铁安九段的开通，之于安庆、九江、合肥、南昌，乃至安徽、江西及长江中游城市群、整个中部地区的积极意义，只是过去10多年中国突飞猛进的高铁建设对区域发展所带来的利好的一个缩影。

几乎与2022年的到来同步，中国高铁运营里程突破4万公里。这一抽象的数字背后，对应的是无数城市的机遇与无数普通人的出行便利。它们最终塑造的，正是一个生机勃勃的"流动的中国"。

（2022 年 1 月 2 日）

世界级的长三角，
需要世界级的港口群

涂 格

2021 年 12 月 16 日，2021 年宁波舟山港装卸的第 3000 万标准箱在梅山港区智慧码头起吊。宁波舟山港由此成为继上海港、新加坡港之后全球第三个 3000 万级集装箱大港，也是 2011 年以来中国第二个突破 3000 万标准箱的超级大港。

而就在两天前的 12 月 14 日，新华社记者从上海组合港管理委员会办公室了解到，长三角港口 2021 年集装箱吞吐量已突破 1 亿标准箱。

这一系列事件标志着，长三角世界级港口群建设站上了新的台阶，上海国际航运中心服务能级进一步提升。

众所周知，世界港口排名主要依据"总吞吐量"和"集装箱吞吐量"两大指标。其中，总吞吐量是指包括干货、液货、件杂、集装箱、滚装等在内的全部货物吞吐量，以吨为单位；而集装箱吞吐量仅统计集装箱这一单一指标，它不区别内部货物种类，也不关心重量，故以 TEU 为单位。集装箱吞吐量一般可以用来衡量一个港口所在城市国际贸易市场需求量的大小。

目前，世界总吞吐量第一的港口是宁波舟山港。其于 2019 年完成货物吞吐量 11.19 亿吨，成为目前全球唯一年货物吞吐量超 11 亿吨的超级大港。集装箱吞吐量第一的港口则是上海港，宁波舟山港排名第三，前十名港口中中国一家就占据 7 席。而比这更值得一提的是，这些成绩是在短短 20 年内取得的。

和 GDP 一样，港口吞吐量也是衡量一个国家综合实力的重要指标。港口排名变动起伏的背后，往往隐藏着大国实力的此消彼长。

　　回顾历史，20 世纪 70 年代以前，世界排名前 20 强集装箱港口中只有日本横滨港这 1 个亚洲港口，吞吐量为 15 万标准箱。那时的 20 强榜单儿乎被北美、欧洲和大洋洲的港口所把持。直到 2000 年，前 20 大港口中中国也仅占 3 席，分别是香港港（第一）、上海港（第六）和深圳港（第十一）。刚突破 3000 万标准箱的宁波港，那时还寂寂无闻，榜上无名。

　　转折发生在 2001 年。那一年的 12 月 11 日，中国正式加入世贸组织。此后，中国外贸走出了一波长达 20 年的单边上扬趋势。伴随着对外贸易量的井喷，中国迎来港口建设的高潮，各大港口的吞吐量也呈现爆发式增长。

　　2002 年，上海港洋山深水港区开工建设，上海作为国际航运中心的地位得到进一步巩固，也促进了与周边嘉兴港等的资源整合与航运业务发展。

　　2006 年，"宁波港"和"舟山港"正式合并，同时成立宁波—舟山港管理委员会，协调两港一体化重大项目建设。浙江两大龙头港口开始以统一的新身份参与世界港口竞争。

　　经过 20 年的发展，世界航运格局、各大主要港口的吞吐量均已发生了天翻地覆的变化。不仅鹿特丹、安特卫普、纽约等老牌欧美大港纷纷退出前 10 竞争，即便是在作为国际航运新中心的东亚，各主要港口的排名也经历了数轮大洗牌。

　　曾经的世界第一大集装箱港口香港，过去 20 年的集装箱吞吐量不增反降，从 2000 年时的 1810 万标准箱跌至 2020 年的 1796 万标准箱，被地理区位、地形条件不及自己的深圳港（2655 万标准箱）、广州港（2319 万标准箱）反超。

　　而上海港，不仅凭借 4350 万标准箱的吞吐量连续 11 年稳居全球首位，还携手宁波舟山港及周边其他海河港口，形成了世界最大、无可比拟的港口组合。东北亚国际航运中心也由釜山、高雄逐渐转移到了长三角。

　　在此基础上，2019 年 12 月印发实施的《长江三角洲区域一体化发展规划纲要》提出，要协同推进港口航道建设。推动港航资源整合，优化港口布局，健全一体化发展机制，增强服务全国的能力，形成合理分工、相互协作的世界级港口群……港口群的建设由此被上升到长三角一体化重要组成部分的高度。

作为中国沿海港口分布最密集、吞吐量最大的港口群，长三角港口群除了拥有上海港、宁波舟山港两大世界级港口外，太仓港、南京港、嘉兴港、南通港等港口也跻身全球前100大集装箱港口榜单。

另外，相较同样大港林立的珠三角，长三角打造世界级港口群的另一大特色是内河港口发达，海港与河港相互配合，海河联运优势明显。

2020年全国港口货物吞吐量排名前30强里，有10个为内河港口，它们分别是苏州港、镇江港、南通港、泰州港、南京港、江阴港、东莞港、杭州港、芜湖港、湖州港。其中除了东莞港外，其余9大内河港口全部位于长三角。

过去，这些港口彼此独立开发，甚至存在竞争关系。但以1997年9月29日上海组合港成立，在不改变原有地域和行政隶属关系的前提下，对江浙沪相应港口的集装箱码头泊位进行组合为标志，长三角港口间的合作不断加深、范围持续拓宽。比如嘉兴港的乍浦港区、独山港区就分别与宁波舟山港、上海港签署合作协议，成为后者的喂给港。而安徽省港集团和上海港也开始了很多业务合作，包括在芜湖开设到洋山直达的"五定班轮"业务等。甚至，作为长三角世界级港口群的两大龙头，上海港、宁波舟山港之间的互动也日趋密切。

2019年2月19日，上海港与宁波舟山港签署小洋山港区综合开发合作协议，明确了沪浙两地筹划已久的小洋山北侧开发建设合作模式。根据协议，浙江省海港集团将以人民币现金增资的方式入股上港集团下属全资子公司上海盛东国际集装箱码头有限公司，入股完成后，上港集团与浙江省海港集团分别持有盛东公司80%和20%的股权，而盛东公司将作为未来小洋山北侧唯一的开发、建设、运营与管理主体。

如果说，位于上海青浦、江苏吴江、浙江嘉善交汇处的长三角一体化发展示范区是长三角陆上合作的"试验田",那么行政区域上属于浙江、经营管理上委托给上海的小洋山,无疑可算是长三角海上(港口)合作的"先行区"。

以此破题,长三角世界级港口群建设不断取得阶段性成果。目前,以上海港为核心、江苏、浙江港口为两翼的"一体两翼"港口群已基本形成。而安徽省的芜湖港、马鞍山港、铜陵港等3个亿吨内河港口,在腹地资源方面也给了其他长三角港口很大支撑。

无疑,一个层次分明、功能齐全、河海兼顾、优势互补、配套设施完善、现代化程度较高的港口体系,不仅为长三角更高质量一体化发展提供了更加强有力的支撑,同时也将带领整个中国继续融入全球产业链,打通国际、国内两大循环,确保经济行稳致远。

(2021 年 12 月 18 日)

中老铁路开通，
云南"辐射中心"驶入快车道

朱昌俊

中老铁路来了！2021 年 12 月 3 日 16 时 44 分许，中老两国元首下达发车指令，中老铁路正式通车。

作为泛亚铁路的重要骨干，连接中国和老挝两国的中老铁路正式通车运营，是一个颇具节点意义的时刻。

习近平总书记指出，中老铁路是两国互利合作的旗舰项目。铁路一通，昆明到万象从此山不再高、路不再长。双方要再接再厉、善作善成，把铁路维护好、运营好，把沿线开发好、建设好，打造黄金线路，造福两国民众。2021 年 12 月 3 日，中老铁路首发列车准备从中国磨憨站出发。

云南，从来不只是一个单纯的"内陆"省份

这条全长 1000 公里左右的跨国铁路，从 2010 年昆玉段开工建设到此次正式通车，期间耗时 10 年以上，过程殊为不易：克服了跨国施工的不便，沿线山高谷深、地质构造复杂，建设难度颇大，如全线新建隧道、桥梁总长就达 712 公里；近一两年还承受着疫情的影响。

上述背景下，这条国际铁路顺利建成通车，具有浓厚的开放象征意义。

它北起云南昆明，向南经玉溪、普洱、西双版纳等地进入老挝，最终到达老挝首都万象，全程最快只需 10 小时左右。其开通对于增进中老两国的经济、文化交往，以及中国与整个南亚东南亚地区的互联互通，都将发挥不可替代的作用。

该线路在中国境内，也即云南的里程占到全线的六成左右。毫无疑问，在国内最直接受益的地方就是云南。可以说，随着中老铁路的正式运营，云南"辐射中心"建设将驶入快车道。

早在中老铁路正式开工后的第二年（2011年），国务院就印发了《关于支持云南省加快建设面向西南开放重要桥头堡的意见》。此后，我们可以发现，无论是云南，还是省会昆明，它们的发展定位中都突出了这一"桥头堡"定位。

而在云南省"十四五"规划纲要中，云南则提出加快建设我国面向南亚东南亚辐射中心；昆明的"十四五"规划纲要则相应明确——"十四五"时期区域性国际中心城市建设再上新台阶，成为面向南亚东南亚辐射中心核心区。

说到开放发展，一般想到的都是东部沿海地区，但其实与缅甸、越南、老挝三国接壤的云南，一直是面向南亚东南亚的开放前沿地区。这一开放区位优势，也持续得到国家肯定。

如2019年获批的《中国（云南）自由贸易试验区总体方案》提到，要构建连接南亚东南亚的国际开放大通道；2020年印发的《中共中央　国务院关于新时代推进西部大开发形成新格局的指导意见》明确提出，提升云南与澜沧江—湄公河区域开放合作水平；提高昆明等省会城市面向毗邻国家的次区域合作支撑能力。

很明显，这些定位和发展目标，都是因地制宜，基于云南（昆明）的特殊开放地位所确定的。

不夸张地说，坐拥这一特殊的区位优势，再加上国家的明确定位，作为中西部省份的云南，从来都不是一个单纯的"内陆"省份。

中老铁路开通，云南迈向开放发展新征程的新起点

在面向南亚东南亚地区的开放发展方面，云南其实已经有了不错的基础。

比如，中国—南亚博览会于 2013 年开始就永久落户昆明；南亚、东南亚的多个国家在昆明设立了领事馆，使得昆明的领事馆数量在全国仅次于上海、广州、成都、重庆、沈阳。此外，东盟连续多年成为云南最大的贸易伙伴。

"十年磨一剑"的中老铁路顺利建成通车，则在现有基础上，又给云南增加了一个面向南亚东南亚的开放通道与平台。

虽然说，云南和南亚、东南亚地区的经济发展水平仍处于"发展中"状态，相互开放合作的潜力还有待挖掘，但"要想富，先修路"放在国际交往合作中同样成立。

开放通道建立了，相互之间的"路"多了，才能携手把彼此之间的发展空间共同拓宽，碰撞出更多的发展机遇。如最简单的，旅游资源丰富的云南，可以借助新的开放通道，更有效挖掘国际旅游市场的红利。

货运方面，此前云南已经有了中越国际班列、西部陆海新通道班列等跨境运输通道，中老铁路建成后，又再增加一条通过老挝延伸至东南亚各国的重要运输通道。这将直接助力云南和昆明建设区域性国际物流枢纽，也利于提升云南与南亚、东南亚地区之间的产业协作水平。

置于国家战略背景下，中老铁路的通车，还让云南在"一带一路"、中国—东盟自由贸易区建设和大湄公河次区域经济合作中的地位与分量，得到进一步提升。

正如习近平总书记强调的，中老铁路是高质量共建"一带一路"的标志性工程。近年来，中方以高标准、可持续、惠民生为目标，不断提升共建"一带一路"水平，实现了共建国家的互利共赢，为世界经济发展开辟了新空间。

除了中老铁路，同样作为泛亚铁路网重要组成部分的中缅铁路、中泰铁路，目前也处于建设之中。完全可以期待，等这些开放大通道全部打通，云南作为南亚、东南亚的"桥头堡"地位，将得到更完整的体现。

可以说，随着中老铁路这样的国际开放大通道一步步从设想变为现实，云南的开放区位优势与红利，正在加速兑现和释放。从"桥头堡"到"辐射中心"，云南这个内陆省份的开放发展，正在打开新的想象空间。

当然，除了带来令人期待的国际开放红利，中老铁路还是一条真正的造福沿线地区民众的民生线。如普洱、西双版纳就借此结束了不通铁路的历史。这对地方经济发展带来的全方位影响，已然是历史性的。

作为中国与老挝两国互利合作的旗舰项目，中老铁路的开通是中国和老挝两个国家之间互联互通迈出的标志性一步，也是云南迈向开放发展新征程的新起点。

（2021 年 12 月 4 日）

北沿江高铁，
将如何改变长三角？

长三角交通一体化再获重大突破！

2021 年 11 月，备受关注的"沪渝蓉沿江高铁上海至南京至合肥段可行性研究报告"获得国家发展和改革委员会正式批复。这标志着该项目前期工作取得重大突破性进展，为项目后期开工建设打下了基础。

沪渝蓉沿江高铁系国家"八纵八横"高速铁路网的重要横向通道。其中上海至南京至合肥段又称"北沿江高铁"。它东起上海宝山站，西至合肥南站，线路全长 554.6 公里，共设 16 座车站，其中宝山、崇明、启东西、海门北、如皋西、黄桥、泰州南、仪征北、南京北、大墅等 10 站为新建，规划远景年输送能力为每年单向 5000 万人。

了解长三角铁路网的朋友应该知道，长三角有两条最重要的干线铁路，一条是浙江境内的沪杭线，另一条是江苏境内的沪宁线。前者延伸出沪昆通道，后者延伸出京沪通道，是中国东西向和南北向重要的两条通道。而作为这两大干线铁路的交会点，上海也由此确立了自己在长三角乃至全中国的核心枢纽城市地位。

但另一方面也应该看到，100 多年前沪宁—津浦铁路定下的线路走向，不仅使得后来无论是沪宁高铁还是前两年开工的南沿江铁路，都集中在长江以南，同时也改变了水运时代。在京杭大运河贯通全境、连接南北的交通格局下，苏北、苏南间的地理和经济鸿沟加剧。

直到 2019 年 1 月，连通苏中三市的宁启铁路才全线通车；至于苏北、苏南铁路网的接连，则等到 2020 年 12 月连镇高铁的建成才得以实现。在此之前的几十年里，作为省会的南京一直面临铁路网连接安徽各地，却不通本省苏北的尴尬，也成为外人戏称南京为"徽京"时经常举的一个例证。

作为长三角的龙头，上海近年来的城市影响力逐渐溢出江南，开始向江北地区辐射。《长江三角洲区域一体化发展规划纲要》规划建设南通新机场，被理解成"上海第三机场"。南通甚至更北面的盐城也借机打出"北上海"的口号。之前，囿于铁路网的缘故，上海对江北地区的直接影响范围长期受到局限，主要体现在长江口一隅。

正因如此，近些年无论民间还是官方，"加紧建设北沿江高铁"的呼声一直很高。如今，这一可行性研究报告获批，这关键一步的迈出，意味着距离北沿江高铁正式开工的日子已为时不远了。这对于线路沿途的上海、江苏、安徽乃至整个长三角都有着重大的意义。

对上海来说，北沿江高铁是继沪苏通铁路（"八纵"之一沿海通道的组成部分）之后，申城第二条连接江北的高铁线路。它将助力上海北部，以及崇明岛与南通东部启东、海门等沙地吴语区的全方位一体化。考虑到新建的海门北站，即南通新机场地下站，此举将确保未来南通新机场更好地发挥"上海第三机场"、纾解上海航空压力的作用。

就上海内部而言，宝山区、崇明区要建高铁站，将全面激发这两个上海郊区的活力，改善其地理禀赋，使其从上海队的"后卫"转向"前锋"。特别是位于崇明岛西隅的崇明站，将从"死胡同"的位置转向当衢路口，激发全岛活力。

同时，随着南北沿江铁路的建设，上海有望彻底打通沿江高铁通道，其所带来的运力及经济价值将超过长江航道。这不仅将大大密切上海与长江沿岸地区的联系，使其获得比航运时代更广阔的城市腹地，从而更好地昂起长江经济带的龙头，也能够切实地为长江减负，确保长江"共抓大保护、不搞大开发"战略目标的实现。

其实从情感层面上说，上海历史上有大量移民来自江北地区，江北移民所操的"江北话"也一度是上海的第二方言。上海与江北地区有着天然的亲近感，但是之前因为交通不便利，上海人到江北的"省亲之旅"并不顺遂，影响着上海和江北腹地的亲情交流、经济联络。北沿江高铁的打造，无疑将使上海人的"乡愁之旅"更为便捷。

对江苏来说，北沿江高铁堪称宁启铁路的提速版，可以进一步平衡江南与江北铁路密度上的差距，带动启东、海门、如皋、泰兴、仪征等苏中沿江县域经济的发展，促进苏南、苏中更加紧密地连接成为一个地理经济整体。

其中，省会南京的交通枢纽地位将进一步强化。南京北、仪征北、大墅（位于滁州全椒县）等站点的设置，加上前不久江苏省发改委批复南京至马鞍山市域（郊）铁路（南京段）、南京至滁州市域（郊）铁路（南京段）工程可行性研究报告，将直接带动南京江北地区的开发，拉大南京的城市骨架，增进南京都市圈城市间的轨道联系，使南京在苏皖之间左右逢源。

对安徽来说，北沿江高铁为安徽，尤其是以合肥为代表的皖中区域融入长三角开辟了又一条重要通道。加上 2022 年 9 月前将全线通车的合杭高铁，长三角核心区正在由过去沪宁、沪杭、杭宁铁路构成的小三角，拓展为沪合、沪杭、合杭组成的大三角。区域范围进一步扩容，人口总量、经济活力显著提升。

此外，同为沿江通道沪宁段的南沿江城际铁路，早在 2018 年 10 月 8 日便已开工，建设周期 4 年，也就是说 2022 年便有望竣工通车。作为姊妹线的北沿江高铁能够早日进入实质性建设阶段，将造福长三角，让上海和北翼连接得更紧密。

（2021 年 11 月 27 日）

再次无缘机场，
但苏州不必失落

熊　志

航空枢纽经济时代，机场对城市和地区的重要性在不断提升。

2021年9月，《江苏省"十四五"民航发展规划》（以下简称《规划》）正式公布，作为未来5年乃至更长时间江苏民航发展的行动指南，这份规划从多个层面进行了部署。涉及机场建设方面，也有诸多看点。

比如《规划》提到，要完善基础保障体系，加快运输机场设施建设。其中包括：加快推进扬州泰州机场二期扩建工程前期工作，2022年开工建设；完成南通新机场、连云港花果山机场二期工程前期工作，2023年开工建设；完成南京禄口机场三期工程前期工作，2024年开工建设；推进苏南硕放机场二跑道和T3航站楼前期研究，及早开工建设。

不过，对于备受关注的苏州机场问题，《规划》却完全没有提及。这意味着超级地级市苏州建设新机场的议题，至少还没有列入省一级的正式议程中。在可以预见的未来几年，苏州人的机场梦，恐怕是很难实现了。

与之形成呼应的是，有媒体统计，规划共提及南京35次、南通14次、徐州12次、淮安11次，而GDP排在第一的苏州，却没有被"点名"。相较于喜提新机场的南通，苏州在江苏民航版图中的低存在感，可见一斑。

没有机场的苏州，尴尬但可理解

2020年发布的江苏省交通强国建设文件，曾提到"加快推进苏州机场规划建设"，这一度让苏州人民燃起了希望，但很快这一表述被删除。

再到此次《规划》，苏州彻底缺席，基本预示着短期内建设新机场无望了。

苏州人心有不甘，当然可以理解。这不仅是因为没有机场出行不便，更是因为，作为经济发展的绝对优等生、最强地级市，没有机场的现实实在太影响城市的综合能级了，这也成为苏州城市竞争的重要短板。

2020 年，苏州 GDP 达到 20170.5 亿元，正式突破两万亿大关，仅次于北上广和重庆，常住人口达到 1274.8 万。

目前的 GDP 10 强城市中，苏州是唯一一个没有独立机场的城市。而且，北京、上海等地都是双机场运行，包括 GDP 体量更低的成都，随着天府机场的开通，也正式进入双 4F 机场的发展格局。北方城市青岛，于 2021 年 8 月同样启用了新的机场。

对比来看，没有机场的苏州，确实是有些尴尬的。但苏州机场始终无法圆梦，原因倒也不难理解，说白了还是离上海太近，处在上海辐射的第一圈层中。

机场建设并不同于高铁，它的辐射半径很大，对于地理空间也有着较高的要求。上海到苏州本身只有百来公里左右，如此近距离的前提下，布局两座机场，必然会形成资源浪费，加剧空域资源的紧张。

当然，从市中心的直线距离看，南通和上海也只有一百多公里，但成功拿下"上海第三机场"的是南通，而不是苏州。这不仅是因为苏州离虹桥机场近，还因为在苏州周边，有位于无锡的苏南硕放机场，它也是很多苏州人乘机的主要选择。

苏州市民乘车到苏南硕放机场的时间，可能要比一些市民到本城市机场的时间还要短，所以苏州一直无缘机场，这也是长三角星罗棋布的城市空间格局决定的。

苏州是长三角一体化的重要受益者

对苏州来说，在经济发展层面，享受上海产业外溢的好处，那么在机场建设上，自然也面临着上海双机场的辐射。

没有机场，意味着出行不便，意味着城市枢纽地位受到影响，更意味着临空产业发展受限——像《规划》就提到，建设国家级南京临空经济示范区，推进无锡、徐州、淮安、南通等临空经济区发展，基本上没苏州什么事。

不过，苏州也不用失落。事实上，长三角的发展活力，恰恰在于这种严密的错位分工，以及城市定位的差异化，它最大限度地避免了同质竞争导致的资源浪费问题。

到目前为止，整个江苏有十几座大型机场，整个长三角则分布了二十几座机场，这些机场相互分工，各有各的辐射圈层。没有独立机场，也不仅仅是苏州的"专利"。比如和苏州、无锡共用苏南硕放机场一样，扬州和泰州同样是共用扬州泰州国际机场；安徽的芜湖宣州机场，也是芜湖和宣城按9∶1比例出资共建并共用。

换个角度看，以交通错位分工为代表的长三角一体化，苏州是重要的受益者。

没有机场的另一面，是苏州依托临近上海的便利区位，长期享受着上海的人口和产业外溢。所以只看到最牛地级市没有机场的尴尬，而忽视最牛地级市的发展路径，本身是不全面的。

其实，随着都市圈、城市群建设的提速，城市之间的边界已经没那么明显了，以严格的地域视角来看待机场的归属，存在着视野的局限。

比如，都市圈内部交通一体化的普遍趋势是城铁、地铁等轨道交通打通，都市圈更像一个紧密的整体，可以进一步提升内部出行效率，弥补异地乘机的不便。

另外，就在 2021 年 9 月，沪苏通铁路二期初步设计获批，新建线路 106.785 公里，设计速度 200 公里 / 小时。苏州所辖的太仓等地，距离上海更 "近" 了，在没有独立机场的前提下，对苏州的客货运，以及长三角的一体化，都会起到重要的促进和提升作用。

长期来看，到 2025 年，江苏全省机场客、货运保障能力将分别达到 1.2 亿人次和 250 万吨，A1 类通用机场达到 10 个。江苏民航发展水平的不断提升，不论是对产业还是对交通带来的提振，都会让苏州成为重要的受益者。

所以，苏州做好自己，充分利用长三角一体化的建设红利，来为自己谋发展，努力修炼好内功，才是王道。

（2021 年 9 月 11 日）

青岛这座新机场，
关乎"北方第三城"之争

2021 年 8 月 11 日 19 时 56 分，随着 QW9779 次航班在青岛流亭国际机场的跑道上起飞，这座 1944 年启用的机场正式功成身退。8 月 12 日 0 时，青岛胶东国际机场接棒"启航"。

这是山东首座 4F 级国际机场。它的投用自然引来关注，"海星"航站楼瞬间成为网红。但除了欢欣，部分青岛人的心情也是复杂的。

在距离上，新机场距市区更远。以胶东国际机场首架出港航班为例，到北京的飞行时间不过 1.5 个小时，但从两地市中心往返机场的时间是飞行时间的两倍以上，总耗时超过搭乘高铁。

在心理上，青岛市区居民对胶州的认同感也不够强。因为直至 1987 年，胶州才由县改为县级市，由青岛市代管。

但胶东国际机场的选址，真的只是如某些玩笑话那样，让"青岛没有机场"了吗？显然不是。于青岛而言，胶东国际机场的选址是"大青岛"概念的一环，也是多年来青岛城市扩张的惯性使然。

何为青岛：一个随时代变化的概念

青岛的建制史并不长，最初的它是隶属于即墨县的小渔村。1891 年，为加强胶州湾海防，清廷将登州镇总兵移驻于此，是为青岛建制之始。1949 年后，青岛辖境几经变化。1986 年成为计划单列市，1994 年成为副省级城市。

100多年的历史进程中，青岛从小渔村演变为今日的"新一线城市"，2000年后一直是GDP层面的"北方第三城"，仅次于北京和天津。在地理层面上，它经历不断重组与融合。周边那些历史悠久的县市地区，包括曾经管辖青岛、建制史可以追溯到春秋战国时期的即墨，纷纷被青岛这个城市新丁纳入，使得"青岛"这个城市概念不断扩大。

说起青岛，许多人会想起那句脍炙人口的"八字真言"。1917年，康有为移居青岛并在此终老，他盛赞青岛"碧海青天，不寒不暑；绿树红瓦，可舟可车"。这句话后来演变为"红瓦绿树、碧海蓝天"，成为青岛根深蒂固的城市形象。

但如果跳出旅游和城市形象范畴，就会发现这八个字仅能形容极具异国风情的老青岛。它是文艺的，却并不能涵盖一个大都市的全部。

"红瓦绿树、碧海蓝天"的老青岛腹地，面积其实很小。老青岛人口中的市区概念，在行政区划里不过是不到100平方公里的地域。但青岛通过一次次行政区划调整，到2017年提出"三湾三城"规划概念，加上即墨撤县划区后，城区概念已扩大数十倍。

其中，"三湾"指的是中心湾区（胶州湾群）、西部湾区（灵山湾群）、东部湾区（鳌山湾群），"三城"指的是即墨、胶州与青岛主城区的联动。

当然，随着青岛"十四五"规划的"聚湾强心"概念提出，"三湾"已成过去时，"聚湾"才是未来路径，但我们仍可从"三湾"这个历史概念里体察青岛的发展思路。

与胶东国际机场一样，三湾距离青岛主城区也相当远，而且或被崂山相隔，或被大海相隔。"去趟新区要翻山越岭、漂洋过海"，在青岛早已是常态。

这种新区设置无疑给基建提出了攻坚难题，从胶州湾大桥，到胶州湾隧道，再到跨海地铁，青岛一直在努力拉近主城区与新区的距离。这也充分展示了青岛的雄心：它在不断刷新"青岛"这个城市概念，一再拓宽其外延。

胶东国际机场所在的胶州市，正是未来所系。

2020 年，青岛常住总人口达到 1007.17 万，首次突破 1000 万；常住人口城镇化率达到 76.34%，居山东省首位。

《青岛市新型城镇化规划（2021—2035）》中提到，随着产业向次中心城市和重点功能组团加快转移，青岛的人口已经开始向主城区周边区域流动。

在规划中，青岛重点发展的环湾都市三大副中心城区是黄岛、即墨和胶州，"依托上合示范区、临空经济示范区和国家、省级经济开发区、高新区等平台，完善基础设施和公共服务体系，发展先进制造、现代物流、商贸服务、临空经济加快集聚人口，促进产城融合，打造联系青潍、青烟协同发展的环湾都市区核心组团"。

以 4F 级别的胶东国际机场取代老迈的流亭国际机场，是这个规划中不能绕过的一环。

放弃"留停"：胶州是青岛走出去的关键

何为临空经济示范区？它是指以机场为核心，由产业集聚和产业辐射功能而带来的经济效应所形成的经济区域。想要做到这一点，4E 级的流亭国际机场远远达不到要求。

流亭机场近些年交出的成绩可谓不俗：2010 年旅客吞吐量突破 1000 万人次，2016 年达到 2000 万人次，2019 年达到 2555.6 万人次。但与此同时，经历数次扩容优化，它已无法继续扩建升级。仅有 14 座廊桥的硬件设施，使得坐摆渡车成为常态；唯一的 3400 米跑道长期超负荷运转，将流亭机场变成延误已成习惯的"留停"机场。

同时，受限于机场净空因素，城阳区建筑高度长期受限，周边交通和用地也无法有效整合，经济发展遭遇束缚。

可满足年旅客吞吐量 3500 万人次、货邮吞吐量 50 万吨、飞机起降 30 万架次的胶东国际机场，不仅解决了空港拥挤，还一下子为青岛解决了两大难题：城阳区因此被纳入主城区范围，受旧机场限制的城建、土地和交通可实现跨越发展；通过新机场的国际枢纽地位，配合青岛港货物吞吐量全球第五、集装箱吞吐量全球第六和中国第二大外贸口岸的固有资源，打造国际性综合交通枢纽。

更重要的是，根据青岛"十四五"规划，沿海大通道成熟后，青岛都市圈将进一步融合发展。被纳入"青岛城市圈"范畴的，除了青岛，还有潍坊与日照两个地级市，以及烟台莱阳市和海阳市。

其中最为关键的是青岛与潍坊连接的海陆发展轴。作为一座沿海城市，青岛要想向内陆拓展腹地，就不能离开与潍坊的融合。在这条路径上，胶州不仅是必经之路，还是下一步最关键的发展点。

这个规划并非横空出世，而是青岛逐步扩张的惯性使然。2012 年的"一谷两区"（蓝谷和西海岸新区、青岛高新区），2017 年的"三湾三城"，都是这种思维的体现。尤其是近两年，从"保卫北方第三城"到"对标深圳"，青岛显然着急了。面对城市发展焦虑，有人不客气地指出，青岛最先应该抛弃的，就是因优越先天条件而生的"小富即安"思维。

青岛旅游资源极其丰富，但旅游产业却一度停滞，因此被指患上"红瓦绿树综合征"，即过分依赖先天资源而不思后天进取。这个"红瓦绿树综合征"，也可视为青岛经济发展的缩影。

青岛先天条件之佳，早在开埠时便已闻名于世。虽然建制史短，但工业起步早，民国时期就是工业重镇，与上海、天津一道成就了"上青天"美誉。

但正因为先天条件好，青岛人不爱"走出去"，多少显得保守。也正因为工业基础好，在山东省内遥遥领先，青岛人习惯通过与周边城市的对比，获取优越感。这种"小富即安"的心理，让近 10 年来的青岛被不少对手超越。

20 世纪 80 年代末，青岛走在了国企改革破局的最前端，催生了海尔、海信和澳柯玛等品牌，并在 20 世纪 90 年代形成产业集群。借助中国加入世贸、2002

年中日韩自贸区概念的提出，青岛成为吸引日韩外资企业进驻中国的桥头堡。

2000 年，青岛 GDP 超过大连和沈阳，成为"北方第三城"，并在这个位置上一坐就是 20 年。2005 年，青岛 GDP 高居全国第 10 位。2016 年进入 GDP 万亿俱乐部。但随着外贸下滑、工业总产值断崖式下跌、制造业转型慢，2019 年，青岛被无锡、宁波超越，GDP 滑落至全国第 14 位，处于历史低位。在北方，青岛还面临郑州的"虎视眈眈"。

2020 年的青岛打响了"北方第三城保卫战"，并成功守住这一位置。最新数据显示，2021 年上半年青岛经济增速 13.8%，制造业、服务业和外贸均有不错表现。

青岛的未来：跳出"北方第三城"

老青岛曾是无数人魂牵梦萦之地。梁实秋曾这样描绘青岛："天气冬暖夏凉、风光旖旎，而人情尤为淳厚……我虽然足迹不广，但北自辽东，南至两粤，也走过了十几省，窃以为真正令人流连不忍离去的地方应推青岛。"

可是，老青岛的旖旎风光和淳厚人情，早已不是青岛城市发展可依托的唯一因素。以老青岛乃至青岛主城区作为基准去衡量胶东国际机场的远近，多少也忽视了今日青岛的行政区划和扩张志向。

即使是"北方第三城"的称号，也是青岛人理应跳出的局限。"保卫"就是"守"，也意味着将自己局限于 GDP 排位赛的小格局里。作为世界级大港、中国海洋经济中心、制造业中心城市之一，青岛所要对标的格局，远不仅如此。

从这一点来说，胶东国际机场并不远。

（2021 年 8 月 14 日）

全省开通 23 条地铁，
"苏大强"何以这么强？

2021 年 6 月 28 日，常州地铁 2 号线和徐州地铁 3 号线开通运营；6 月 29 日，苏州地铁 5 号线也来了。

从全省情况看，江苏现在已有 5 个市开通了地铁，分别是南京、苏州、徐州、常州、无锡。由此，江苏也成为全国唯一一个"5 市开通地铁"的省份。

目前，江苏全省运营地铁已增至 23 条线，总里程延长到约 796 公里，仅次于广东，位列全国第二。

这还没完，2021 年底，江苏预计还将迎来 3 条新地铁线路，即南京至句容城际轨道交通工程（简称"宁句城际"）、南京地铁 2 号线西延线、无锡地铁 4 号线一期。

根据目前的规划，到 2022 年，江苏将有 6 市开通地铁共 28 条，在开通地铁的数量和里程上，都有望赶超广东，成为全国第一。这个势头，不可谓不猛。

要知道，江苏第一条地铁是 2005 年开通的南京地铁 1 号线，这才仅仅过去 16 年时间。相比广东的第一条地铁，也即 1997 年开通的广州地铁 1 号线，江苏起步晚，但跑出了惊人的速度，这在国内乃至国际上，都是值得称赞的。

"苏大强"修地铁为什么这么强？

有人可能对江苏 5 个城市拥有 23 条地铁这事没什么概念，那我们对比一下，就知道"苏大强"到底有多强了。

提起发达的地铁线路，很多人立刻想到的是北上广这样的大都市。

据上观新闻2021年4月的报道，上海轨道交通运营总里程已经达到772公里，排名全球第一；北京2020年也已经突破700公里，排在全球第二；广州和成都在2020年底，地铁运营里程分别达到531公里和519公里，排在全球第三和第四位。

但是放眼全国，目前大多数省份只有一个城市开通了地铁，就连GDP全国排名第一的广东，现在也只有广州、深圳、东莞和佛山4个城市开通了地铁。

那么问题来了，"苏大强"为什么能在地铁建设上跑出惊人的速度，进而引领全国？

第一，经济基础决定"地下建筑"。

地铁建设是高投入的项目，相关地方经济实力雄厚是基础。2020年，江苏GDP为10.27万亿元，比上年增长3.5%，位列全国第二。同年，全国有19个城市GDP突破1万亿元，其中江苏就占了4个，分别是苏州、南京、无锡和南通，江苏由此成为GDP过万亿城市最多的省份。

一方面，经济强符合地铁建设的基本条件；另一方面，经济越发达的地方，对轨道交通的需求就越"刚性"。

第二，江苏经济不仅强，而且发展还相对均衡。

具体来说，在2020年全国城市GDP排行榜前40名中，江苏占了9席，要知道江苏一共只有13个地级市。值得一提的是，除了GDP过万亿的4个城市外，已经开通地铁的徐州和常州，GDP排名也相对靠前，全国排名分别为第22和23名。

更值得一提的是，我国目前申报地铁的门槛和要求是，申报城市GDP指标为3000亿元。从2020年的GDP来看，江苏13个市全部达标。这也可以解释，为什么江苏开通地铁的城市为全国最多。

第三，市区常住人口也是决定地铁建设的关键因素。

在人口方面，国家层面申报地铁的要求是，城市总人口超过 700 万、市区常住人口在 300 万以上。

以常住人口为例，根据第七次全国人口普查数据，江苏的南京、苏州、常州、无锡、徐州和南通，都符合条件。现在，前 5 个城市都有地铁开通，而南通的地铁也在建设中。

和浙江、山东、福建这些东部沿海城市不同的是，江苏的很多城市，城市规模本来就不小，尤其是很多城市中心城区人口规模也不小。这也是江苏在地铁建设上能"先发制人"的关键原因。

此外，对比全国地级市来看，江苏几个市的地铁谋划和布局也较早，发展轨道交通的理念也较为先进。2000 年左右，苏州、无锡就开始谋划建设地铁；2008 年左右，常州、徐州、南通也陆续跟上。

轨道上的长三角，正呼之欲出

江苏地铁建设遥遥领先，我们不仅要看到江苏的"强"，更要看到这背后所传递出的信号及深层含义。

江苏地铁密集成网，其实也是长三角一体化的一个缩影，或者说是长三角一体化在交通方面的具体落地。地铁网愈发密集，也是地铁跨城发展的一个必要前提；而只有轨道交通跨城发展，都市圈建设才真正具备了灵魂。

即将开通的南京至句容城际轨道交通工程，就是一个地铁跨城的典型代表。现在江苏省内地铁愈发密集，地铁跨城发展趋势正在显现，也说明区域一体化的进程正在加快。在这方面，除了江苏，同样位于长三角的浙江也是一个典型例子。

　　浙江开通的 3 条地铁，有 2 条也是城际轨道，分别是杭海城际铁路和杭绍城际铁路（绍兴轨道交通 1 号线柯桥段）。这意味着杭州、嘉兴、绍兴三地轨道交通网络的联通得以实现，也说明长三角城际轨道交通建设是趋势所在。

　　而这样的趋势，在官方规划中也得以验证。

　　2021 年 6 月 21 日，《长江三角洲地区多层次轨道交通规划》正式发布。其中明确指出，上海市、江苏省、浙江省、安徽省等三省一市将进行规划建设，共建轨道上的长三角。

　　具体来看，规划目标是：

　　到 2025 年，长三角城际铁路营业里程约 1500 公里，长三角地区相邻大城市间及上海、南京、杭州、合肥、宁波与周边城市形成 1—1.5 小时城际交通圈。

　　到 2025 年，长三角市域（郊）铁路营业里程约 1000 公里，上海大都市圈以及南京、杭州、合肥、宁波都市圈形成 0.5—1 小时通勤交通圈。

　　到 2025 年，城市轨道交通营业里程约 3000 公里，上海、南京、杭州、合肥、宁波等城市轨道交通成网运行，一批城市建成城市轨道交通主骨架，城市轨道交通占公共交通出行比例不断提高。

　　可以看到，飞驰在轨道上，可不仅仅是"苏大强"，而是整个长三角。也必须承认，轨道交通的高质量和加速发展，将极大推进长三角的一体化进程。

　　而在当前地铁规划审批收紧的大背景下，长三角地区未来在轨道交通方面的优势，只会更加明显。轨道交通发展，对长三角区域的贡献以及重要性，可能远超想象。

　　轨道上的长三角，正呼之欲出。当一座座城"血脉"相连，"一体"也就活了。

（2021 年 7 月 3 日）

"双国际机场"第三城，
为何是成都？

熊　志

2021 年 6 月 27 日，成都天府国际机场将正式运营。届时，成都将成为继上海、北京之后，中国内地第三个拥有两个国际枢纽机场的城市，国际交通枢纽地位将进一步凸显。

成都天府国际机场从 2011 年开始选址，2015 年获得批复，2016 年正式开工建设，到 2021 年投入运营，前后历时 10 年左右。按照初步规划，可满足年旅客吞吐量 4000 万人次、货邮吞吐量 70 万吨、飞机起降 32 万架次的使用需求。

成都本身是西部的重要交通枢纽，现有的双流国际机场在 2020 年跻身全球最繁忙的十大机场，并以 4074.15 万人次的旅客吞吐量位居全球第三。如今新机场投用，对于成都枢纽的地位将形成强有力的加持。

值得一提的是，虽然是"双国际机场"第三城，但如果以双 4F 机场为标准，成都则是继北京之后的第二个双 4F 级机场城市，其在全国航空版图中的地位可见一斑。

放眼全国，别说 4F 级别的机场，有的城市可能连一座大型机场都没有。那么，在机场建设上，成都为何能有如此规格待遇？

首先要看到，机场服务于经济。机场建设的庞大投资，跟地方财力息息相关，所以机场数量、建设水平，直接和地方经济发展水平挂钩，北京、上海能够率先实现双机场，并不是偶然。

具体到成都，2020 年成都的 GDP 达到 17716.7 亿元，排在全国第七位。

"七普"公布的成都常住人口为 2093.8 万，成都成为继重庆、上海、北京之后国内第四个常住人口 2000 万 + 的城市。

在新一线城市排名中，成都长期位居榜首，坊间一直有成都是内地"第五城"的说法。抛开这些头衔背后的争议不谈，成都目前的城市规模、发展水平是毋庸置疑的。相对较为发达的产业、超 2000 万的人口体量，都对航空运输形成了巨大的需求。

成都现有的双流机场的客货流量，就是一个直观的缩影。2020 年，成都双流国际机场的货邮吞吐量为 61.85 万吨，位列全国第七；旅客吞吐量更是达到 4074.15 万人次，仅次于广州白云国际机场，位列全国第二。

当然，去年成都双流国际机场旅客吞吐量排名的蹿升，跟北京、上海两地的机场受疫情影响有很大关系。但就过去而言，成都双流国际机场的客流量也一直是全国第四的存在。

考虑到成都还处在高速发展的阶段，产业、人口等资源还在快速集聚，而机场建设都需要打"提前量"，所以在全国较先布局双机场——还是双 4F 机场，是自然而然的结果。

换个角度看，机场这种高成本的交通基建工程，都是有一定的辐射半径的。比如苏州目前没有机场，是因为它距离上海较近，处在上海机场的辐射圈内。而成都在新一线城市中率先实现双机场运营，和它在西南地区甚至整个西部的门户枢纽地位息息相关。

2020 年印发的《中共中央 国务院关于新时代推进西部大开发形成新格局的指导意见》中，成都和重庆、西安三个城市一起，被定位为"国际门户枢纽城市"。在 2021 年 2 月印发的《国家综合立体交通网规划纲要》中，成渝地区双城经济圈和京津冀、长三角、粤港澳大湾区并列，为四个"极"。

换句话说，作为西部经济中心、门户枢纽的成都，其机场不仅要服务成都、四川，而且要面向整个西南乃至西部地区。

事实上，在能够代表国际航空枢纽地位的国际航线数量上，成都已经超过了百条。很多周边城市市民，如果想要飞国外，尤其是一些相对较冷门的国家、地区，可能也得来成都机场乘机。

考虑到现在双流国际机场的吞吐量已经接近饱和，增加一座新机场的必要性很强。天府国际机场的投用，正是成都对内辐射大西南、对外打造国际门户枢纽城市的缩影。

其次，对成都来说，双机场格局形成之后，除了便利出行之外，还能有效分流双流国际机场的运营压力，帮助产业、人口疏导，优化现有的城市空间格局。

在产业层面，航空运输高效快捷的特征，可以有效带动临空经济的发展。像一些体积较小但时效性较强的电子产品，都高度依赖航空运输。高水平建设的机场，能够起到强有力的产业拉动效果。比如郑州，就是依托航空运输发展临空产业实现"逆袭"的典型案例。

事实上，正是考虑到机场对于城市交通、门户枢纽地位、产业经济的巨大加持效果，很多城市近些年纷纷扩建现有的机场。此外，还有不少城市明确了打造双机场的目标。

比如一线城市、华南交通枢纽广州，第二机场已经处于选址阶段。

再比如重庆，作为成渝地区双城经济圈的另一个中心城市，在前几年就提出了规划建设第二机场的目标，并且选址范围基本确定。2021年6月印发的《成渝地区双城经济圈综合交通运输发展规划》显示，规划研究重庆新机场建设，这意味着重庆第二机场距离获批越来越近。

结合成都第二机场的开通来看，重庆第二机场一旦落地，成渝地区双城经济圈将拥有四座大型机场。如此强大的机场群实力，将帮助成渝夯实全国交通、经济第四极的位置。

有"火车拉来的城市"之称的郑州，作为临空经济的重要受益者，也没有闲着。2021 年 4 月印发的《郑州都市圈交通一体化发展规划（2020—2035年）》提到，要"适时启动郑州第二机场规划选址"。这意味着郑州的双机场建设，即将正式提上议程。

此外，经济实力差一截的昆明，也展示出了打造双机场的雄心。2020 年初，云南省发改委副主任周民欣宣布，将新建昆明第二国际机场，分流长水机场的省内航线，以发展区域机场群协同效应。昆明长水机场 2020 年的旅客吞吐量达到 3298.91 万人次，位列全国第六。

当然，以上城市的第二机场规划，未来能不能获批、获批后到底按照怎样的标准和等级建设，现在还是未知数。

就国际航空发展格局来看，首尔、东京、大阪、曼谷等城市，基本都是双机场运营，纽约等一些城市甚至是三机场。考虑到国内这些大城市的人口规模和产业发展容量，双机场成为大城市的标配，或许只是时间问题。

不过，那些暂时没有大型机场的城市，也不用过于灰心。随着都市圈、城市群建设步伐的加快，内部的轨道交通连接更加完善，暂时无法圆机场梦的城市，和机场的物理"距离"也将会越来越近。比如，广州的第二机场，普遍说法是可能选在佛山。

进入都市圈、城市群时代，共用机场将变得越发普遍。对于中心城市来说，这种趋势会给它们建设第二乃至第三机场，增加更多的获批筹码。

（2021 年 6 月 26 日）

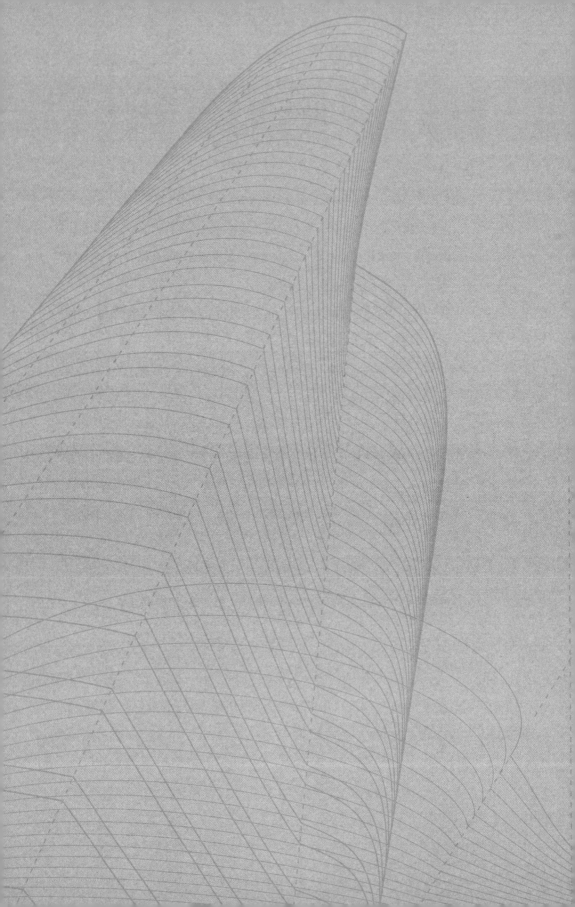

人才是
第一资源

生孩子，
将成为越来越重要的区域竞争力

朱昌俊

联合国宣布，世界人口在 2022 年 11 月 15 日这天达到 80 亿。其中，印度预计最早将于 2023 年超过中国，成为世界第一人口大国。那么，中国各省市的人口状况又如何呢？

国家统计局编著的《中国统计年鉴 2022》公布了 31 个省份的人口出生率、死亡率和自然增长率。

西藏、贵州、宁夏和青海最"能生"

在人口出生率方面，2021 年共有 4 个省份超过了 1%，分别是西藏、贵州、宁夏和青海；有 5 个省份人口出生率超过了 9‰，分别是海南、广西、甘肃、广东和云南；江西、福建、安徽和河南出生率达到或超过了 8‰。此外，陕西出生率也超过了 7.52‰的全国平均水平。

也就是说，2021 年有 14 个省份出生率高于全国平均水平。这里面，可以称为最"能生"的西藏、贵州、宁夏、青海，有着一些共性。比如，它们均来自西部地区，城镇化率相对较低，这使得传统生育文化得到更多保留。此外，它们多数属于少数民族聚居地，生育政策也相对更宽松。

事实上，出生率高于全国平均水平的 14 个省份中，除了海南、广东、福建三省，其余都来自中西部地区。这些省份的城镇化水平和老龄化水平在全国总体相对靠后，人口结构更利于生育。

海南、广东、福建作为东部地区最"敢生"的省份，也有着鲜明的特点。首先，它们都是人口净流入省份，而跨省流入人口，多以青壮年为主，这就充实了本地的生育人口。其次，这三大沿海省份都有较强的宗族观念，"多子多福"的传统文化比较浓厚，生育意愿相对较强。

这里面最特别的或许是广东。作为全国经济第一大省，广东除了享有巨大的人口净流入红利，内部发展的多层次性，像高度城市化的珠三角与欠发达的粤北、粤西地区并存，实际上也给生育率的下降提供了一定的缓冲空间。多种因素的综合作用下，使得广东成为全国经济强省中最"年轻"、最"敢生"的省份，这和它的发展活力可以说是相辅相成的。

生得多重要，人口发展形势更重要

当然，在分析各省的人口出生率时，有几个问题值得注意。

第一，人口出生率高，并不意味着一个地方的人口发展形势就一定好。

一个地方的出生人口总数与自身的人口基数息息相关。比如，西藏、贵州、宁夏和青海四地的人口出生率虽然在全国最靠前，但它们由于自身人口基数较小，实际出生的人口数量远无法与广东、河南、山东等人口大省相比。像广东 2021 年的出生人口超过 100 万，而西藏同期的出生人口仅有 5.2 万。

所以，西藏、宁夏、青海等地的人口出生率虽然仍维持较高水平，但由于它们的人口基数比较小（总计不到 2000 万人），放在全国人口大盘中，其支撑作用实际并不突出。这也说明，人口、经济挑大梁，其实都要靠大省。

另外，出生率低，也并不意味着一个地方的常住人口增长状况就差。如江苏老龄化程度在全国比较靠前，出生率也远低于全国平均水平，但它仍是人口净流入大省，并且常住人口依然处于持续增长状况。如 2021 年江苏常住人口就新增 28.1 万人。

相对应的是，不少中西部地区的出生率虽然高于全国平均水平，但多数属于人口净流出地区，甚至净流出规模还在扩大。相对来说，这些地方的人口压力实际更大。这种状况出现的主要原因，还是在于各地经济发展水平的相对不平衡。

第二，即便是人口出生率较高的地区，其出生率也处于不断走低的状态。

如 2019 年，西藏的出生率为 14.6‰，到 2021 年则下降至 14.1‰。同期，青海、宁夏等地的出生率均超过 13‰，但 2021 年已经不足 12‰。

也就是说，人口出生率的下降是呈整体性的。这带来的一个直接变化就是，绝大多数省份的出生人口都出现了明显下滑。如河北、河南、安徽 2021 年的出生人口较 2017 年已经下降了 40% 以上。有的省份甚至在 5 年内，出生人口总量出现腰斩。再如湖南、江苏、湖北、内蒙古、山西、天津等地，2021 年人口自然增长率均出现了几十年来的首次转负。包括广东、山东、四川等在内的人口大省，出生人口同样在明显减少。

这也就能够解释，为何全国 2021 年的人口增量仅有 48 万人（1962 年以来新低），全国总人口已经接近负增长的警戒线（国家卫健委明确表示，"十四五"期间，我国总人口将进入负增长阶段）。

如何应对人口发展状况的挑战

在 14 个人口出生率高于全国平均水平的（7.52‰）地方之外，还有 17 个省份的出生率低于全国平均水平。

其中，人口增势表现得最为乏力的区域，东北地区无疑是最引人关注的。从两个数字就可以直观发现东北地区的人口压力：2021 年，全国 31 省市中，生育率 5‰ 以下的地方仅有 4 个，东北三省就占据了 3 个席位；13 个人口自然负增长（出生人口减去死亡人口）省份中，黑龙江、辽宁、吉林包揽前三位。

并且，与其他一些人口出生率较低的省份相比，东北三省还同时面临着较突出的常住人口负增长局面。根据第七次全国人口普查，东北地区的总常住人口较"六普"时足足减少了 1100 万人。2021 年，东北三省的常住人口较前一年继续减少，合计超过 100 万人。在东北地区的 30 多个城市中，2021 年常住人口能够保持增长的，仅剩下长春和沈阳。

其中最具象征性意味的是，哈尔滨还成为全国首个人口负增长省会城市，甚至 2021 年已经掉出了人口千万城市之列。这意味着，在全国千万城市的名单中，目前已经没了东北城市的身影。未来，东北地区还会有人口千万城市吗？

一般来说，省会城市或者像大连这样的副省级城市，作为一个地方的区域经济中心，往往能够借助于经济发展上的相对优势吸纳省内和周边人口，从而避免常住人口负增长的困境（很多常住人口净流出省份，省会城市的常住人口依然能够保持增长），但在东北地区，哈尔滨、大连都在成为"例外"。

应该说，造成东北地区人口现状的原因是复杂的。比如，东北较早开启工业化进程，城镇化水平较高，生育政策执行相对严格，所以在全国较早步入少子化、老龄化阶段。

人口净流出叠加低生育率、高老龄化，使得东北地区的人口压力更为突出。为应对这一局面，近年来东北多地在支持、鼓励生育上也表现得更为积极，国家也明确要求东北地区"要营造良好环境，充分激发青年人创新创造活力"。

东北的人口发展现状表明，一个地区的人口发展状况是由多种因素决定的，压力最大的是那些遭遇低生育率、深度老龄化挑战，同时又处于人口持续净流出状态的地区。当然，就整个人口发展趋势来看，所有地方都要更加意识到维护人口良性发展的重要性。可以说，"生孩子"已成为越来越不可忽视的区域竞争力。

（2022 年 11 月 19 日）

西安剑指超大城市：
2035 年服务人口将达两千万

余　寒

2022 年 11 月，《西安市国土空间总体规划（2021—2035 年）》已形成草案，公开向公众征询意见。规划显示，西安的国土空间发展目标是"贯通古今的世界人文之都、和合南北的绿色发展之城"，规划主线包括秦岭脉、秦创原、丝路桥、长安城。

国土空间总体规划，是对区域内未来的开发保护作出的总体安排，是"底稿"，决定着一座城市接下来产业、人口、城建等方方面面的走向。通过规划，大致能够看出一座城市未来的发展蓝图。

西安这一次发布的总体规划，有不少看点。比如进一步明确了城市性质；再如到 2035 年服务人口将达 2000 万、常住人口将达 1500 万—1600 万的目标，充分显示出西安谋求更大城市规模能级的雄心。

西安的城市性质继续升级

其实，纵向来看，到目前为止，西安的国土空间总体规划已经更新了四个版本，此次发布的是第五版。而通过历次版本的更新，能发现它在 10 多年周期中的飞速发展和进化。其中，城市性质的演变，是一个重要的观察窗口。

比如，第一版（1953—1972 年）规划中，西安的城市性质为"以轻型精密机械制造和纺织为主的工业城市"，定位简单，城市性质单一，这当然和时代的整体发展水平有关；第二版（1980—2000 年）中，则加入了科学、文教、旅游事业等元素；第三版（1995—2010年）则提到"北方中西部地区和陇海兰新地带规模最大的中心城市"；第四版（2008—2020年）进一步升级为"我国西部地区重要的中心城市"。

而这一次，西安的城市性质继续升级——"陕西省省会，辐射西北的国家中心城市、国家科技创新与现代产业名城、国际门户枢纽城市、中华文明传承标识地"，这些定位也都是随着时代的变迁、社会的发展，不断丰富和转变的。

观察西安城市性质的变化，我们可以有一个很直观的感受——用词更加"高大上"了。

最初的版本，只是单纯从产业维度切入"定性"，到最新的版本中，诸如国家中心城市、国际门户枢纽城市等，综合性、"国"字头等头衔更多了，它正是在中国大城市跨越式发展背景下，西安持续升级的缩影。

以一些最常见的硬指标为例，2020年西安的GDP冲破万亿大关，2021年达到10688.28亿元；常住人口方面，2021年底为1316.3万，是国内为数不多的GDP万亿、常住人口千万"双料"城市之一。

为国土空间总体规划编制提供"西安经验"

每一座城市，都有自己的优势和特色，正所谓千城千面。

西安作为历史古都，它的历史积淀和人文底蕴，缺水的环境、秦岭生态屏障等，都反映在了国土空间发展目标上——"贯通古今的世界人文之都、和合南北的绿色发展之城"。

围绕该目标，西安展开了一系列创新探索，如"绿色安全的国土""富饶诗意的乡村"，这是为国土空间总体规划的编制提供"西安经验"。

当然，更具看点的当属西安在人口规模上的宏伟目标。实际服务人口2000万、常住人口1500万—1600万是个什么级别？这基本上已经接近一线城市深圳现在的规模。

人口是城市发展最重要的资源之一，决定着城市的规模等级。"七普"数据显示，西安的常住人口1295.3万，凭借着西咸新区的扩容，以及大手笔的人才引进，"六普"到"七普"间的10年，西安常住人口增长448.6万人，增量位居全国第四。

按照2035年1500万—1600万常住人口的目标，接下来的13年时间，西安还要增长两三百万人，相当于一年要有20万人左右"进账"。放在如今出生率下降、人口回流、落户门槛普遍降低的背景下，要达成目标其实并不容易。

值得一提的是，到"七普"时，西安城区常住人口为928.37万，为特大城市，距离超大城市只有70多万人的缺口。按照西安此次规划的目标，其实相当于剑指超大城市了。而现阶段，我国的超大城市只有上海、北京、深圳、重庆、广州、成都、天津等7座城市。

观察西安历次规划的演变，我们还能发现，在人口规模不断增长时，西安的城市骨架也在不断拉大。在第一轮城市规划的时期，西安的人口只有百来万，中心市区面积为131平方公里，到如今的第五轮修编，中心城区规划面积达到766平方公里。

随着城市发展、人口涌入，西安的城市国土空间也从单轴向多轴线演化——南北向古都文化轴、科技创新轴、国际开放轴，东西向丝路发展轴，不再局限于城墙之内，甚至不再为行政边界所束缚，而是朝着西安都市圈的方向延伸发展。

放眼全国，西安面临更大的竞争压力

对规模、能级的追求，是很多城市的一个共同目标。不仅仅是西安，像成都、武汉等一些城市，在进行国土空间规划时，也都提出了极具雄心的人口增长目标。

以成都为例，2035 年成都的目标常住人口高达 2400 万，相当于现在上海的规模。也就是说，接下来成都还将完成 300 万的目标人口增量。与之对应的是，以"东进"发展东部新区为重点的城市空间的优化调整——2020 年东部新区常住人口只有 38 万，但按照规划，2035 年的目标常住人口将达到 160 万。

除了成都以外，其他城市也大多是在现有规模基础上，上浮 20% 来设置目标。比如武汉 2020 年为 1232.65 万人，2035 年目标 1660 万人；杭州 2020 年为 1193.6 万人，2035 年目标 1500 万人左右。

毫无疑问，随着出生率下降、城镇化放缓，未来城市之间的人口竞争会更激烈。对西安来说，也意味着更大的增长压力。

近几年来，西安靠着降低落户门槛、大手笔的人才引进补贴，吸引了大量人口流入。但这类抢人手段的边际效应会逐渐下降，西安还得在产业发展、宜居环境上不断发力。

另外，随着人口大量涌入，购房需求激增，受此影响，西安过去几年房价高企，涨幅位居全国前列。这其实对一些年轻人也构成了一定的挤压，房价太高会导致生活品质下降，很容易造成人口的挤出效应。

当然，针对住房困难等问题，这次的规划已经提到，"加快建立多主体供给、多渠道保障、租购并举的住房制度，完善以公租房、保障性租赁住房和共有产权房为主体的住房保障体系"。

如果能够切实做好住房保障工作，西安的超大城市进阶之路，也会走得更平稳一些。

（2022 年 11 月 12 日）

无缘特大城市后，
宁波放大招"抢人"

朱昌俊

城市和人一样，最容易被谈论、被关注的，要么是实力强大到不允许低调，比如一线城市永远是话题中心，要么是精于自我营销的网红城市。

但也有一类城市例外，它们拥有不俗的实力，却习惯了"闷声发大财"。这方面，最具代表性的城市，或许就是宁波了。

2022年10月，宁波市人民政府办公厅印发了《宁波市区户口迁移实施细则》，其中最引人注目的是实行"70年产权房即可落户"，取消了原先"缴纳社保"的要求，这被外界形容为"买房送户口"。

这一做法，很容易让人将其与提振地方楼市联系在一起。不过，《宁波市区户口迁移实施细则》明确指出，该文件制定目的是为了进一步放开宁波户口迁移政策，吸纳集聚人口。

颇为巧合的是，《2020中国人口普查分县资料》显示，常住人口接近1000万，经济总量（GDP）高居全国第十二位的宁波，城区人口仅360万，无缘特大城市，只能屈居 I 型大城市。

结合这一现状，或许就更能明白宁波"买房送户口"的良苦用心了。

实力不容低估的"宝藏"城市

宁波"落选"特大城市，在外界看来很是惊讶。因为宁波不仅经济总量和常住人口数量突出，从实际发展水平看，这座城市也是中国最不容低估的

"宝藏"城市之一。

比如，2021 年，宁波舟山港以 12.2 亿吨货物吞吐量居全球前 50 大港口之首，连续 13 年居世界第一，完成集装箱吞吐量 3108 万标准箱，成为继上海港、新加坡港后，全球第三个跻身"超 3000 万箱俱乐部"的港口。

得益于港口优势，宁波也是全国首屈一指的外贸大市。2021 年，宁波全市完成自营进出口总额 11926.1 亿元，位居全国第六，是全国对外贸易依存度最高的城市之一。

同时，浙江省"十四五"规划纲要明确，推动宁波舟山共建海洋中心城市。2022 年上半年，《宁波市加快发展海洋经济建设全球海洋中心城市行动纲要（2021—2025 年）》印发，打造"全球海洋中心城市"正式迈入行动阶段。

宁波也是全国制造业重镇。它是"中国制造 2025"首个试点示范城市，工信部公布的制造业单项冠军企业数量居全国首位，专精特新"小巨人"企业数量在全国排名第四。

由于制造业发达，宁波还有"中国品牌之都"的称号。公开报道称，早在 2004 年，宁波在全国市场占有率排名第一的制造企业就有 100 多家。人们耳熟能详的一些知名品牌，如公牛、方太、雅戈尔、奥克斯、杉杉等均系"宁波造"。

宁波也是全国民营经济的重要发祥地。据公开资料，宁波民营制造企业多达 12 万家，规上工业企业中的 80% 都是民营企业。这也为"民富"打下了坚实基础。2021 年，宁波人均 GDP 达到 15.39 万元，超越省会杭州，成为浙江第一个人均 GDP 突破 15 万元的城市。

不必为宁波无缘特大城市遗憾

在如此耀眼的基础和发展势头面前，宁波却不是"特大城市"，这多少令人意外。

需要解释的是，根据 2014 年印发的《国务院关于调整城市规模划分标准的通知》，中国的城市规模划分，主要是依据城市城区人口（非常住人口）规模来确定的。比如，城区人口在 500 万到 1000 万之间，则属于特大城市。按照这个标准，宁波只能划分到"Ⅰ型大城市"（城区人口在 300 万到 500 万之间）。

也就是说，城市规模划分是看城区人口数量，与城市综合实力其实并不能画等号。像目前纳入特大城市之列的，就有多个城市的常住人口和经济总量都远低于宁波。

但是，在通俗的理解中，城市规模等级难免被与城市综合实力进行直接关联。这是低调但实力不俗的宁波未能入选特大城市让人意外乃至惋惜的原因所在。

不过，如果仔细观察宁波的市情就能明白，其实完全没必要为宁波"落选"特大城市感到遗憾。比如，这次"大城市"名单公布后，很多人都注意到，全国有 4 座县级市跻身"大城市"之列，分别是江苏昆山、浙江义乌、浙江慈溪、福建晋江。这其中，城区人口达 106 万的慈溪市，实际就是由宁波市代管。

可见，宁波虽然没有晋升为特大城市，但它却罕见性地出现了大城市（Ⅰ型）"嵌套"大城市（Ⅱ型）的现象。这方面，同样"落选"特大城市的苏州也类似，与慈溪一道进入Ⅱ型大城市之列的昆山，就是由它代管。

"大城市里有大城市"的原因在于，一个城市的城区人口统计，与它的行政区划设置有着直接关系。相较于很多一二线城市早早完成了撤县（市）设区，实现了"无县化"，宁波目前仍下辖 6 个区、2 个县，代管 2 个县级市，这导致在人口统计口径上，宁波是有点"亏"的。实际上，除了慈溪市实力较强，宁波还有余姚市、宁海县也进入全国百强县。

当然，宁波、苏州人口布局所呈现出的相对分散状态，也与其产业发展特点密切相关。因为宁波和苏州都是典型的制造业重镇，而制造业更趋向分工分类，相较于高端服务业，对于人口聚集的依赖度并不是很高。这两座城市县域经济强势，各县区均拥有特色主打产业，并涌现出大量各类开发区（园区），就是非常直观的说明。

因此，即便暂时无缘特大城市，也不影响宁波、苏州的发展光芒。

宁波需要"抢人"

不过，在全国总人口进入低增长阶段、城镇化进入下半程的今天，人口规模之于城市的确越来越重要。

就在这几天，全国有多座城市宣布了雄心勃勃的人口增长目标。如《南昌市域国土空间总体规划（2021—2035 年）》（公示稿）明确，力争 2035 年常住人口增至 800 万；《郑州市国土空间总体规划（2021—2035 年）》（草案）显示，到 2035 年郑州常住人口将达到 1800 万。

这样的大背景下，宁波的"买房送户口"，也可以看作是在"抢人"上的进击。

从过去几年的人口增势来看，应该说宁波的表现还是不错的。根据第七次全国人口普查数据，在 2010—2020 年的 10 年间，宁波常住人口增加了 179 万人，居浙江省第二。但是，宁波在全省的人口占比有所下降，人口增量差不多只有省会杭州的一半左右，并且差距有进一步拉大的趋势。

客观说，相对于省会城市，宁波在"抢人"上的先天优势并不多。尤其是置于浙江这样一个"共同富裕"省份，以及长三角这样一个各区域间发展相对较均衡的板块中，宁波要建立绝对的人口竞争力，并不容易。

但另一方面，人口因素对宁波进一步实现跨越发展，确实已经带来了一些现实掣肘。比如，2021 年，宁波全市实现社会消费品零售总额 4649.1 亿元，位居全国第 18 位。可见，宁波的消费能力与经济实力并不是很匹配。这在消费之于经济的拉动作用越来越大的今天，对城市的长远发展显然是不利的。

现在，宁波提出要打造全球海洋中心城市，预示着要全面提升城市能级，这背后就更离不开雄厚的人力资源的支撑。而宁波在高等教育发展上的相对不足，又决定了要更依赖于对外招揽人才。

不过，降低落户门槛，只是增加人口吸引力的一个基础性工作。从过去几年的经验来看，城市"抢人"还需要更多软实力方面的修炼。如上海交通大学特聘教授、中国发展研究院执行院长陆铭在《向心城市：迈向未来的活力、宜居与和谐》中就有这样一个判断：对于越来越注重生活品质的年轻人来说，把城市变得更"好玩"，就是更有效的"抢人"办法。

而对于习惯了不张扬的宁波而言，如何把城市变得更"好玩"，可能还需要更多的学习。同时，在交通、城建、产业等诸多方面，如何展现出新气象，增加对年轻人的吸引力，都是宁波需要关注的地方。

有源源不断的人才流入，就意味着城市发展的无限机会和丰富可能性。可以相信，按照国家发改委"全面放宽城区常住人口 300 万—500 万的Ⅰ型大城市人口落户限制"的要求，宁波走出"买房送户口"这一步，是强化人口竞争力，继而推动实现城市能级大提升的一个开始。

（2022 年 10 月 22 日）

郑州落户"零门槛"，
河南打造"强省会"

李 蜀

"零门槛"落户，再添一城。

2022年9月，《郑州市公安局关于进一步深化户籍制度改革的实施意见》（以下简称《意见》）向社会公开征求意见。

《意见》中的一个亮点引发广泛关注：凡在郑州市中心城区具有合法稳定就业或合法稳定住所（含租赁）的人员，不受社保缴费年限和居住年限的限制，本人及其共同居住生活的配偶、子女和父母，即可在郑州市申请登记城镇居民户口。

如果此项内容获得通过，意味着在理论上，落户郑州将真正实现"零门槛"，不再与房屋和社保缴纳年限及学历等条件挂钩。

近年来，城市放开落户限制，已经是大势所趋。但作为特大城市的郑州也有望进入"零门槛"落户行列，还是具有相当的标志性意义。

郑州"零门槛"落户的突破性

根据媒体公开报道梳理，截至2021年，全国至少有15个省份已经提出全面放开落户限制，其中就包括石家庄、昆明、南昌、银川、福州、济南等多座省会城市。

这次郑州宣布"零门槛"落户，突破性主要有两点。其一，郑州是国家中心城市，如果全面放开，就意味着郑州成为全国第一个实现"零门槛"落户的国家中心城市。其二，郑州还是特大城市，根据第七次全国人口普查数据，郑州城区人口达 534 万，是全国 14 个特大城市之一，而真正"零门槛"落户的特大城市，仍然凤毛麟角，郑州的突破不无示范价值。

放开落户限制，对城市的直接影响是能为吸引人口流入创造更好的条件。但在当前背景下，这一做法也被与促进房地产市场健康发展联系起来。客观上说，人口流入更多了，地方楼市的确会形成更强的托底力量。

实际上，关于开放落户，近几年相关部门也在不同层级和不同领域的文件中释放过明确信号。比如，2022 年 7 月，国家发改委印发的《"十四五"新型城镇化实施方案》就指出，放开放宽除个别超大城市外的落户限制，试行以经常居住地登记户口制度。

也就是说，除了上海、北京、深圳、重庆、广州、成都、天津、武汉这 8 个超大城市，目前的特大城市、大城市，在降低落户限制上都还有一定的空间。事实上，哪怕是超大城市，近两年也有一些对落户限制进行了不同程度的放松。

在敦促放宽落户限制的同时，国家相关文件也多次强调，增强中心城市和城市群等经济发展优势区域的经济和人口承载能力。这些表明，在新一轮的城镇化过程中，中心城市要扮演好更重要的角色，这里面就包括绝大部分省会城市。而降低乃至取消落户门槛，正是发挥这种作用的重要体现。

提升吸引力，打造"强省会"

置于河南全省的发展语境下，郑州放开落户限制，进一步做大人口规模，也是有着积极意义的。

众所周知，河南是全国户籍人口第一大省。但据第七次全国人口普查数据，河南的净流出人口达 1600 万以上，同样高居全国第一。并且，2021 年，河南常住人口更是出现了负增长。

　　而要吸引人口回流，做大做强省会城市是一条重要路径。因为人口规模大意味着消费、就业、基础设施、产业发展等方面，都能够拥有更大的空间，从而利于做大城市的发展能级。反过来，城市能级提升了，意味着就业资源、发展机会等增多，从而又形成对人口的更大吸引力。这是一个相辅相成的过程。

　　特别是对河南这样的内陆省份来说，有一个综合能级较高的省会城市，有利于留住更多的省内人口，或者说有更大的机会吸引人口回流；在争取政策支持、招商引资等方面，也会有更多优势。这其实就是近几年很多省份都明确实施"强省会"战略的内在逻辑所在。

　　在打造"强省会"上，郑州的潜力还很大。一方面，郑州常住人口占全省人口的比重仍不到15%，在全国所有省会城市中，排名非常靠后；另一方面，相较于河南全省接近1亿的常住人口，郑州总人口目前仍不到1300万，上升空间还很大。在这种现状下，尽可能地解除人口流入的限制性因素，是郑州加速人口"导入"不可绕开的一环。

　　在放开落户问题上，有两个方面值得注意。一是，降低落户门槛，属于户籍制度改革的范畴，它是对人口流动规律的顺应；二是，在资源相对有限的内陆省份，省会城市是一个省的政治、经济、文化中心，做大做强省会城市，就是要把这种"中心"地位进一步凸显出来，真正形成具有竞争力的经济发展增长极，这实际也符合区域经济发展规律。

　　尤其是在城市群、都市圈时代，作为领头羊的中心城市的能级更显重要。对于尚未真正成为"强省会"的郑州来说，解除人口流入上的不利因素，也有利于增强对郑州都市圈和中原城市群的带动、辐射能力，以及破除区域融合发展人口流动障碍。

中部人口第一城，郑州 or 武汉？

　　说到郑州的人口，不得不提到中部人口第一城之争的话题。

2020 年，郑州常住人口超过武汉，成为中部地区人口第一城。但仅仅时隔一年，郑州常住人口又被武汉反超。

现在，郑州宣布放开落户门槛，意味着为中部人口第一城的宝座花落谁家再次增加了悬念。

截至 2021 年，中部地区 6 个省会城市中，共有 3 个省会城市的常住人口跨越千万大关，依次为武汉、郑州、长沙。并且，这 3 个城市也是中部地区仅有的 3 个 GDP 过万亿、人口过千万的城市。其中，武汉、郑州是国家中心城市，城市地位较高；长沙联合株洲、湘潭（长株潭），成为中部地区首个获批国家级都市圈规划的城市。在竞争上，应该说它们各有优势。

但是，郑州在优质高等教育资源上依然存在短板。这实际也令它在吸引人口特别是人才上相对被动。数据显示，2021 年，郑州的常住人口增量明显低于武汉、长沙。

这种情况下，率先放开落户限制，可以说是郑州应对人口竞争的务实选择。毕竟，武汉有突出的高等教育资源加持，长沙则在都市圈方面先行一步，郑州立竿见影的吸引人口回流的大招并不多，抢先放开落户限制算是一种。

当然，放开落户限制，只是进一步清除人口流入的"物理"障碍，到底效果怎样，还有待观察。毕竟，人们对城市的"用脚投票"，需要综合考虑的各种因素非常多，落户条件仅仅是一方面。对郑州来说，加快补上高等教育短板，提升产业、基础设施的承载力和治理能力等，还需要下一番硬功夫。

此外，河南目前也正在打造洛阳、南阳两个省域副中心城市。如何处理好与副中心城市的关系，实现共赢发展，也关系到郑州未来的人口吸引力。

（2022 年 9 月 17 日）

落户限制再放开，
哪些城市还能"长"？

谢良兵

2022 年 7 月 12 日，国家发改委印发《"十四五"新型城镇化实施方案》（以下简称《实施方案》），提出要稳妥有序推进户籍制度改革，放开放宽除个别超大城市外的落户限制，试行以经常居住地登记户口制度。尽管《实施方案》是在重申 2019 年以来的政策导向，但依然引起了广泛关注。

《实施方案》要求全面取消城区常住人口 300 万以下的城市落户限制；全面放宽城区常住人口 300 万至 500 万的 I 型大城市落户条件；完善城区常住人口 500 万以上的超大特大城市积分落户政策，精简积分项目，确保社会保险缴纳年限和居住年限分数占主要比例，鼓励取消年度落户名额限制。

这意味着，除了北京、上海等少数超大特大城市外，中国城市的落户政策已基本放开。

落户政策梯度放开的现实意义

过去几年，中国的户籍制度改革一直在稳步推进中。

有关城区常住人口 300 万以下城市的户籍放开在 2019 年就已提出。2019 年 4 月，国家发改委印发的《2019 年新型城镇化建设重点任务》指出，城区常住人口 100 万—300 万的 II 型大城市要全面取消落户限制。此前，城区常住人口 100 万以下的中小城市和小城镇已陆续取消落户限制。

可见，与 2018 年比，大城市落户政策已有不小的变化。而针对城区常住人口 300 万—500 万的 I 型大城市，2018 年的政策是"实行积分落户的要大幅提高社保和居住年限的权重，鼓励取消年度落户数量限制"，2019 年则是全面放开放宽落户条件，并全面取消重点群体落户限制。

总体而言，中国的户籍制度早已从最初的二元制，发展到现在的梯度放开。同时，《实施方案》也明确了户籍制度改革的未来方向，其中"试行以经常居住地登记户口制度"更是与世界人口管理制度接轨，是户籍制度最终走向全面放开的前期试点。

这种梯度放开，实则是兼顾到了不同城市之间发展的实际状况。比如，北京、上海等超大城市过去几年先后进行了城市功能和人口的疏解，这些城市总体上依然处于控制人口的阶段，因此落户政策不大可能全面放开，只能实施总量控制的原则。

但对于一线城市之外的中国绝大部分城市而言，人口控制的意义并不大。从 2017 年开始，天津、西安、武汉等很多城市陆续加入了所谓的"抢人大战"行列，其背后就是当地户籍制度的松动与逐步放开。2019 年 3 月，作为省会城市的石家庄实现"零门槛"落户，成为户籍制度改革的标志性事件。

目前落户政策放开的最终目标，依然是缩小户籍人口城镇化率与常住人口城镇化率之间的差距。据国家发改委官网相关数据，到 2021 年底，全国常住人口城镇化率达到 64.72%、户籍人口城镇化率提高到 46.7%，之间还存在 18.02% 的差距，如何将这部分常住人口转换为户籍人口是重中之重。

这一重任显然落在了城区常住人口 300 万以下的城市身上。根据《2019 年城市建设统计年鉴》显示，城区常住人口 300 万以上的大城市数量已经达到 30 个。而中国的县级市以上城市有 691 个，还要加上属于城镇化体系中的 1000 多个县城，2 万余个镇。

"抢人大战"背后的人口焦虑

始于 2017 年的"抢人大战"一直延续到现在。部分大城市跟随石家庄实现了"零门槛"落户；而特大城市也想方设法在学历、社保等方面降低标准，推动落户政策的放开。2022 年以来，已有上海、天津、杭州、武汉等总人口过千万的超大城市，先后出台了政策进一步放宽落户限制。

2022 年 3 月底，天津市发改委取消了积分结算总数限制，积分申报的积分值从 140 点降低到 110 点，一次性减少 30 点，同时放宽了社保缴费期限的积分标准；2022 年 6 月，杭州提出让毕业生"先落户后就业"，取消了 2021 年需由单位正常缴纳社保再落户的规定；同样是 2022 年 6 月，上海进一步降低落户门槛，如提出各高校应届硕士毕业生可以直接落户。

这背后其实是各大城市在老龄化社会来临之后的人口增长焦虑，以及近年人口流失的担忧。

根据最新的 2021 年全国常住人口增量排名，前 20 名中基本都是二三线城市。一线城市中，广州以 7.03 万的人口增量排在第 21 名；北京人口为负增长，比上一年减少 0.71 万人。准一线城市中，武汉增长 120.12 万人，高居全国第一。

在人口过千万的超大城市中，天津市这几年的人口变化引人关注。根据相关统计数据，天津常住人口从 2011 年开始了连续 5 年的增长，2016 年更是直接增加了 102 万人，达到 1443 万人。但也是从这一年开始，天津人口逐渐停止增长。

从 2016 年到 2021 年，天津市的常住人口总量从 1443 万直接降到了 1373 万，人口骤降了近 70 万人。事实上，2018 年开始，天津就在"抢人大战"中实施了"海河英才"行动计划，引进了超 40 万人口。这是当地政府为了吸引人口而做的积极努力。

过去几年，加入"抢人大战"中的城市，因为引才政策均出现了短暂的人口井喷现象，但很快就回归正常。这一变化的背后反映的实则是中国目前人口流动的真实现状——短暂的井喷，解决的是城市中的"存量"外来人口落户。

接下来各城市需要做的是如何做外来人口的"增量"，尤其是对于不少人口处于净流出的城市而言，这个增量并不易。数据显示，2001—2010 年，一线、强二线、其他线城市全域常住人口年均增速分别为 3.4%、1.9%、0.6%；2011—2016 年，年均增速分别为 1.5%、1.2%、0.4%。

城市吸引来人还得能留得住人

放开对农业转移人口的限制，是城镇化发展的主线方向。这才是城市人口增长中解决从"存量"到"增量"的转变，也是缩小户籍人口城镇化率与常住人口城镇化率之间差距的重要手段。

改革的关键仍在于推进户籍制度与公共服务解绑，实现教育、医疗、住房等公共服务均等化。《实施方案》指出，各城市因地制宜制定具体落户办法，促进在城镇稳定就业和生活的农业转移人口举家进城落户，并与城镇居民享有同等权利、履行同等义务。

而这恰恰也是挑战所在。一些城市的基础设施、公共服务，还不具备承接吸纳大量农业转移人口市民化的能力，放开对农业转移人口的落户限制，依然需要政府部门"合力突围"。

过去几年来，随着经济增速下行趋势明显，以及世界范围内的产业转移，中国人口流动的趋势也从"人口东南飞"向各省内回流。全面放开城区常住人口 300 万以下的城市落户限制，可以减少一线城市对于大中小城市的虹吸效应，也可以令各省会城市在新一轮的"强省会"战略中占得先机。

同时，城市应该放弃对于"引人"的迷思——认为"引人"必须引进高层次人才即所谓的高端人口，而漠视了普通的青年人口。一座城市的人口构成，应该是立体式的，既要有高端人才，也要有产业人员、服务人员等基层人才。拆掉"门槛"，拥抱更多年轻人才是王道。

吸引人进城似乎并不难，不断地降低门槛甚至直接"零门槛"貌似就能做到，但如何让这些人最终能够留在城市，才是最为关键的。否则，这几年因"引人"而出现的短暂井喷，难以实现户籍人口的持续性增长。

要想真正留住人，一是要有大量的合适的就业机会，只有解决了就业才能真正解决人留在城市的价值；二是要有发达的经济与产业结构，这是提供大量就业机会的基础；三是要有利于留住人的软环境，如充足的教育、社保、医疗等公共资源，以及更公平、更自由、更包容的环境。

（2022 年 7 月 16 日）

老区城市如何吸引人才？
福建三明放大招

熊　志

人才竞争愈演愈烈，作为革命老区城市的三明也开始放大招了。

为了引进人才、用好人才、留住人才，2022年，福建三明市印发《三明市实施新时代人才强市战略推进"2+3+N"人才专项行动方案》《三明市关于进一步加强和改进人才服务的十条措施（试行）》《三明"麒麟山英才卡"实施办法（试行）》等多份文件，开出了优厚的补贴政策。

从全国来看，福建三明的经济实力不算特别突出，2021年的GDP为2953.47亿元，全市常住人口248万。不过很多人不知道的是，大名鼎鼎的沙县小吃，就是来自三明市。

三明此次出台系列人才新政，是人才向头部城市集中的背景下，中小城市人才饥渴的体现，也是建设革命老区高质量发展示范区的一种引才探索。三明的引才力度和诚意相当大。

前不久，重庆渝中区、无锡梁溪区都发布了最新人才政策：对于获当地认定的高级别人才，最高给予1000万元购房补贴支持，一度刷新了我国人才房补最高纪录。

一些地方一掷千金，反映的是人才的稀缺性和价值。而相较于重庆、无锡等一二线城市，由于财力有限，中小城市在引才方面难免存在差距，但为了避免人才被吸走，它们也相当舍得。

以三明的人才新政为例，有好多地方能够体现出招揽英才的诚意。

按照"2+3+N"人才专项行动，三明此次惠及的人才面很广，技能人才、青年人才、民生社会事业人才等，都在招引的范围。同时，利好措施相当多元，包括购房补助、人才补助、住房保障等。

为了招引人才，提升人才的宜居体验，三明还有一些特色的措施——为符合认定标准的人才发放"麒麟山英才卡"。拿着这张卡，可以享受交通、旅游、住宿等各项特殊优待，如金卡持卡人可参照享受副处级医疗待遇。

为人才设置各种优惠待遇，一方面，提升了新政的吸引力；另一方面，其实也是向社会各领域传递重视人才的理念。

而且，需要注意的是，尽管三明的补贴力度和一些一二线城市无法相提并论，但该花钱的地方，也是绝对不含糊。像《三明市实施新时代人才强市战略推进"2+3+N"人才专项行动方案》就提到，对引进的、能实现重大产业突破的特级人才，按"一事一议"原则从人才、科技、工业等专项经费中，统筹给予最高1亿元的综合支持。

总的来说，三明的引才力度和诚意是相当大的。它的诚意，并不是表现在简单地发补贴，而是用涉及方方面面的优惠，体现对人才的重视，来全方位提升人才吸引力。

区域融合大势所趋，三明迎来发展机遇

拿出更大的力度招揽英才，是老区城市三明发展破局的关键所在。

三明市是闽西革命老区的重要组成部分。而赣州、闽西两大革命老区，在2022年3月被委以重任，获批建设高质量发展示范区。2022年4月，《闽西革命老区高质量发展示范区建设方案》印发，其中对三明市着墨甚多。

建设高质量发展示范区，意味着政策层面更大力度的支持。但同时也意味着，地方要有打造样本、率先破局的自觉，要比其他革命老区走在前面。

如《"十四五"特殊类型地区振兴发展规划》所显示的，国家对革命老区

这一特殊区域，始终给予巨大的扶持力度。国家大力扶持是因为，革命老区往往处在省域交界的地方，处在省会辐射带动的最外延，是区域经济发展的天然短板。

以三明为例，全市的山地面积占比高达83%，有着"八山一水一分田"的典型特征。由于发展水平欠佳，近几年来，三明也面临着严重的人口、人才流失压力。

2021年统计公报显示，2021年底三明常住人口248万，比上年底减少0.6万人，处于负增长的状态。而"六普"到"七普"之间，三明的常住人口从250.34万减少到248.65万，10年共减少16938人。

常住人口流出，说明该地发展活力、人口吸引力存在不足。那么，在闽西革命老区获批建设高质量发展示范区之后，三明要想将政策利好最大化，当然得有招揽英才的紧迫感。

《闽西革命老区高质量发展示范区建设方案》中提到，支持龙岩、三明与福州、厦门等城市协同发展，加快三明市区与沙县、永安组团发展，融入福州都市圈。

当下，区域融合成为大势所趋，在城镇化、都市圈战略下，行政界线逐渐模糊。对三明这类交界地带的城市而言，这是一个重大发展机遇，它们能够享受多个中心城市、都市圈的辐射。

为革命老区发展提供一个引才样本

当然，也得看到，在融入周边的过程中，随着公共服务、交通等各项基础设施打通，那些周边城市的虹吸效应也会加剧。要确保人才不流失，甚至吸引一波人才，就得拿出实实在在的引才措施。

最近，浙江丽水遂昌县发布的一份《2022年遂昌县面向世界一流大学引进优秀毕业生入围体检人员公告》，引发关注。这份公告名单上，不乏浙江大学、复旦大学等名校的硕士、博士人才。

遂昌县区区一个县，能吸引名校英才，和它真金白银的人才优惠政策密不可分。这一案例也说明，在目前城市激烈抢人的背景下，重视人才，在人才招引上舍得投入，是一定会有收获的。

不过，从长远来看，人才引不引得进来是一回事，留不留得住，是另一回事。地方对人才的吸引力，说到底还是要靠良好的产业基础作为支撑。

三明的人才新政中，针对当地的一些特色产业发展需求，提出了专门的人才优惠政策。比如打造钢铁与装备制造业人才基地、氟新材料产业人才基地、石墨和石墨烯产业人才基地，甚至还包括"特色小吃产业人才基地"等，说明三明也意识到了产业发展和人才培育的互动关系。

接下来，三明要在人才引进上继续加码，更得在产业建设上持续发力，提升产业层次，释放更多高质量的就业岗位，让人才有发光发热的用武之地。

在人才大战异常激烈的当下，三明的系列措施，如果能够有效助力人才的流入，助力地方的高质量发展，那么这种积极成效，也将为革命老区的发展提供一个引才样本。

（2022 年 5 月 21 日）

1000 万霸气"抢人"，
重庆、无锡底气何在？

熊 志

抢人才大战哪家强？2022 年 5 月，重庆渝中区、无锡梁溪区都发布了最新人才政策：对于获当地认定的高级别人才，最高给予 1000 万元购房补贴支持。这刷新了我国人才房补最高纪录。

最高购房补贴达到千万元，重庆和无锡两地的人才政策，很快吸引了广泛关注。从具体的补贴内容来看，这 1000 万不只是口头说说的造势，而是实打实的真金白银。

重庆渝中区的《"渝中人才"黄金十二条》提到，在渝中区购买首套住房的高层次人才，可享受最高 100% 契税补助，对有突出贡献的一、二类高层次人才，可享受最高 1000 万元购房补助。

无锡梁溪区则是对 A1 类人才补贴 1000 万元，条件是全职在梁溪区工作，在无锡 5 年内无住房登记信息和房屋交易记录信息。

对比其他城市，重庆和无锡的目标与实力

之前的人才争夺大战中，大手笔地推出购房等各类补贴，几乎是各大城市的标配。像杭州对于顶尖人才的房补，最高可达 800 万元。而这次的重庆和无锡，刷新了补贴纪录。那么，为什么这两个城市如此"豪横"？

先说说全国性的背景。

最近一段时间以来，不少地方都推出了面向高学历人才的优惠政策。以长

沙为例，2022 年 4 月发布的《关于实施强省会战略支持长沙市高质量发展的若干意见》，就放宽了人才落户限制，大专及以上学历可即时申报落户，享受在长沙购房资格。

不过，相较于这类基础性的"广撒网"人才政策，重庆和无锡的补贴，目标更明确，就是招引高层次人才。

一掷千金招贤纳士，首先源于对人才的饥渴——重庆和无锡两个城市，在过去几年的人才竞争中，确实都谈不上是比较突出的。

比如西安，作为抢人大战的先锋，曾创下了不到两年时间户籍人口新增百万的纪录。2021 年西安的常住人口增量，也多达 20.3 万人。而重庆 2021 年增长 3.5 万人，无锡 2021 年增长 1.55 万人，如果扣除自然增长，这两个城市很可能处于人口流出的状态。

常住人口增长情况，未必等同于人才的流入流出状况，但也是城市吸引力的一个缩影。事实上，我们观察那些人口流入较多的城市不难发现，像之前的广州、深圳、杭州等，都是发展较快、活力十足的代表。

而且重庆、无锡的补贴政策，并不是只补贴最顶尖的那一档人才，它们都是按照分档，对地方认定的 A、B、C、D 等不同层次人才进行补助，补贴惠及面还是比较广的。

对它们来说，能够把价码开到千万级别，也是因为自己确实有这个家底和实力。重庆是 GDP 第五城，一般公共预算收入超 2000 亿元；至于无锡，别看它平时很低调，它的 GDP 可是突破了 1.4 万亿元，直追天津。

当然，重庆和无锡的补贴政策，还是有很高的申请门槛。而且，重庆和无锡的房价水平不是特别高，其补贴政策都提到"申请额度不超过所购住房总价"，所以真正能拿到 1000 万元足额补贴的人才，实际可能会比较少。

但从城市营销的角度看，不管有多少人能拿到补贴，这次引发刷屏式的关注，也起到了向全国人才示好的宣传效果。尤其是无锡，本身属于低调的经济强市，这一次成功出圈，也赚到了一波流量。

巨额补贴只是辅助手段，"筑巢引凤"才是关键

值得注意的是，重庆和无锡的补贴政策，都不是全市层面下发的文件，而是区一级。所以如此大手笔地招贤纳士，不免有基于自身人才结构、产业升级压力的考虑。

而从全国来看，重庆和无锡创纪录的补贴，在将招引力度推向新高度的同时，预示着当下的人才竞争走向白热化，激烈程度更甚以往。

这种局面其实不难理解。早期的人才竞争，更多是依靠宽松的落户门槛，加上一定数量的安居购房补贴。随着落户限制普遍放松，各大城市纷纷砸钱抢人，传统手段招引人才的边际效应在逐渐递减，吸引人才的成本在增加。

我们可以发现，近两年来人口流动在明显放缓。以常住人口为例，前几年广州深圳的常住人口增量，动辄高达四五十万，而 2021 年北上广深四大一线城市合计增长只有 12.48 万人。

头部城市的人口增长放缓，意味着大城市虹吸效应在减弱。疫情是一个重要原因，疫情降低了人口流动的意愿，越来越多的人选择就近就业。不过除此以外，传统抢人方式效果逐渐式微，也是不容忽视的因素。

在这个背景下，提高补贴，开出一个让高层次人才很难拒绝的筹码，就成了最简单直接的揽才手段了。

而且，疫情影响的不只是人们的迁移流动意愿，对地方经济也构成了巨大压力。像重庆这样前两年出现经济降速的城市，产业转型升级压力在此时会特别凸显，它对人才的需求程度会不断提升，转型所对应的人才缺口和补贴的力度，某种意义上是成正比的。

但是话说回来，人才层次越高，对地方生活、就业、营商等环境的要求也

会越高。如果城市的综合环境不够好，各个城市争抢的顶尖人才很难为了千万补贴而前来安家。

同理，如果地方缺少足够高质量的就业岗位，缺少让人才发光发热的舞台，哪怕人才被引进来了，拿完补贴之后，依旧可能走出去。

此前，像广州、深圳，包括新一线城市杭州，成为高学历人才争相前往的城市，根本还是因为地方产业发展有活力，如杭州的互联网和电商就吸引了大量的专业人员。至于这些城市开得很高的补贴，更多还是起到锦上添花的效果。

因此，像重庆和无锡这样创纪录地补贴高层次人才，只能当作一个辅助手段，不能迷恋，不宜上头。要吸引最顶尖的人才，说到底还得改善城市面貌、完善综合环境、提升产业层次。正所谓"筑巢引凤"，"巢"筑好了，自然不愁人才。

（2022 年 5 月 14 日）

建设青年发展友好型城市，
山东"全省总动员"

土哥涅夫

2022年5月5日，山东省青年工作联席会议全体会议审议通过并正式发布济南、青岛、淄博、济宁、威海、日照、临沂、聊城等8市《青年发展友好型城市建设实施方案》。此举标志着山东省青年发展友好型城市建设工作进入"纵深实施"新阶段。

这是继2021年10月，山东在全国率先启动全省域"青年发展友好型城市"建设后，又一重大动作。

值得一提的是，在国务院新闻办公室2022年4月21日发布的《新时代的中国青年》白皮书中，也专门提到山东省建设青年发展型省份的探索和实践，认为其为全国层面部署这项工作奠定了基础。

山东的人口结构与趋势

城市的发展、竞争，归根结底就是人才的发展和竞争，而青年人才则是其中的"潜力股"。所以近些年，各地都将吸引青年作为一项重点工作。比如从2022年开始，郑州将全面开展青年创新创业行动，力争5年吸引100万青年人才。而呼和浩特近期也启动了"丁香扎根计划"，旨在实现"三年十万大学生留呼工程"。

山东作为建设"青年发展友好型城市"的先行者，在青年竞争力上虽有优势，但面临的压力也不小。优势在于山东是人口大省，也是全国唯一常住人口、户籍人口双过亿的省份，青年总量巨大。但与此同时，山东也面临出生率下降、人口增幅放缓、吸引力较弱等问题。

根据"七普"数据，2010—2020 年，山东常住人口增长了 573 万人，虽然增长总量排名全国第四，但考虑到山东庞大的人口基数，换算成增幅只有 5.99%，跟广东、浙江超过 15% 的增幅相去甚远，只能排到全国中游水平。

这个问题在 2021 年又有了新的变量。过去 5 年，山东出生人口从 177 万下跌至 75.04 万，下降超过 100 万人。受此影响，2021 年山东自然增长人口仅有 0.21 万人。

本地人生育率走低，如果外地人口能够源源不断地涌入，就像江浙沪那样，还可以维持人口结构的平衡及其红利。然而，2021 年，山东全省常住人口只增加了 5 万人，扣除其中 0.21 万的自然增长人口，只从省外吸引来 4.79 万人。与此同时，却有大批山东人远走他乡、外出打拼。

以 2020 年的数据为例，山东全省户籍人口比常住人口多出 7.96 万，这也意味着，山东往省外流失了 7.96 万人，这其中大部分都是青年人。更重要的是，这还不是某一年的特殊情况。根据山东统计年鉴公布的数据，近几年，山东常住人口一直少于户籍人口，人口长期处于净流出状态。

上述因素综合叠加在一起，结果就是山东 15—64 岁的中青年人口占比从 2011 年开始一路下滑，连续下降了 11 年，降幅总计达到 8.74%。这也是为什么山东率先积极探索建设"青年发展友好型城市"。

山东的底气与诚意

仔细看山东各市的青年情况，其中也不乏亮点。比如山东两大头部城市青岛、济南，2021 年常住人口分别增长 15.1 万、9.44 万人，即使放在全国，这个增量排名也较为靠前。

在中国青年网发布的"一分钟聊'青年理想城市'"互动微调查中，青岛成功登上"青年理想城市"前三甲的宝座。在城市环境优美、文化气息浓厚、就业机会充分便利、教育资源均衡充分、房价房租可负担等方面，青岛契合了青年理想中的城市特征，成为最受青年人追捧的青春城市之一。

而根据《中国城市 95 后人才吸引力排名：2021》，在"95 后"人才吸引力 50 强城市中，济南排名全国第十一。过去 5 年间，济南平均净增户籍人口 10 万人以上，且以青年群体为主，常住人口超过 933 万，其中青年（14—35 岁）占三成。

这些，也为山东建设"青年发展友好型城市"，提供了底气。

事实上，在《青年发展友好型城市建设实施方案》发布前，2022 年 4 月 21 日，山东省委人才工作领导小组办公室、省人力资源社会保障厅、团省委、省科技厅就已经联合举办了全省人才需求云发布会，启动 2022 年"创业齐鲁　优选山东"青年人才服务周活动。

这场来自云端的发布会，共发布山东省各类用人单位招聘岗位 13592 个、人才需求 86601 名，数量和规模均创历年新高，体现出山东对青年人才的强烈渴求。

而这次建设"青年发展友好型城市"，山东更是拿出了最大诚意，各个部门几乎都行动了起来，相关工作也做得非常细致、到位。

比如共青团山东省委 2021 年联合中国社科院等单位进行深入调研，推出了《山东青年发展友好型城市建设的指标体系（试行）》。其中 10 个一级指标，涉及教育、就业、创业、婚育、赡养老人、住房等方方面面，皆与青年发展息息相关。

另外，山东省财政、民政、科技、文旅等部门也采取各种措施，助力青年健康成长、服务全体青年发展。

而在 2022 年初召开的山东各地党代会、人代会上，"青年发展友好型城市"更是成为一个亮眼、高频的关键词。截至目前，山东全省16市、102个县（市、区）已将推动青年发展友好型城市建设写入各地党代会报告和政府工作报告中。

这也意味着，青年发展友好型城市的建设工作不是个别市的单兵突进、一枝独秀，而是全省16市总体上的一体推进、百花齐放。

山东的"全省总动员"

2022年，山东各地结合实际，推出一大批为青年量身定制的政策措施。

比如济南推出"人才新政30条""双创19条"等，发放购房、租房补贴近7亿元；滨州推出"渤海英才卡"，实现高层次人才服务"码上办"；青岛将青年居住条件改善、交通环境优化等纳入政府民生实事项目；日照东港区建成启用青年人才公寓740套⋯⋯

这正应了那句话：好客山东欢迎你。

相信随着这些措施的相继落地，山东对青年人才的吸引力一定会有所提升。

不过，需要提醒的是，建设青年发展友好型城市，绝不是仅仅靠补贴和奖励来打造的，它是一个综合性、全方位、长期性的工程。

对此，中国人民大学就业研究所研究员刘尔铎曾表示，各个城市为了争夺人才，提供较高的待遇以提升自己城市的就业吸引力，无可厚非。但在做出承诺之前，应对自己城市的实际经济状况和支付能力做一个系统的评估与了解。

而一个地方对青年是否有吸引力，并不仅仅取决于政府给多少钱、分多大的房，就业机会的多与寡、成长空间的高与低、公共服务软环境的好与坏，这些才是关键。

也正因此，山东这次的工作，从住房保障水平、教育保障力度、文化服务效能、健康保障水平、商业服务能力、生态宜居水平、社会治理能力和青年社会参与等各个方面展开，体现的是一种综合性服务。

另外，山东不仅是首个全省域推进"青年发展友好型城市"建设的省份，还是首个在市和县两个层面同步推进"青年发展友好型城市"建设的省份。在工作机制上，各市党委政府发挥建设主体作用，纳入党政工作大局整体谋划、统筹推进，由改革办或相关综合部门牵头推进。

可以说，山东为了吸引青年人才，上演了"全体总动员"。

眼下，对于山东来说，要做的就是尽最大力将这些实施方案坚决落实、执行到位，也为全国建设青年发展友好型社会积累经验。

（2022 年 5 月 7 日）

中部人口第一城易主，
郑州拟五年吸引百万青年

涂　格

"青年因城市而聚，城市因青年而兴"，"我们希望，每一名大学生都能追随自己的梦想'一路生花'，在郑州找到属于自己的'星辰大海'"……

在武汉重回中部人口第一城宝座后，郑州宣布从 2022 年开始，全面开展青年创新创业行动，力争 2022 年新吸进 20 万名青年人才留郑来郑创业就业，利用 5 年左右时间，新增青年人才 100 万人。

为此，郑州出台了 10 条"青年人才新政"，包括 2022 年各类企事业单位提供 20.08 万个就业岗位；建设 2 个 5—10 平方公里的青年创新创业园；发放青年人才生活补贴，博士后可享 20 万—30 万元安家补助；提供创业金融保障，设立 100 亿元的青年创新创业基金等。

得而复失的"中部人口第一城"

5 年吸引 100 万青年人才，如此宏伟的计划究竟剑指何方？新出炉的 10 条"青年人才新政"，又能否帮助郑州实现梦想？

对于城市而言，青年人口比重越大，城市就越有活力。所以各地抢人大战，重点从来都在于争夺青年，只不过现在青年有些不够用了。

根据国务院新闻办公室 2022 年 4 月 21 日发布的《新时代的中国青年》白皮书，青年常住人口的城镇化率 2020 年已经达到 71.1%，高于整体常住人口城镇化率 7.2 个百分点。

这意味着，可供城市吸纳的后备青年数量已经不多了，今后城市化率的提高更多是靠进城投奔子女的老年人来推动。而老年人口城市化的经济意义，显然不及青年。

所以，为了争夺日益稀缺的青年资源，不只是郑州，各地都在开足马力。仅最近这一周，就有苏州、镇江、马鞍山、山东等地相继出台人才新政。山东的"深入推进'万名博士、十万硕士、百万大学生创业齐鲁计划'"，跟郑州的"5年吸引100万青年人才留郑来郑创业就业"，可谓异曲同工。

拆解各地"人才新政"的具体内容，除了最为常见的购房租房补贴外，镇江对符合"金山英才"产业强市计划创新创业人才申报条件的人才，还直接给予50万元项目资金支持；马鞍山更是将补贴之手伸进校园，给签订定向培养协议的学校和学生直接发钱，前者是每生每年补助5000元，后者是每生每学期补贴1200元。

与这些地方相比，郑州的10条"青年人才新政"并无多少独特之处，其真正的吸引力在于城市本身。身为全国九大中心城市之一，郑州的城市能级更高、工作机会更多、发展空间也更大。

但郑州也有自己的烦恼。事实上，郑州之所以提出"5年吸引100万青年人才"，对标的就是当年武汉的"百万大学生留汉创业就业计划"。作为中部地区仅有的两个国家中心城市，二者的竞争在所难免，特别是在人口方面。

2021年"七普"数据刚公布时，郑州一度振奋。2010—2020年，郑州常住人口10年增加了397.41万人，增幅达到46.07%，不仅是中部地区人口增长最快的城市，总量（1260.06万）也一举超过武汉（1232.65万），首次成为中部人口第一城。

然而，郑州在这个位置才坐了一年，就又被武汉重新抢了回去。根据最新的人口数据，2021年底，武汉常住人口达到1364.89万，较上年底增加120.12万人。与此同时，郑州人口只增长了12.52万人，为1274.2万人，增幅仅有

0.99%。这也是郑州自2011年以来常住人口增量最低的一次，增幅首次低于1.5%。

加之郑州背靠的河南腹地，虽然有近亿人口，但全省常住人口去年却出现了10年来的首次负增长，净减少58万人；而同期湖北则增长了54.7万人。这一减一增，同样让郑州压力山大。

百万大学生的"郑州底气"

熟悉中国城市人口争夺史的人，一定记得2017年武汉提出的"百万大学生留汉创业就业计划"。

和如今的郑州一样，当时武汉也提出"5年留住100万大学生"，为此出台了包括放宽大学生落户条件、设立1亿元大学生创新创业基金、给予优秀创业项目10万—50万元扶持资金等一系列措施，由此打响了"抢人大战"的第一枪。

2021年的武汉《政府工作报告》提到，"百万大学生留汉"工程实施5年来，取得了阶段性成果。毕业生留汉率从10年前的35.75%，提升至2020年的51.59%。伴随着青年人口的不断增长，2021年底，武汉城区常住人口突破千万大关，成为继上海、北京、深圳、重庆、广州、成都、天津之后，全国第八个超大城市。

回头看，武汉当年之所以提出"百万大学生留汉"计划，首先得益于其作为"中国高教第三城"的先天优势。据统计，武汉全市共有高等院校89所，其中"985"高校（2所）、"211"大学（7所）、"双一流"大学（7所）数量并列全国第五，在校大学生人数一度位居世界城市之首。

与武汉相比，郑州虽然名校数量较少，仅有2所双一流大学——除了郑州大学，河南大学注册地也已从开封变更为郑州，但大学生总数一点不输武汉。

目前，郑州在校大学生数量达到 133.16 万人，仅次于广州，排名全国第二，比武汉还多出 4 万多人。2022 年郑州的毕业生人数预计将超过 39 万人。

所以，当地提出"2022 年新吸进 20 万名青年人才留郑来郑创业就业"，并非夸海口。可以说，百万在校大学生是郑州实施"5 年人才计划"最大的底气，也是其敢于在"人才新政"中标明抢人数量，而镇江、常熟、马鞍山等中小城市不敢或者说做不到的原因。

当然，要想使在郑大学生毕业后都能留下来，并且留得住，光靠补贴是不够的，后续各种配套都要及时跟上。

同时，一味鼓励缺乏职场经验的青年人创新创业，恐怕也有风险。好在此次青年创新创业行动发布会上，郑州表示，企业是吸纳高校毕业生就业的绝对主力，郑州将鼓励引导各企业以多种方式引才聚才，政府要确保用人单位及时享受政策红利。

"小巨人"企业的人才吸引力

说起郑州的企业，很多人首先想到的恐怕是位于郑州航空港区的富士康。

作为全球最大的苹果手机生产基地，郑州富士康拥有超过 90 条生产线，不仅生产了世界上一半的苹果手机，还承担了河南全省出口份额的三分之二。

以 2021 年一季度河南省出口产品情况为例，五大类主要加工贸易出口商品里，机电产品出口 870 亿元，占全省出口总额的 72.3%。其中，商品手机出口一项就达到 748.7 亿元，占机电产品类出口额的 86%、全省出口总额的 62.2%。

但也应看到，近几年，随着国内用工成本大幅攀升、国外贸易环境急剧变化，包括三星和为苹果代工蓝牙耳机 AirPods 的立讯精密、歌尔股份等大量企业，都逐渐将工厂迁往越南等地。像富士康这样的劳动密集型企业，未来能否继续留下同样是个问题。

真正能担负起"吸纳高校毕业生就业绝对主力"的或许是另一类企业：专精特新"小巨人"。所谓专精特新"小巨人"，按照工信部的定义，是指那些专注于细分市场、创新能力强、市场占有率高、掌握关键核心技术、质量效益优的排头兵企业。

从 2019 年开始，工信部每年都会公布一批专精特新"小巨人"名单，至今已公布了三批，全国累计有 4762 家企业上榜。其中，郑州 63 家，数量排名中部第二，比竞争对手武汉多出 14 家。

这些企业虽然不像富士康或者互联网大厂那样知名，但也是各自领域的"隐形冠军"，对人才的需求量极大，所以得到了各级政府的大力扶持。

根据郑州最新发布的《支持"专精特新"中小企业高质量发展的实施意见》，到 2025 年，全市力争创新型中小企业达到 8000 家；"专精特新"企业达到 2600 家，其中河南省"专精特新"中小企业达到 500 家，国家专精特新"小巨人"企业达到 130 家，"单项冠军"企业（产品）达到 15 家。

按照这个目标，就算这些企业每家每年吸纳 10 名青年人才，5 年下来，总量也将达到 50 余万人。

而要想达到整体的预期目标，郑州不妨学习马鞍山的做法——给予企业、学校、学生三方补助，既留住了人才，也解决了企业招工难的问题，可谓一举多得。

（2022 年 4 月 23 日）

武汉年增 120 万人，
新一线城市的进击

涂　格

一座城市，一年常住人口能增长的上限有多高？武汉给出的最新答案是：120 万。

2022 年 4 月公布的《2021 年武汉市国民经济和社会发展统计公报》显示，2021 年底武汉市常住人口达到 1364.89 万，较 2020 年增加了 120.12 万人。

武汉因此成为北上广深成渝津之后，全国人口第八多的城市。考虑到天津 2021 年常住人口较 2020 年下降了 13.6 万人，跌至 1373 万，只比武汉多出不到 10 万人，按照目前的增长速度，2022 年内武汉常住人口就可能超过天津，跻身全国第七名。

120 万的年增量，是个什么概念？

比排名上升更值得关注的是 120 万这个增量本身，它相当于目前已公布人口增量数据的城市中，排名第二的成都到排名第九的南京整整 8 座城市的人口增长总和。

武汉这一骑绝尘的人口增长是如何做到的？其背后是武汉一座城市的成功，还是隐含着某些趋势性的城市格局变迁？

首先说明一下，中国的人口数据最权威、最准确的是每十年一次的人口普查，其次是每五年一次的抽样调查。像 2021 年这样非五非十普通年份的人口数据，主要靠估算，其中具有一定的误差成分，只能作为参考。

尽管如此，武汉这 120 万的人口增量还是非常惊人的。

原因有很多。比如，因为 2020 年的突发疫情而滞留外地的务工者，于 2021 年重返武汉；2021 年 9 月武汉再度放松落户限制，接近"零门槛"；武汉出台针对个人和企业的人才引进政策及租房购房补贴新规等……其中虽然不乏"后疫情"时期的修复式反弹，但也可看出这些年武汉在抢人方面有多卖力。

当然，卖力抢人且成绩突出的，不只有武汉一座城市。像成都（24.5 万人）、杭州（23.9 万人）等新一线，以及南昌（18.3 万人）、青岛（15.1 万人）、宁波（12.4 万人）、郑州（12.2 万人）等强二线城市，去年的人口表现都很不错，增量均超过了 10 万人。

与之形成鲜明对比的是，北上广这三座一线城市 2021 年总共只增长了 7.7 万人。考虑到"七普"阶段（2010—2020 年）北京平均每年增长 22.8 万人、上海平均每年增长 18.5 万人、广州平均每年增长 59.7 万人，三地平均每年合计增长 101 万人，2021 年的人口增量堪称微不足道。

不同之处在于，上海常住人口的增长主要是靠外来人口的流入，户籍人口方面 2021 年减少了 18.19 万人；北京正好反过来，户籍人口倒是增长了 4.4 万人，但在疏散非首都功能的背景下，2021 年全市外来常住人口从 839.6 万降至 834.8 万，减少了 4.8 万人。

这背后，有不同城市人口、产业政策差异的原因，但更主要的还是与城市化不同阶段人口的分布聚集特征有关。

从"发财到广东"到"京沪大膨胀"

改革开放后，在中国的城市化进程中，全国的人口流动发生过几波转移。

改革开放初期，伴随特区的建设，在"东西南北中，发财到广东"口号的召唤下，出现了百万民工下广东的人口迁移浪潮。这期间，受益最多、人口增长最快的城市莫过于深圳。1980 年深圳特区成立时，只有区区 33 万人口，不及北京、上海一个零头。但到了 2000 年时，深圳人口已经突破了 700 万，分别相当于同期北京、上海人口的 51.4%、43.5%。

整个 20 世纪 90 年代，深圳常住人口增长了 533.46 万人，几乎是北京、上海人口增量的两倍。

不过进入 21 世纪，随着城市化的加速、产业的转型升级，拥有更全产业链、更多就业机会、户口含金量也更高的京沪两市开始发力。21 世纪第一个 10 年，北京、上海的常住人口增量均超过 600 万人，远高于同为一线城市的广州（275.2 万人）、深圳（335.96 万人）。

但随着京沪常住人口在 2010 年前后双双突破 2000 万大关，交通拥堵、环境污染、房价高企等"大城市病"日趋严重，两地政府开始出手遏制人口的过快增长。

2009 年的北京市政府工作报告首次提出将"逐步实施人口调控目标责任制"，并把人口规模调控问题列入北京市 2009 年和 2010 年市政府重点办理的折子工程。

而上海方面在 2015 年底的"十三五"规划市委全会讨论中，也把"守住常住人口规模底线"列为 4 条底线之首。《上海市城市总体规划（2016—2040）》更是明确提出，到 2020 年全市常住人口必须控制在 2500 万以内，2040 年控制在 2500 万左右。也就是说 2020—2040 年的 20 年里，上海人口将几乎保持"零增长"。

通过提高落户门槛、实施产业疏导这一手硬一手软的方法，京沪常住人口迅猛增长的势头到 2015 年左右戛然而止。此后两地人口总量基本保持了稳定，不少年份甚至出现了负增长。

与此同时，同为一线城市的广深继续敞开双臂，所以从 2015 年起，两地年均人口增量双双超过 40 万人，领跑全国。在它们的带领下，"七普" 10

年（2010—2020年），广东常住人口增长了2170万人，是第二名浙江的两倍还多。

新一线崛起，城市版"先富带动后富"

新一线城市崭露头角，始于2017年。

2017年2月，武汉打响"抢人大战"第一枪。之后西安、成都、杭州等城市纷纷跟进，落户门槛一降再降，补贴标准一升再升……在此种种操作之下，2018年西安户籍人口增长了80多万人，成都、武汉户籍人口增量也超过三四十万人。

2021年，随着武汉、成都、杭州齐齐站上人口增量榜前三名，广州、深圳双双回落。广州只增长了7.03万人，深圳的数据虽然尚未公布，但根据广东全省2021年总共增长了60.4万人，增量首次低于浙江（2021年增长了71.7万人）来推测，深圳人口增幅估计也不会太高。

这标志着，新一线城市正式接棒北上广深，成为人口流动新的主要目的地。

在此期间，一线城市也不是没做过努力。比如北京、上海都在2021年适度放宽了落户门槛。但由于"放宽"后的落户门槛，对于大多数人来说仍旧高不可攀，基本都要"985"大学的应届生或其他名校的研究生才能满足条件，加之受疫情影响，很多原本在当地打工的劳动力无法返回复工，所以成效并不明显。

更重要的还是，一线城市高企的生活成本。以房价为例，根据智研咨询公布的2022年3月全国主要城市住房价格，北上广深的房屋均价分别为每平方米6.67万元、7.17万元、4.53万元、6.81万元，而成都、武汉、重庆等新一线城市的房屋均价则分别只有每平方米1.94万元、2.02万元、1.39万元，仅为北上深的三分之一。

所以，当以互联网为代表的新兴产业在二三线城市遍地开花，以及各地纷纷推出"强省会"战略后，成都、武汉、杭州等新一线、强二线城市的性价比便开始凸显，而这也是人口迅速向这些城市集聚的根本原因。

不过仔细分析这几波迁移大潮的人口来源，还是存在一些差异的。无论是改革开放之初的"百万民工下广东"，还是21世纪头10年的京沪人口大膨胀，其新增人口皆来自五湖四海。而这一波新一线、强二线城市人口的暴涨，更多源于省内人口的转移。

以成都为例，其所在的四川省2021年仅增长了1万人，而成都的常住人口却多了24.5万人，由此可见成都对全省人口的巨大吸引力。相较2020年底，2021年成都常住人口占全省比重提高了0.29个百分点，达到25.31%，足足四分之一。

同样，2021年湖北常住人口增长了54.7万人，而武汉则暴涨了120万人。虽然考虑到湖北去年的人口自然增长率为负的0.88‰，也就是说全省50多万的新增人口均为外来涌入，但即便扣除这些，武汉仍有60多万新增人口来自省内其他地市，数量仍高过外省流入。

怎么看这种人口流动的新趋势？

个人以为，它一方面进一步促进了本地人口的城市化；另一方面，也有利于实现人口的区域均衡分布，进而带动区域经济的均衡发展，堪称城市版的"先富带动后富"。

（2022年4月9日）

吉林全面放开落户，
长春晋级特大城市有望?

朱昌俊

"零门槛"落户的省份又多了一个。2021年12月，吉林省公布了《关于优化生育政策促进人口长期均衡发展实施方案》，其中明确提出，全面放开全省所有城市落户限制。

无论之于人口增长形势，还是国家新型城镇化的相关政策要求，抑或是适应区域间的人才竞争需要，全面放宽放开落户限制，都是大势所趋。

此前就有媒体梳理，截至2021年6月，全国至少有15个省份已经提出全面放开落户限制。其中石家庄、昆明、南昌、银川、福州、济南等6个省会（首府）城市也一同进入"零门槛"落户行列。

此次，吉林省宣布全面放开全省所有城市落户限制，意味着作为省会城市的长春市，也将实施"零门槛"落户政策，长春晋级特大城市的砝码亦将大增。

没有特大城市的吉林，率先在东北"吃螃蟹"

从人口发展现状看，吉林成为东北地区"零门槛"落户第一省，并不让人意外。而吉林迈出的这一步，很可能只是引领东北地区落户政策进一步开放的一个开始。

根据第七次全国人口普查数据，吉林全省总人口为2407万，在东北三省中垫底；且人口增长情况也不容乐观，与2010年第六次全国人口普查数据相比，吉林常住人口 10 年间减少接近 338 万人，缩水规模差不多是辽宁省的 3 倍，减幅达到 12.31%，也远高于辽宁。

从人口城镇化水平来看，辽宁居住在城镇的人口占总人口的比重达到 72.14%，黑龙江为 65.61%，而吉林则只有 62.64%。可以说，促进农村人口向城市转移，吉林的任务最重，面临的形势也最迫切。

此外，就城市规模而言，东北三省中，辽宁拥有沈阳、大连 2 个城区常住人口在 500 万以上的特大城市，黑龙江省也有 1 个特大城市哈尔滨，唯独吉林省目前尚没有特大城市。

而国家发改委印发的《2019 年新型城镇化建设重点任务》明确要求，城区常住人口 300 万—500 万的 I 型大城市要全面放开放宽落户条件。就此而言，吉林全面放开包括省会城市长春在内的落户限制，也是积极响应国家新型城镇化建设要求。

可作为对比的是，黑龙江由于拥有哈尔滨这一特大城市，其在推进全面放开落户上就留了一些"尾巴"。如 2017 年，黑龙江全面放开落户限制，把哈尔滨市道里区、道外区、南岗区、香坊区 4 个主城区排除在外。相对来说，吉林省由于没有城区常住人口在 500 万以上的特大城市，在推进全省"零门槛"落户上有更大空间。

可以说，吉林在东北第一个吃"零门槛"落户这只螃蟹，完全是由其现实条件所决定的，其带来的利好也可以期待。比如，吉林的人口城镇化进程有望加快，从而对消费、房地产形成更强的托底力量。而全面放开落户限制，作为省会城市的长春必将成为最大赢家，有望以更快的速度迈入常住人口千万城市之列（截至 2020 年 11 月 11 日，长春常住人口为 906.7 万）。

长春市"十四五"规划纲要提出，到 2025 年，要将长春建设成为常住人口超 1000 万、经济总量迈向万亿的特大型现代化城市。

国家卫健委建议东北探索全面放开生育

当然，这次放开落户限制的要求，是在促进人口长期均衡发展的背景下提出的，它自然对提升社会生育意愿有一定的利好。像明确省外户籍夫妇按政策生育子女在吉林落户的，即可获得市民待遇，有助于缓解落户难问题对于生育的影响。

值得注意的是，这次吉林出台的《关于优化生育政策促进人口长期均衡发展实施方案》同时提到，吉林省目前既有生育率降低、老龄化加剧等全国人口发展普遍规律，又有自身特点和有利因素，人口再生产类型从"高出生、低死亡、高增长"转向"低出生、低死亡、负增长"趋势，人口规模有所减少。

这一人口发展局面，其实也基本上是东北三省的共同特征。

根据第七次全国人口普查数据，与 2010 年第六次全国人口普查数据相比，东部、中部、西部、东北四大区域中，东部和西部人口所占全国比重处于上升状态，中部和东北地区则呈下降状态。尤其是东北地区，所占比重下降 1.2 个百分点，是全国人口"缩水"最严重的区域。

从绝对数字看，辽宁、吉林、黑龙江三省在过去 10 年时间里，常住人口分别减少了 115 万、338 万、646 万人，总计超过 1000 万人，比目前长春的常住人口还多。

其中，作为目前东北地区唯一的常住人口千万城市，哈尔滨在过去 10 年间，常住人口更是不增反降，减少超 60 万人，成为全国唯一人口负增长的省会城市，险些掉出千万人口城市行列。

此外，在老龄化程度上，东北三省 60 岁及以上人口占比均超过 23%，65 岁及以上人口占比均超过 15%，都位居全国前列。可对比的是，全国平均水平分别为 18.7% 和 13.5%。

出生率的走低，也让东北人口的长远发展承受更大压力。根据媒体梳理，2019 年全国各省人口出生率的倒数三位，都被东北地区包揽——黑龙江位列全国倒数第一，吉林位列全国倒数第二，辽宁位列全国倒数第三。

并且，与其他一些老龄化程度同样较高的区域相比，东北地区的常住人口还处于持续流失状态。如此多重不利因素影响下，东北地区的人口均衡发展无疑遭遇了更大的挑战。

很明显，有效应对人口再生产类型从"高出生、低死亡、高增长"转向"低出生、低死亡、负增长"的趋势，不只是吉林一个省所面临的难题。

对此，国家层面也已经注意到了这个问题。如 2021 年 2 月，国家卫健委在答复全国人大代表《关于解决东北地区人口减少问题的建议》时指出，东北地区可以立足本地实际，对建议中提到的"建议国家率先在东北地区全面放开人口生育限制"进行探索。

不过，诚如国家卫健委在答复中也同时指出的，东北地区人口总量减少，折射出的是区域经济体制、产业结构、社会政策等综合性、系统性问题，要想改变人口发展的颓势，注定需要有更多体制、机制上的求解。

相应地，吉林率先在落户政策上动刀，这种在机制、政策调整和优化上的开放取向，之于目前的东北来说，显得非常重要，完全可以有更多复制。

（2021 年 12 月 25 日）

这份排名，
再证"逃离北上广"是个伪命题

熊　志

随着我国人口增长的放缓，人口之于地区发展的价值，尤其是青年人才的价值，正在日益凸显。

那么，对于青年人才，到底哪些城市更具吸引力？《中国城市95后人才吸引力排名：2021》显示，在"95后"人才吸引力城市50强中，北京、深圳、上海位居前三，广州、杭州、南京、成都、苏州、武汉、郑州位居前十。

2021年10月15日，首届新金融青年论坛在上海举行，上海市委常委、副市长吴清也提到一个数据：海归金融人才中有近30%选择上海作为首选工作地，居全国第一。而国际金融中心正是上海的城市定位之一。

北深上广一线城市领跑人才高地，杭州、南京、成都等重点二线城市紧随其后，这样的青年人才吸引力排名，应该和很多人的观感相一致。当然，和经济体量的排名，也比较吻合——GDP 10强城市中，只有重庆没有进入"95后"人才吸引力10强城市。

强大的经济实力面前，逃离一线城市是伪命题

以上数据很容易让人想起，前几年的讨论中，逃离北上广深的话题时而出现。一些人卖掉大城市的房子回小城市过安逸日子的故事，更是为不少人说道。但事实上，就整个人才的流动趋势看，逃离一线城市其实是个伪命题。

哪怕是互联网给中小城市带来了一些发展机遇，比如直播、电商等，但总

体上，人才乃至总体的人口向一二线重点城市流动，是一直在上演的趋势。

这方面，一线城市深圳是典型的代表。众所周知，深圳的高等教育并不算发达，顶级高校数量不足，但深圳的人才虹吸能力不容低估，它是很多高校毕业生求职的重要意向城市。近段时间，深圳中学教师岗位招聘，吸引各路名校博士，就是一个直观的缩影。

当然，深圳能够吸引大量"95后"人才，其宽松的户籍政策，也是一个重要因素。同理，杭州等城市也是。这些城市不仅产业发达、就业机会繁多，还为大学生开出了优厚的补贴。如深圳本科毕业生，落户的住房补贴就多达1.5万元。

在此前的抢人大战中，它们通过降低落户门槛、发放补贴，吸引了大量人才流入。其实不只是青年人才，对全年龄段的人口，这些一二线城市都具有很强的吸引力。数据显示，过去10年，深圳、广州、成都的常住人口增长，都超过了500万人，郑州、杭州则超过300万人。

至于像北京、上海，尽管因为疏解城市功能、破除大城市病的缘故，常住人口的增长进入了停滞阶段，但高学历人才还是处于持续流入状态的。这从上述人才吸引力排名榜的位置就能够看出来。

中国人有句俗语叫"人往高处走"，不管是基于就业机会还是工资水平，人才，尤其是青年人才，自然会倾向于向更发达的地方流动。

而一二线重点城市，能够具备一流的人才吸引力，除了经济实力外，还有一个重要因素在于产业结构——它们往往是新经济的聚集地、创业的高地、科技创新的策源地，这种开放时髦的产业特征，符合年轻人的习惯和偏好。

新生代的年轻人，成长在互联网的环境下，他们在就业选择上可能更热衷那些有挑战的新兴职业。《中国城市95后人才吸引力排名：2021》就提到一个重要细节——从行业看，"95后"更多分布在新兴行业，年轻人选择传统行业倾向明显降低，而对于互联网、电子、通信等新兴行业更加青睐。

优质产业集聚，对青年人才有不可抗拒的吸引力

那么，互联网、电子、通信等新兴行业，包括薪资水平较高的金融等行业，到底集中在哪些地区呢？说白了，还是一二线重点城市。

比如，杭州互联网产业快速发展，一跃成为数字经济第一城，在各类人才流动或者就业趋势报告中，杭州都是很多大学生的毕业首选。

另外，在一线城市中，广州的互联网产业属于相对薄弱的。广州和深圳的这一产业差距，可以为"'95后'人才从广州净流向深圳"的趋势，提供一个观察维度。

互联网产业方面，一二线城市还可以掰掰手腕，像金融产业这种商品经济发展到较高水平的产物，它的集中度还要更高。内地的大型金融机构，基本就集中在上海、深圳、北京等少数几个城市，相关的就业岗位和人才，几乎要被这几个城市包揽。文章开头提到的，海归金融人才中有近30%选择上海作为首选工作地，就是一个最现实的写照。

总体而言，人才吸引力和经济实力的高吻合度，既说明青年人才对城市发展的经济价值，也说明城市要保持发展活力，就更应该善待青年人才。这种善待，首先意味着要在经济，尤其是产业结构层面发力，做强新兴产业，为青年人才提供匹配他们兴趣偏好的就业岗位。但除此之外，在医疗、教育等公共服务配套，商业、文娱等基础设施的打造上，同样要持续努力，营造宜居的品质城市空间。

毕竟，在落户门槛整体下降的前提下，人口迁移更加便利，安家的选择也更多元化。对很多青年人才而言，选择一座城市，不仅是因为就业的因素，更会考虑到配套水平，考虑到城市的开放性、包容性、舒适度等。

另外还要指出的是，人口流入带动房价水涨船高的趋势，也在各大城市上

演。房价指标同样是影响一个城市人才吸引力的重要因素，而高房价对产业和人才的挤出效应，也可能会稀释城市在人才竞争上的各种优待政策。

如果房价负担太重，哪怕毕业生毕业时选择这座城市，等到攒了几年钱后，很可能还是会回到房价更低的地方。因此，要保证人才吸引力，通过加强调控、加大保障性住房的供应等手段来稳房价，也是一个重要的努力方向。

这或许也是为什么，最近保障性租赁住房的研究和规划成了各大城市的一项"热门"工作。

（2021 年 10 月 16 日）

十年增长近 2000 万，
长三角为何如此吸引人？

2021 年 9 月公布的全国最新超大、特大城市名单中，长三角以 1 超（上海）、2 特（杭宁）共 3 城上榜的成绩，仅次于拥有 2 超（广深）2 特（佛莞）的珠三角，位列全国城市群第二，展示出强大的人口吸引力。

2021 年 9 月 27 日，"浙江统计"微信公众号又进一步披露了更多的长三角"七普"细分数据，让人得以一窥这个中国经济最活跃的区域的人口细节。数据显示，2020 年底长三角三省一市的常住人口总量已达到 2.35 亿，比排名世界第五、拥有 2.17 亿人（2019 年数据）的巴基斯坦，还多出了一个深圳。

10 年间，长三角总共增长了 1960.8 万人，与广东（增量 2170.93 万）并驾齐驱，占全国人口的比重由"六普"时的 16.1% 上升至 16.7%。

其中，江苏人口达到 8474.9 万，超过传统人口大省四川（8367.49 万），排名上升到全国第四；就连"七山二水一分田"的浙江，人口也达到了 6457 万，排名从 2010 年的第十飙升到第八，"孔雀东南飞"的趋势愈发明显。

那么，在全国人口增长整体放缓的大背景下，长三角是如何做到的？

常住人口的大幅增长，其实对应的正是城镇化水平的快速提升。基础设施更加完善了，就业和创业的环境就会更加优化，自然就可以吸引更多的人。

根据普查公报数据测算，长三角地区的城镇人口数量已经突破 1.67 亿，10 年增加了 3959 万人，年均增长 2.15%，甚至远高于其常住人口的年均增速（0.87%）。

目前，上海、江苏、浙江三地的城镇化率已分别达到 89.3%、73.4% 和

72.2%。撇开作为城市经济体的上海不谈，江浙两省的城镇化率之所以能够领先全国平均水平（63.9%）近 10 个百分点，得益于其发达而均衡的地方经济格局。

号称"苏大强"的江苏，13 个地级市全部跻身全国百强，而浙江由于实行"省管县"体制，县域经济发达，百强县数量常年位居全国前列。这些都使得人口在向江浙城市集聚的过程中有更多选择，不存在中西部"一城独大"省份面临的省会人口增长天花板问题。

人口增长、城镇化提升、经济增长，这三个方面其实是互为因果、相互促进的，它们综合体现了一个地域的社会活力和潜力。

就长三角地区的具体城市而言，人口向头部经济城市集中的趋势也正在加速。

有意思的是，8 个人口增量超过 100 万人的城市——杭州、苏州、合肥、上海、宁波、金华、南京、无锡，几乎对应长三角 GDP 前 8 名（金华除外）。过去 10 年，这 8 城人口总共增长了 1518 万人，占长三角人口增量的 77%。

当然，长三角地区也有 22 市（占长三角 41 市的一半）的人口增速低于全国平均水平，其中 13 市甚至为负增长。这些城市基本都位于长三角外围区域，主要在安徽，该省 16 个地市中，仅 6 市人口在过去 10 年实现正增长，增幅超过 10% 的更是只有省会合肥一家。

正如广东人口主要集中在珠三角一样，可以预见，未来长三角人口也会逐渐向上海、苏南和浙江汇聚。这既与长三角的经济版图相吻合，也是城市人口规模效应与马太效应的必然趋势。

这个趋势不仅适用于长三角，也适用于全国，甚至全世界的城市群、都市圈都是如此。这也是国家大力培育中心城市，高度重视超大、特大城市布局的原因所在。

（2021 年 9 月 28 日）

城市是超大还是特大，
人口只是衡量标准之一

朱昌俊

城市人口规模一直是反映城市综合能级的一个重要指标，尤其是城区人口数量。

2021 年 9 月，由国家统计局提供的《经济社会发展统计图表：第七次全国人口普查超大、特大城市人口基本情况》（以下简称《基本情况》），在 2021 年第 18 期《求是》杂志上公布，引发颇多讨论。

根据住建部的相关标准，城区常住人口 1000 万以上的城市为超大城市，城区常住人口 500 万以上 1000 万以下的城市为特大城市。

据此，根据"七普"数据，目前超大城市有上海、北京、深圳、重庆、广州、成都、天津 7 城（按城区人口数排序）；特大城市则达到 14 个，分别是武汉、东莞、西安、杭州、佛山、南京、沈阳、青岛、济南、长沙、哈尔滨、郑州、昆明、大连（按城区人口数排序）。与住建部于 2020 年底公布的《2019 年城市建设统计年鉴》相比，成都从特大城市升级为超大城市，至此，超大城市数量由 6 个变为 7 个；特大城市则由 10 个增加到 14 个，佛山、长沙、哈尔滨、昆明、大连，成为特大城市的新晋成员。

城市规模等级的上升，意味着这些城市的发展能级站上一个新台阶，在激发消费活力、带动基础设施建设、争取政策支持等多方面，都占据更大的主动性，应该恭喜它们。

不过，观察《基本情况》，有几个问题需要注意。

一是，鉴于城区常住人口、常住人口、主城区（中心城区）人口等指标，在不同层面和部门有不一样的统计口径，这份最新的名单只能说是一份重要的参考。

比如，我们发现前不久官宣城区人口超过 500 万的合肥，这次并未进入特大城市名单。再比如，在《2019 年城市建设统计年鉴》中，郑州的城区人口为 670 万，但这次却只有 534 万。要知道，郑州"七普"统计的常住人口达到 1260 万，比 2019 年底的常住人口高出 200 多万人，城区人口不升反降，与统计口径应有直接关系。

二是，超大城市、特大城市的划分，其参考的标准仅仅是城区人口，所以不宜将其与城市的综合实力和能级完全画等号。

事实上，即便是在这 21 个超大、特大城市中，它们的内部发展差距，比如经济总量、老龄化程度等，还是比较大的。

比如，同为超大城市，上海城区人口总数接近 2000 万，是天津的 2 倍左右；而同为特大城市，武汉距离超大城市只有一步之遥，城区常住人口数量达到 995 万，而大连总常住人口尚只有 745 万。

从经济总量看，同为特大城市，武汉市 2020 年的 GDP 接近 16000 亿元，但同期哈尔滨的 GDP 仅 5000 亿元左右。与此形成对比的是，GDP 过万亿的苏州、宁波、福州等城市，却未进入特大城市之列。

老龄化程度上，60 岁及以上的人口占比，大连、上海、沈阳、重庆、哈尔滨、天津、青岛等都在 20% 以上，而深圳、东莞仅有 5% 左右。

可见，虽然都进入超大、特大城市行列，但各个城市的综合发展差距、所处的发展阶段、面临的发展挑战，还是有较大不同。

因此，进入这份名单的城市还是需要客观看待自身的发展水平，而未进入名单的城市，也不必气馁。城区人口数量虽然重要，但仍只是衡量一座城市综合实力的指标之一。

这方面可以看看武汉。

根据"七普"数据，城区常住人口数量达到 995 万的武汉，是离超大城市门槛最近的特大城市。但实际上，如果根据最新数据，武汉应该已经是事实上的超大城市了。

"七普"数据显示，武汉常住人口达到 1232 万，但低于郑州的 1260 万，由此失去了"中部人口第一城"的宝座。

不过，武汉市公安局发布的最新人口数据显示：截至 2021 年 5 月底，在武汉市公安机关登记的流动人口总数为 515.6 万，其中居住半年以上的人口达 425.5 万，较"七普"时净增 105.5 万，常住人口达到 1351.5 万。

按照上述数据，武汉重回中部人口第一城的位置，相应地，其城区人口数量也应该较"七普"时有一定程度的上升，那么进入超大城市之列应该是大概率。

武汉身上还有一个数据值得关注。那就是它的常住人口虽然只有 1200 万左右，但其城区人口接近 1000 万，占比达到 80% 左右。与此同时，GDP 与之差不多的成都，常住人口接近 2100 万，城区常住人口 1300 万，占比只有 60% 左右。

如此大的差距，主要是因为区划调整的关系。众所周知，武汉早在 20 世纪 90 年代末就实现了"无县化"，县改区进程甚至比北上广深早了 10 多年，而成都至今仍有多个下辖县、市。因此，两座城市的城区人口占比出现较大区别。

事实上，一些城市在 GDP、总常住人口都占优的情况下却没有进入特大城市行列，也与其行政区划设置有重要关系。最典型的如苏州，其下辖的多个县级市在总人口大盘中占据了重要分量，由此就导致纳入统计的城区人口严重不足。

当然，不可否认，除了区划调整的因素，城区人口的增长速度和规模，归根结底还是城市发展综合作用的一个结果。比如，我们看到，四大一线城市，无一例外都跻身超大城市之列，而成都、佛山、长沙等最新升级的城市，也都是这几年城市人口与经济发展方面的佼佼者。

近年来，国家明确提出，要提高中心城市的综合承载和资源优化配置能力。在很大程度上说，这些在城区人口承载上表现突出的超大、特大城市，为此做了示范。

从分布看，它们绝大多数都是直辖市、省会城市，其实也就是全国性中心城市和区域性中心城市，对于带动全国和区域经济发展，扮演着重要角色。而随着城市规模等级的继续上升，这一作用必将得到更好发挥。

（2021 年 9 月 23 日）

18 个千万人口城市背后，
有哪些规律与趋势？

刘远举

随着"七普"数据的披露，中国人口超千万的城市榜单出炉。它们分别是：重庆、上海、北京、广州、深圳、天津、成都、郑州、杭州、武汉、哈尔滨、苏州、临沂、东莞、石家庄、西安、长沙、青岛，共 18 个。

需要指出的是，根据 2014 年印发的《国务院关于调整城市规模划分标准的通知》，只有城区常住人口 1000 万以上的，才算超大城市。对照此标准，在以上千万人口城市榜单中，目前我国的超大城市包括重庆、上海、北京、广州、深圳、天津 6 个"老牌选手"，加 1 个"新晋选手"成都——2020 年底，成都官宣"市中心城区常住人口已达 1100 万"。也就是说，我国超大城市已有 7 个。

而其他城市，虽总人口破千万，但城区常住人口未达标。换句话说，城镇化率没有达到超大城市的门槛。比如，石家庄一共 8 区 13 县（市），大量人口分布在下辖县市。临沂更是如此，《临沂市国民经济和社会发展第十三个五年规划纲要》提出的目标是，到 2020 年，中心城区人口要达到 300 万。可见，这些城市距离成为真正的超大城市，还有较长的路要走。

不过，这并不代表千万人口城市榜单就没有看点，研究它就没有意义。

首先，来看下有谁新入榜，有谁出了榜。

此次新入榜的城市有 3 个。第一个是长沙，2020 年常住人口达到了 1004.79 万，比 2010 年增长了 300.38 万人。第二个是青岛，2020 年总人口达到 1007.17 万，比 2010 年增长了 135.66 万人。第三个是东莞，2020 年总人口达到 1046.66 万，成为广东省仅次于广州和深圳的第三个人口超千万城市。10 年前，东莞总人口为 822.02 万。

有两个跌出榜单的城市。一个是南阳，常住人口从 2010 年的 1026.30 万，减少至 2020 年的 971.31 万，减量超近 55 万。另一个是保定（不含定州、雄安新区），2020 年的常住人口为 924.26 万，2010 年的全市常住人口为 1119.44 万。这种减少，应该有区域行政调整后采用了新的统计口径的因素。一个证据是，在河北省的"七普"数据通报中，保定（不含定州、雄安新区）仍被纳入了人口增加地区，其人口与"六普"时相比，增加了 26.85 万人。

其次，从此次城市人口变迁的数据，可以得到以下几个结论。

第一，城镇化突飞猛进。

从整体看，根据"七普"数据，2020 年我国常住人口城镇化率达到 63.89%。2010 年"六普"时，城镇化率为 49.9%。更早的 2000 年，则为 36.2%。20 年间，不仅城镇化率保持了高位增长，而且近 10 年比上一个 10 年的"加速度"也是增长的。

第二，省内人口聚集现象加剧。

"千万人口俱乐部"里的中部城市，有郑州、武汉、长沙三城（合肥站上了 900 万 + 台阶）。这几个省会城市人口的增长，主要依托本省人口的聚集。其中郑州人口最多，达到 1260 万常住人口，反超同省的南阳、周口，跻身河南人口第一大市。

另外，西安 2020 年的人口总量达到 1295.29 万，比 2010 年增加 448.51 万人，增幅达 52.97%，占全省人口比重为 32.77%。云南 16 个城市中，5 个城市人口在增长，11 个城市人口在净流失。其中，昆明总人口 846 万，10 年增长了 202 万人。湖南 14 个地级市中有 7 个都处于人口流失的状态。2020 年长沙常住人口达到了 1004.79 万，比 2010 年增长了 300.38 万。省内人口向省会城市聚集，趋势明显。

这就使得一个省的人口优势，转化为省会的人口优势。比如郑州占本省人口的比例为 12.68%，而武汉的这个数字达到 21.34%。所以，即便河南人口聚集度并不大，但由于河南人口众多，郑州的人口总数仍然超过武汉。

不过，需要强调的是，不管是省内聚集，还是区域聚集，都不是失衡。不要看到人口分布不均就说失衡，这是正常的、符合人口迁移规律的聚集。其实，从聚集的结构来看，聚集度还不够，非市场化的因素还抑制着聚集。

第三，成都已成当之无愧的西部区域中心城市。

成都的人口聚集效应和城市辐射能力在诸多城市中更胜一筹，影响到了西南诸省，成为名副其实的区域性中心城市。这类城市数量不会太多，更多取决于历史、自然和地理位置。所谓"第四城"，也与这种"天赋异禀"不无关系。当然，政策与治理因素也功不可没。

第四，武汉 PK 长沙，谁会胜出？

湖北省会武汉与湖南省会长沙的 PK，随着长沙晋级千万人口城市榜单，引起广泛关注。

从人口上看，长沙 2020 年常住人口为 1004.79 万，比 2010 年增长了 300.38 万人。武汉 2020 年常住人口为 1232.65 万，比 2010 年增长了 254.11 万人。从存量上看，武汉更具优势，但从增量上看，长沙更胜一筹。

从规划来看，2019 年，武汉提出推动城市人口向 2000 万跨越的目标。而长沙在《长沙市国民经济和社会发展第十四个五年规划和二〇三五年远景目标纲要（草案）》中提出到 2035 年，建设常住人口 1000 万、建成区面积近 1000 平方公里的特大城市目标。等于说，长沙已经率先完成了"十四五"规划提出的人口目标。这也从侧面反映了一点：长沙目前的人口增长趋势，是高于官方预期的。而武汉的目标更大、更立足长远，对照现实，也需要付出更大的努力。

从经济规模看，武汉 2020 年 GDP 为 15616.10 亿元，人均 GDP 为 12.67

万元，人均 GDP 在中西部地区居于首位；长沙 2020 年 GDP 为 12142.53 亿元，人均 GDP 为 12.08 万元，在中部地区仅次于武汉。这显示出武汉经济发展质量相对较高，且在受疫情影响较大的情况下表现出了足够的韧性，但长沙的发展后劲也不容小觑。

从其他方面看，武汉区位条件优越，素有"九省通衢"之称，是中国内陆最大的水陆空交通枢纽。武汉不仅自身具有深厚的工业基础底蕴，与长三角、珠三角的产业互补协作也在顺利推进，承接了东南沿海大量产业转移。2017年，武汉成为继北上深之后，我国第四个被联合国教科文组织评选的"设计之都"。另外，武汉科教实力雄厚，可以为城市发展提供充足的支持。湖北的"强省会"发展思路也很明显，这有利于各种政策和资源进一步向武汉集中。

长沙在近些年则走出了一条差异化发展道路。比如，在"媒体艺术之都""休闲之都"后，长沙开始向人工智能及机器人产业发力，提出打造"AI之都"。以长沙为代表的长株潭地区成为湘鄂赣三省区域内最具发展爆发力的城市群，长沙在三市中的产业优势明显，且呈互补性发展。另外，长沙的产业基础和科教实力也并不弱。加之亲民的房价、宜居的环境等因素影响，长沙这几年对人才的吸引力逐渐从本省向周边省份扩散，这为城市长远发展提供了人才储备。

第五，中国为什么有如此多的人口千万级别城市？

关于城市人口迁徙，有一个著名的 Zipf 法则。该法则认为，对于一个国家来说，城市人口与其城市大小排名之间，存在简单的相关关系。一个国家最大城市的人口数量是第二大城市人口数量的两倍，是第三大城市人口数量的三倍……以此类推，为第 N 大城市人口数量的 N 倍，即城市人口对数值与其排名之间存在明显的负相关关系。

Zipf 法则还有一条补充规则，即随着国家人口规模的扩大，首位城市的人口集聚度会因国家总人口增加导致的城市数量增加而降低。简单地说，就是国家越大，人口越多，大城市的人口聚集度就会减少。这是因为人口变多，能够维持规模效应的城市就变多。同时，距离变大，首位城市虽然有吸引力，但毕竟离家乡太远，人们不愿意去。也就是说，对于中国这样幅员辽阔、人口众多的国家，更多的区域性大型城市是符合规律的，这些城市会分掉特大城市的一部分人口。

这个补充规律，可以解释中国为什么有如此多的千万级别城市。比如，一个西宁人、拉萨人，或者一个遵义人，可能不会选择去北上广深，而会选择去成都发展。这样，在距离家乡位置、熟悉人脉与发展机会之间，能得到一个较为均衡的选择。

（2021 年 6 月 5 日）

常住人口 2000 万 +，
重新想象"大成都"

朱昌俊

"一座让人来了就不想走的城市"，成都正在把这句城市宣传语变成现实。

"七普"数据显示，成都市常住人口突破 2000 万大关，达到 2093.8 万人。从总量上看，成都成为继重庆（3205 万）、上海（2487 万）、北京（2189 万）之后，我国第四个人口超 2000 万的城市。

而且，考虑到重庆、上海、北京都是直辖市，而成都是副省级城市，这个 2000 万 + 的含金量，就更不容小觑。

从增量上看，与 2010 年"六普"数据相比，成都 10 年人口增长约 581.9 万人，增量仅次于深圳、广州。

中国人口"第四城"

有说法称，成都正式晋升中国人口"第四城"，这其实不够准确。因为早在"六普"时，成都人口就已经位列全国城市第四，这一次是卫冕成功。不同的是，总人口突破了 2000 万。

抛开人口维度，"第四城"之于成都，其实是一种由来已久的定位。2000 年时，《新周刊》就把成都评为继北京、上海、广州之后的"第四城"。

这个称谓当然也面临争议，但成都的确在诸多指标上展现出了中国"第四城"的气质和实力。

比如，作为全国八大区域枢纽机场之一的成都双流机场，旅客吞吐量连续数年位居全国第四。特别是 2020 年，仅次于广州白云机场，位居全国第二，还跻身全球最繁忙十大机场。而成都天府国际机场下个月按期通航后，成都将成为继北京之后，全国第二个拥有双 4F 级机场的城市。

比如，截至 2020 年底，成都地铁通车里程达到 518 公里，仅次于上海、北京、广州，也是全国第四。

比如，成都的领馆数量，仅次于上海、广州，位居全国第三。

再比如，去年成都汽车保有量达 546 万辆，仅次于北京，位居全国第二，高出上海 100 万辆以上。

可以说，在诸多方面，都能够看出成都的"大城"气概和雄心。

2018 年审议通过的《成都市城市总体规划（2016—2035 年）（送审稿）》提出，至 2035 年，成都市域常住人口规模控制在 2300 万以内，并按照服务人口 2760 万配置市政公共服务设施。2019 年，有媒体报道，成都的实际管理人口已达 2100 万。

不难看出，成都其实早就在为 2000 万人口做准备。或者说，这座城市的发展，就是奔着 2000 万以上人口的目标去的。

经济学普遍认为，人口是城市发展的基础，人口规模是城市竞争力的有力体现。因此，常住人口突破 2000 万，对成都具有里程碑式的意义。

"网红城市"的另一面

那么，成都"凭啥子"吸引人？

说到人口吸引力，人们很容易想到深圳，认为它是典型的"移民城市"，其实成都也是一座不折不扣的"移民城市"。

比如，改革开放前的三线建设时期，成都就吸引了全国一大批科研人员及家属落户；往前推，作为全民族抗战时期的大后方，成都也涌入了全国各地的人口；再往前推，还有清朝初年开始的湖广填四川……可以说，成都从来就自带"移民城市"的基因。所以出现了一种说法：成都方言如此统一，与移民文化所形成的"新语言"有关。

理解了成都的"移民城市"基因，就不难理解今天成都的人口吸引力。

这首先表现在城市的包容和开放上。在成都生活过的人，最大的感受之一就是，这座城市不排外。

其次，是经济发展、产业布局上的精进。作为一座内陆城市，成都的产业布局，其实并不保守。过去 10 年的人口爆发期，恰好是成都产业升级的关键期。比如，电子信息产业早就成为成都的第一支柱产业。从英特尔、富士康、戴尔、联想到京东方，成都一直是"IT 西进"的引领者。

在眼下如火如荼的新经济方面，目前的成都虽然缺乏有足够实力的本土企业，但依然是内陆绝对的互联网重镇。比如，国民级游戏王者荣耀就诞生在这座城市。

在产业方面，无论是汽车、IT，还是互联网新经济，成都在过去 10 年都成功抓住了产业升级和国内产业转移的机遇，也刷新了外界对于内陆城市的想象力。这一点也自然转化为吸引人口的硬实力。

要指出的是，在不少的城市形象传播中，成都似乎都是以"网红城市"示人，突出的是烟火气、休闲气息。这当然是成都重要的软实力，但很容易让人忽视成都在产业上的努力。以致一些企业家一度对成都存在误解。时任成都市市长罗强在接受央视采访时就讲过一个故事：马化腾曾说"少不入川"，人到了成都以后可能就是打麻将，根本出不了东西。直到王者荣耀从成都研发出来后，他才改变了对成都的看法⋯⋯

当然，成都的宜居一面，确实是吸引人口的一个独特砝码。比如，国家对于成渝地区双城经济圈的定位之一，就是"高品质生活宜居地"。

关于成都的宜居和生活气息，网上有各种本地人、外地游客的描述，这里就不赘述了。值得一提的是，成都的生活成本。成都"十四五"规划纲要提出，要推进生活成本竞争力提升工程，打造"中国最具生活成本竞争力"的超大城市，其中一项重要表述是——房价收入比保持在全国主要城市中的较低水平。这对于吸引人口无疑是非常重要的一个因素。

虽然过去几年，成都房价也经历了明显的上涨周期，但在全国同等能级城市中，仍具有相当的竞争力。

"强省会"的机遇与挑战

如果说产业的升级是靠后天努力，那么，成都的特殊区位条件这一先天因素，则是它具备强劲人口吸引力的关键。

作为中国战略"大后方"，成都历来就是大西南的中心城市和七大区域中心城市之一，在周边多个省份都具有较强的认同度。加上自古"天府之国"的美誉，以及相对独立的地理单元，让成都对外具有包容性，在大西南内部则又具有相当的向心力。在一定程度上，这也是成都区别于其他"强省会"城市的一个相对特殊的因素。

成都人口的增加，主要有三个方面。

一是省内人口向省会城市、中心城市的集中，这在全国已是普遍趋势。过去10年，四川人口增量为300多万人，而成都远超过这一数值，说明它对省内人口具有很强的吸引力。

当然，这也与交通的改善有关。比如高铁拉近了成都与其他地级市的距离。过去10年，也是四川高铁突飞猛进的10年，自然推动了人口向省城的集中。同时，四川是总人口超过8000万的人口大省，这也为成都人口的增长提供了一个强力后盾。

二是回流人口。目前四川仍属于人口净流出省份，而相当一部分回流人口，流向了成都。

三是近几年以"抢人大战"为标志，政策对于全国人口的吸引。一个有象征意义的细节是，与"北漂"等说法相对，如今"蓉漂"也成为一个高频词汇。"七普"数据显示，过去 10 年，四川跨省流入人口 259 万，这里面就有不少属于"蓉漂"。

不只是想方设法吸引人，在解决"人来后怎么办"的问题上，成都和上海、广州等城市一样，也在提早谋划。

作为罕有的两千多年来"城名未改、城址未变"的城市，成都的城市格局历来为"两山夹一城"。但随着城市人口规模的扩大，由此带来的发展局限性包括"大城市病"也日益显现。

为此，2017 年，成都正式提出"东进战略"，向东跨过龙泉山，打造"一山连两翼"的新格局。到 2035 年，成都东部新城的规划总人口将达到 385 万。这既为人口的增长提供了更大的空间，也为继续"引流"打造了新的场景。

"人往高处走"，这句中国古训，充分说明了人口增势对于城市发展走向的象征意义。在很大程度上说，成都过去 10 年在人口方面所展现的成就，是这座内陆城市不断突破自身限制的有力证明。

着眼未来，无论是从规划，还是从人口向中心城市进一步集中的大趋势看，成都的人口增长都有一定的空间。

当然，跻身 2000 万人口城市俱乐部，对城市是机遇，也不可避免带来挑战。

比如，尽管在不少指标上，成都都在直追一线城市，但它作为中西部城市所处的发展阶段，仍未改变。作为 8000 万人口大省的省会，如何更好体现对省内其他城市的辐射带动作用，考验成都的责任和担当。

城市公共服务提供能力的提升，能不能与人口的增长速度匹配，城市治理能力能不能满足更高的期待，也关乎成都真正的城市品质和未来对人口的吸引力。

（2021 年 5 月 29 日）

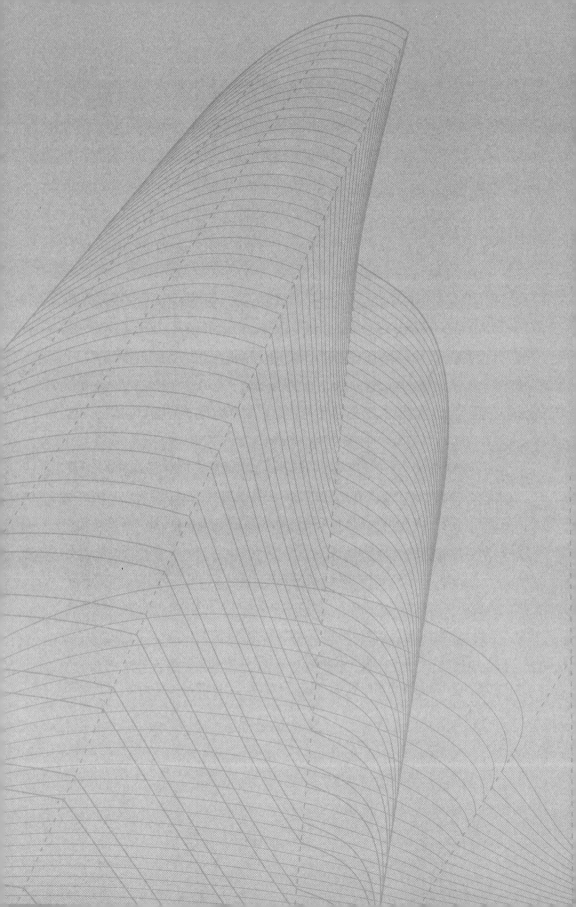

打造特色
城市名片

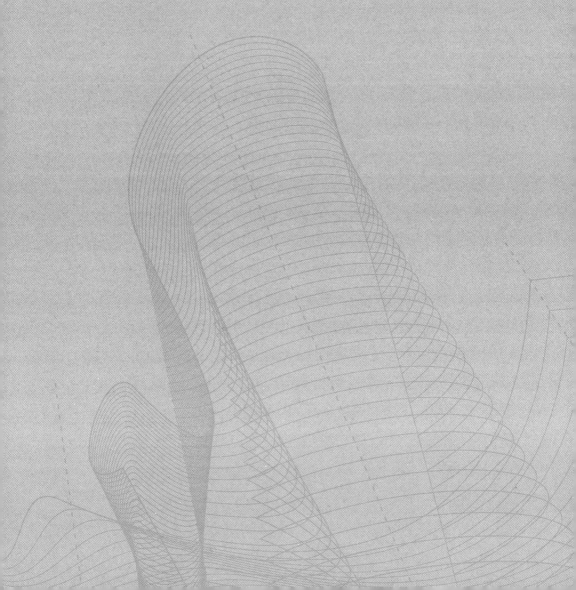

确立"时尚之都"地位，
上海明确时间表

2022 年底，上海市经信委联合发改、商务、科委、文旅、市场监管等部门，制定了《上海市时尚消费品产业高质量发展行动计划（2022—2025 年）》（以下简称《行动计划》）。

时尚消费品产业是上海"3+6"新型产业体系的重要组成部分，也是全力打响上海"四大品牌"、持续增强城市能级和核心竞争力的重要支撑。事实上，上海之所以会被日本作家村松梢风称作"魔都"，跟其发达的时尚消费产业所营造的"眩惑的华美生活"有莫大关系。一部近现代上海城市发展史，同时也是一部中国时尚产业演进史。

正因如此，上海时尚产业的一举一动都备受关注。那么，此次制定的《行动计划》将为上海的时尚消费品产业擘画怎样的目标和未来？它的实施，又会给魔都的时尚男女带来哪些惊喜？

"时尚之都"的吸引力到底有多强

作为中国的"时尚之都"，上海引领全国时尚风潮已有 100 多年。晚清民国十里洋场灯红酒绿就不说了，即便是在物资匮乏的计划经济年代，百雀羚、美加净、"上海"牌手表等也都是时尚男女心尖的宝。

改革开放后，上海的时尚产业迎来了蓬勃发展。魔都的精致洋气，更令其成为世界各大时尚品牌进军中国市场的第一站。

2009 年，香奈儿宣布其全球最雅致的精品店在上海半岛酒店揭幕，由此开启了国际顶奢上海高能级门店比拼之旅。

2010 年，路易威登在上海"同日同城双（旗舰）店齐开"，这在其 150 多年品牌发展中史无前例；2014 年，继巴黎、纽约、东京及首尔后，全球第五座"爱马仕之家"在上海淮海中路揭幕；再往后，迪奥、巴黎世家、古驰等高能级门店相继落户上海滩。

据统计，目前，爱马仕、路易威登、香奈儿、迪奥、古驰、普拉达这六大顶奢品牌在全中国共有 260 余家中心门店（不含美妆香化独立店），其中上海一地就聚集着近 50 家，占比约 20%，遥遥领先其他城市。

这份独宠，哪怕在经历了疫情的波折、考验后，依然没有丝毫减弱。

2022 年 10 月 31 日，古驰精品店高调登陆恒隆广场，不少独家首发产品掀起排队潮；同年 12 月，前滩太古里古驰、迪奥、爱马仕开业，连同 2021 年已开业的路易威登、普拉达，凑齐"驴马雕驰普"五大王牌······难怪此前房地产咨询服务公司第一太平戴维斯（Savills）曾预测，上海将取代香港，成为国际时尚美妆企业地区性总部的首选地。

事实上，不仅是国际时尚大牌，国内的很多时尚企业也竞相抢滩布局上海，将其作为品牌全球化战略起步的"落脚点"。比如安踏、特步、李宁、森马等，最近几年相继在上海设立"全球总部"，希望借助上海国际化的时尚人才和商业资源，推动企业迈入新的发展阶段。

此举一方面反映出这些本土头部时尚企业立足中国、拓展全球市场的雄心壮志，另一方面也体现了上海之于中国时尚产业的重要性。

可以说，上海不仅是中国时尚业的发展标杆，更是该领域可以触碰到的天花板上限。上海时尚消费品产业的高质量发展，不仅影响本地的经济转型、产业升级，更将影响全国乃至全球时尚产业的发展方向。这恐怕也是《行动计划》引起那么多人关注的原因。

面对市场的挑战，上海时尚产业如何升级

最近这些年，随着中国经济的持续发展、中产群体的不断壮大，很多时尚品牌和时尚产业开始从一线城市向二三线城市下沉。

比如 2022 年初，中国大陆第三家路易威登之家在成都远洋太古里正式揭幕；同年 3 月，郑州首家爱马仕落地丹尼斯大卫城，掀起排队 4 小时、商品售罄热潮；同年 8 月，路易威登、古驰领衔的一众高奢品牌亮相贵阳……据统计，2022 年上半年，全国有超过 60 家奢侈品店开业，其中不少为新一线、二线城市首店，下沉趋势明显。

至于以优衣库、Zara、H&M 等为代表的快时尚品牌，更是已遍布三四线城市的大街小巷。数据显示，2018 年中国快时尚行业市场规模为 2340.2 亿元，到 2023 年将有望达到 5235.8 亿元，5 年翻了一番都不止。

面对急速扩张的时尚市场、瞬息万变的时尚潮流，以及越来越多其他城市的时尚挑战，《行动计划》提出，力争"到 2025 年，确立上海引领时尚、定义潮流的'时尚之都'地位，打造具有示范引领作用的时尚消费品万亿级消费市场"，"使上海成为时尚出品地、潮流集聚地、创新策源地、消费引领地"。

为此，上海将重点聚焦服饰尚品、化妆美品、精致食品、运动优品、智能用品、生活佳品、工艺精品、数字潮品等"时尚八品"，实施数字创新升级推进、载体场景优化提升、时尚生态体系建设等三大专项、十个行动，以消费升级需求牵引精品赛道开辟，引领供给消费模式创新，促进生态紧密集成，激发上海时尚消费品产业新动能，全面增强整体效益和核心竞争力。

以数字创新升级推进专项为例，包含了科技研发新策源、数字制造新赋能、品牌建设新引领和创意设计新增效等四个行动。光看名字就会发现，它涵盖了设计、研发、制造、品宣等全产业链，从中可见上海的野心——绝不

仅仅是做时尚品牌的汇聚地，而要成为时尚行业的标准制定者、时尚产业的策源地。

　　而《行动计划》也给出了具体的时间表和任务书：到 2025 年，全市实现产业规模超 5200 亿元，年均增速 5%，同时培育 3—5 家营业收入千亿级领军企业集团，20 家百亿级头部企业集团，引进一批全球、全国头部企业职能性总部；建设 10 个时尚消费品产业智慧工厂，100 个时尚消费品产业特色数字化应用场景；建设 3—5 家时尚消费品特色产业园区及一批市级精品园区、时尚创意示范空间等。

　　可以预见，届时上海的时尚气息将更为浓郁，国际时尚之都的地位将更加稳固。而身处其中的年轻人，也不仅仅是时尚的消费者，还将成为时尚的创造者、参与者甚至引领者，为世界的时尚潮流注入一股来自中国的青春元素。

（2022 年 12 月 17 日）

十年绿色发展，
西宁聚焦打造生态文明高地

与　归

"石峡新开武定关，东西流水南北山"，"湟流一带绕长川，河上垂柳拂翠烟"，清代西宁籍诗人张思宪咏叹家乡的诗句，让人对青藏高原上的这座山水之城心驰神往。

党的二十大报告指出："尊重自然、顺应自然、保护自然，是全面建设社会主义现代化国家的内在要求。必须牢固树立和践行绿水青山就是金山银山的理念，站在人与自然和谐共生的高度谋划发展。"

2022 年 12 月 1 日，西宁市委十五届五次全体会议强调，要聚焦促进人与自然和谐共生，聚力建设新时代生态文明典范城市；聚焦打造生态文明高地，高水平建设高原绿谷城市，以系统观念推进碳达峰碳中和，坚定不移扛起筑牢国家生态安全屏障门户、共同守护"中华水塔"的重大政治责任。

《2021 年青海省各市州生态文明建设年度评价结果公报》显示，西宁绿色发展指数为 86.71，居 8 个市州首位；成功打造西北地区首个"国家园林城市""国家森林城市"双荣誉城市；全市森林覆盖率达到 36.5%，建成区绿地覆盖率达到 40.5%，人均公园绿地面积达到 13 平方米……

绿色，已成为西宁的城市底色；生态，已镌刻进这座城市的发展基因。"绿水绕城、青山如画"的美丽图景，正在徐徐铺展。

绿色经济：省会唯一的"无废城市"成为全国示范

提起西宁，很多人的第一印象是青海省会。事实上，西宁是我国青藏高原上少有的大城市，是国务院批复确定的中国西北地区重要的中心城市，更是一座洋溢着现代化气息的绿色之城。

2021年，西宁常住人口为247.56万，地区生产总值突破1500亿元大关，GDP增速在全国26个省会城市中排名第九，对全省贡献率提高4个百分点，达到60%。而在这样的数据中，绿色经济的表现相当亮眼。

众所周知，判断一个地方的经济结构够不够现代化、绿色含量大不大，并不是看经济总量，而是看三大产业比重。过去10年，西宁第一、第二、第三产业比由3.7：49.4：46.9调整为3.8：33.5：62.7，第三产业占比提升15.8个百分点，不仅成为支撑全市经济发展的主要产业，62.7%的比重也超越了很多大城市。

具体到农业方面，西宁深入实施"三乡工程"助推乡村振兴。过去10年，累计建成99万亩高标准农田，农畜产品加工转化率达到61%，创建绿色有机地理标志农产品267个，"河湟田源"区域农用公共品牌成为西宁特色农产品形象代言。

工业方面，西宁逐步迈向价值链中高端。比如，战略性新兴产业增加值占规上工业比重提高到25.7%；国内首个万吨碳纤维生产基地在西宁建成投产。西宁不仅正在培育光伏、锂电、特色化工和合金新材料3个千亿级产业集群，其锂电产能更是接近全国的三分之一。

这样的成绩，离不开西宁对创新驱动发展的坚持。西宁拥有省部共建重点实验室3家、省级重点实验室68家；其碳纤维技术、光电转换效率等达到国际一流水平，成功创建全国创新型城市，入围"科创中国"试点城市。

2021年，西宁成功试点打造西北唯一、全国省会唯一的"无废城市"，全市工业固体废物产生强度由1.38吨/万元降至0.87吨/万元，一般工业固体废物综合利用率达到93.4%，工业危险废物利用处置率达到99.35%，医疗废物集中处置率达到100%。

在这样的成绩基础上，西宁实践形成的"高质量发展的生态牧场模式"等3个青藏高原无废模式，入选生态环境部"无废城市"试点模式汇集并在全国推广示范。西宁模式成为全国的示范，将更加鼓励着西宁在绿色发展道路上坚定前行。

绿色环境：旧貌换新颜的西宁实现绿化越阶

伴随着经济结构的持续优化和发展质量的持续提升，西宁的城市建设也充满了"绿意"。

西宁地处湟水中游河谷盆地，是青藏高原的东方门户，城区平均海拔超2200米。很多没有去过西北的人，对其印象可能还停留在"飞沙走石"的恶劣环境上。事实上，西宁这些年坚持山水林田湖草沙冰一体化保护和系统治理，着力打造高原"绿谷"城市、"洁净"城市，生态环境治理明显好转。

摊开地图，可以清晰看到，西宁城区东西狭长，南北两山对峙，辨识度相当高，是我国最为典型的峡谷城市之一。城区基本沿着湟水分布，南北则是连绵的山脉。过去，这些山脉的植被很少，数代西宁人花了30多年时间，使得南北两山森林覆盖率由7.2%提升到79%，可以说完全凭借人力，将"秃山"变成了青山。

再以西北地区最为典型的水土流失问题为例，10年来，西宁累计治理水土流失926平方公里，劣V类水体全面消除，湟水河出境断面水质全面达标，成功创建全国水生态文明城市。

在各类绿化上，西宁的改变简直可以用翻天覆地来形容。10年来，西宁完成国土绿化501.7万亩，森林覆盖率由28%提高到36.5%；新增园林绿地1.87万亩，人均公园绿地由9平方米增加到13平方米，建成区绿化覆盖率由36.6%增长到40.5%，成为西北首个"国家园林城市"和"国家森林城市"双荣誉的省会城市。

要知道，西宁年均降水量仅为 380 mm。按照《国家森林城市评价指标》，年降雨量 < 400 mm 地区的城市市域森林覆盖率 ≥ 20%，且分布均匀，其中三分之二以上的区、县森林覆盖率 ≥ 20%，就已经达标；年降雨量 400 mm—800 mm 地区的城市，达标标准为森林覆盖率 ≥ 30%。对比之下，西宁的绿化已经实现了越阶。整体来看，完全打破了"干旱缺水、缺林少绿"的传统印象。

而在这两年比较关注的湿地方面，西宁也初步打造由海湖、宁湖、北川湿地公园组成的 508.7 公顷湟水国家湿地公园，湿地率从 47.5% 提高到 64.67%。这一数据，甚至超越了有"鱼米之乡"之称的诸多江南城市。

绿色生活：把钱花在民生上的西宁造就幸福城市

如果说，青山绿水是美好生活的"褥子"，那么蓝天白云则是美好生活的"被子"。

在近些年引发大众关注的空气质量方面，西宁 10 年累计完成"煤改气"、低氮锅炉改造 3000 蒸吨，率先在西北地区建立"环境卫生清洁指数"，实现绿色公交全覆盖，绿色建筑占比达到 62%；全市 $PM_{2.5}$ 平均浓度下降 34.7%，年均空气质量优良天数达 330 天，空气质量优良率达到 90.4%，连续 6 年领跑西北省会城市。

在"蓝天保卫战"方面，西宁成功申报北方地区冬季清洁取暖项目，主城区"煤改气"在北方城市中实现率先清零，大气环境质量连续 7 年位居西北省会前列。这些改变，都是与民众生活息息相关的。

经济抓上去了，环境打造好了，市民才有追求美好生活的底气。随着市民休闲健身需求的增长，西宁近年来高标准打造"15 分钟幸福生活圈""10 分钟体育健身圈"，免费低收费开放 65 个学校场地和社会场馆；全市目前已有体育场地近 6000 个，人均体育面积由不足 1 平方米增加到 2.2 平方米。

市民想要散步、跑步，就要有赏心悦目的绿道。西宁绿道目前已建成 465 公里，贯穿全市，且沿绿道骑行可到达湟中区、湟源县、大通回族土族自治县的部分景点，形成了广泛的、规模化的城市绿道体系。

不只是一些看得见、听得着、闻得到的变化，在市民精神、城市文化上，西宁的软实力也有了明显提升。如集中开展节水型企业、单位等创建活动，使得广大市民节水意识显著提升，2021 年全市用水总量为 5.29 亿方，成功创建省级节水型城市，荣获"全国节水型社会建设示范区"称号。

西宁还建成了 12 个美丽城镇、611 个高原美丽乡村，全市农村公路总里程 4200 公里，农村电网 4000 余公里。这得益于西宁始终坚持 80% 以上财力用于民生，着力加强基础性、普惠性、兜底性民生工程建设，实现了城乡共享发展成果。

10 年来，西宁努力克服地理和气候条件的不足，有效改善了生态环境，极大提升了城市的宜居度，"绿色发展样板城市"基本建成，实现了西部高原城市的绿色巨变。

从缺林少绿到绿水青山、到实现"城市换装"，从"风卷黄沙满天飞"到城在林中、景在城中、人景交融，西宁山水如画城如歌，展现出了高原古城的多彩魅力。西宁的绿色之变，为新时代中国城市发展提供了一份特殊的观察样本。

（2022 年 12 月 3 日）

谁是中国足球第一城?
15 个重点城市来了

与　归

世界杯激战正酣之际，国内球迷对足球运动的关注，也达到了一个小高潮。

不同地方的不同球迷，也开始讲述自己所在城市的足球故事。这些故事中，有激动人心的、令人扼腕叹息的，也有令人充满期待的。那么，谁堪称中国足球第一城?

广州、武汉、青岛、大连……网友们七嘴八舌，推出了不少候选城市，我们不妨梳理一番。

体总认定 15 个足球发展重点城市

哪些城市和足球的黏性更强? 2022 年，官方对此做了全面、系统、专业化的衡量。2022 年初，国家体育总局公布了“十四五”期间首批全国足球发展重点城市，上海、成都、武汉、深圳、广州、长春、重庆、大连、青岛等 9 城入列。

能够入选这份名单，自然是拥有一定的足球发展基础。这一点，从官方表述中可以明显看出。“选择一批足球基础好、发展条件好、工作积极性高的城市，加强扶持和指导，打造我国足球改革发展示范城市……”这既是一种官方认可，也经过了长期考察和筛选。

据了解，此前全国有 41 个城市提交了申报材料，最终以上 9 城脱颖而出。

细看这些城市，除了上海和重庆两个直辖市，其他全是副省级城市，同时也都是一二线城市。由此也可以看出，足球发展水平如何，和城市能级、经济社会发展水平是紧密相关的。

不过，值得一提的是，全国足球发展重点城市建设以 5 年为一个周期，"十四五"期间全国计划建成 16—18 个重点城市，第二批重点城市已经跟了上来。

2022 年 9 月，国家体育总局公布"十四五"期间第二批全国足球发展重点城市，北京、延边朝鲜族自治州、苏州、杭州、梅州和西安入选。截至此时，我国足球发展重点城市已经选出了 15 个。接下来，这份名单很可能会继续扩充。

但是，全国足球发展重点城市并不是固定不变的。每年会组织专家组对重点城市建设工作效果进行评估，评估不合格的，限期整改，经整改仍达不到要求或连续两年评估不合格的，将被撤销重点城市称号。

简单地说，就是"能上能下"，上述城市不要以为入选了，就可以"躺平"，关键还是要努力"发展"。

北上广第一梯队与"广东三杰"

有了以上 15 个城市的大名单，我们接下来再对它们进行局部分类。

广东的网友可能已经兴奋地注意到，这 15 个城市，广东就占了三席，也就是全国的五分之一。

2022 年 11 月 7 日，广东省足球运动中心、广东省足球协会发布《2021 全国视野下广东省足球产业研究报告》（以下简称《报告》）。《报告》选取了 15 个城市作为指数研究的样本，广东省内城市代表为广州、深圳和梅州，省外城市分别为北京、上海、天津、重庆、成都、苏州、杭州、武汉、青岛、大连、西安、长春。

这15个样本，基本和全国足球发展重点城市名单重合，唯一的区别是天津代替了延边朝鲜族自治州。

《报告》通过横向比较，将15个城市划分为三大梯队。广州、北京、上海在全国领先优势明显，各方面表现均衡，稳居第一梯队。这很容易理解，北上广，早已放在一块叫了多年，城市量级大了、经济发达了，足球事业自然水涨船高。北上广之下，深圳、成都、青岛、大连、武汉和天津等城市位居第二梯队；梅州与重庆、苏州、杭州、西安、长春等城市暂列第三梯队。

无论是从国家层面公布的足球发展重点城市名单中，还是从《报告》中，我们都可以看出广东强劲的实力，当然，这要有足够的数据来支持。

《报告》显示，广东省2020年体育产业增加值占GDP比重达1.57%，高于15个城市平均值（1.46%）。截至2021年底，广东省人均体育场地面积为2.54平方米，同样高于15个城市平均水平（2.41平方米）。

此外，广东还是全国足球场地总量最多的省份。截至2021年底，广东省共有足球场地1.16万个，平均每万人拥有足球场地0.91块，同样高于全国平均值。根据测算，广州和深圳接受青少年足球培训的学员规模均超过2万人，在15个城市中名列前茅。

足球竞赛表演业方面，2021赛季，广东省共有7家十一人制职业足球俱乐部，在全国范围内仅次于山东（8家）；而在中超球队数量上，广东则以3支位居全国第一。足球培训业方面，截至2021年底，广东共有中国足协认定的全国品牌青训机构21家，数量为全国第一。

还有一个反映球迷基础的数据是，广东省2021年度足球彩票销售额约为113.95亿元，销售规模全国排名第一，其中深圳和广州均超过20亿元，排名全国前列。而最硬气的是，广东还有一个傲人的纪录：9次夺得中超冠军，领先于全国所有省市。

看来，足球第一城是谁，有争议；足球第一省，广东是当仁不让了。

地域特色下的"南梅州北延边"

大城市经济发达、人口众多、基础设施完善，足球发展得好，是应该的。相对来说，名不见经传的小城也出现在"重点名单"中，可以和那些人口千万、GDP万亿级的"大哥"们较一较劲，让足球成为自身的城市名片，殊为不易，也更具光彩。

比如梅州，虽称不上"足球第一城"，但也是官方钦定的"足球之乡"——1956年，国家体委根据梅县地区（当时的行政区）足球运动的悠久历史和发展现状，授予梅县"足球之乡"称号；2013年11月3日，国家体育总局授予广东省梅州市"中国体育非物质文化遗产保护与推广城市·梅州足球之乡"称号。

荣誉之下，是殷殷期待。2018年，梅州被国家列为中国足球协会青少年足球训练中心、全国青少年校园足球改革试验区。2019年，梅州入选全国城市社区足球场地设施建设试点、全国社会足球场地设施建设重点推进城市。同时，中国沙滩足球国家希望队落户梅州，并全面启动创建中国足球特区工作。

目前，梅州有梅州客家足球俱乐部（男足中超）、梅州五华足球俱乐部（女足中超）两支职业足球俱乐部，是全国罕见的同时拥有一支男足中超和一支女足中超的城市。作为一个常住人口只有300多万的地级市，梅州能有如此成就和地位，足见其实力。

和梅州相映成趣的是，远在东北边陲的吉林延边，在足球事业的发展上，名气也不小，并以凶猛强悍的球风、全攻全守的打法著称，曾涌现出高仲勋、金光柱、李红军、李时锋等众多国字号名将。

近些年，延边势头依旧不减。成立于2017年的延边龙鼎足球俱乐部，在

2019 年、2020 年连续两年跻身中冠联赛全国总决赛。2021 赛季，这支平均年龄不到 20 岁的"青年军"成功跻身中乙联赛。在 2022 赛季中乙联赛中，延边龙鼎队最终以第三名的身份收获 2023 年中甲联赛的入场券。

目前，延边州已建成足球场地 266 个，平均每万人拥有足球场地 1.38 块；已培育社会足球协会 7 个、足球俱乐部 98 个；全州每年青少年足球比赛 1000多场，参与人数 10 余万人。

2022 年，"重塑'足球之乡'美誉"，还被写进了延边朝鲜族自治州政府工作报告。同年 4 月 21 日，《延边足球改革发展实施方案》也经延边州委深改委第十四次会议通过。延边足球的未来，同样可期。

从梅州和延边身上，我们其实可以看到一条足球发展或者说是拓展的路径：下沉。从发达地区到偏远地区，从城市到农村，去撬动更多足球人口，带动更多的青少年投入这项运动，去为更多热爱足球的孩子提供设施和机会，中国足球的未来，一定会更精彩。

总的来看，目前国内任何一座城市宣称自己是"足球第一城"，恐怕都会有其他城市不服。毕竟，从不同的维度看，不同的城市有不同的优势，没有哪座城市拥有全面碾压其他城市的实力。

"足球第一城"这一桂冠，或许可以当作一种激励。以上提及的各城，以及更多跃跃欲试的城市，可以相互比较、学习、竞争、成长。也许这个桂冠，永远没有一座城市完全配得上，但若能激励中国足球奋力向前，未尝不是一件好事。

（2022 年 11 月 26 日）

越办越好的进博会，
对上海意味着什么？

李　蜀

上海再度开启"进博会时间"。

2022 年 11 月 4 日晚，第五届中国国际进口博览会开幕式在上海举行。国家主席习近平发表视频致辞：举办进博会，就是要扩大开放，让中国大市场成为世界大机遇。现在，进博会已经成为中国构建新发展格局的窗口、推动高水平开放的平台、全球共享的国际公共产品。

从 2018 年开始至今，中国已连续举办五届进博会，"不仅要年年办下去，而且要办出水平、办出成效、越办越好"的总要求，正在一步步成为现实。

在全球疫情蔓延，世界不确定因素不断增多的情况下，作为世界上第一个以进口为主题的国家级展会，进博会依然年年如约而至，助力实现全球客商与中国的"双向奔赴"，这本身就是一件非常了不起，也极具象征意义的大事。

本届进博会是党的二十大后中国举办的首场重大国际展会，自然更受瞩目。

进博会与上海的"共振"

上海作为进博会的永久举办城市，无疑是聚光灯下最受关注的对象。

实际上，进博会诞生以来的这 5 年，也是中国全面提升开放水平、上海实现城市能级大跃升的 5 年。

在经济总量上，上海全市生产总值连续跨过 3 万亿元、4 万亿元两个大台阶，2021 年人均 GDP 达到 17.36 万元，相当于 2.69 万美元。国际经济、金融、贸易、航运中心基本建成，国际科技创新中心形成基本框架。

其中，与进博会最直接相关的外贸方面，上海也走出了漂亮的上升线。上海货物进出口总额从 2016 年的 4338.05 亿美元，提高至 2021 年的 6286.03 亿美元，年均增长 7.2%。尤其值得一提的是，2021 年，上海高新技术产品出口占全市比重已达到 38.5%，意味着外贸结构进一步优化。

随着进口集散功能持续增强，上海已成为国外中高端消费品牌进入中国的首选地。与此形成呼应的是，2021 年上海社会消费品零售总额达到 18079.25 亿元，居全国城市第一位。2021 年，上海还被国家委以重任，成为 5 个率先开展国际消费中心城市培育建设试点城市之一。

进博会的四大平台作用分别是国际采购、投资促进、人文交流、开放合作。这些方面，近年来上海的表现也都可圈可点。

比如，投资促进上，上海外商直接投资实到金额由 2016 年的 185.14 亿美元增加至 2021 年的 225.51 亿美元，累计引进外资金额超 3000 亿美元。其中，2021 年上海服务业实到外资占全市比重达到 95.5%，以信息服务、专业技术服务、研发设计为主的高技术服务业占比超过 30%。2021 年，在沪跨国公司地区总部达到 831 家，上海已成为我国内地外资总部型机构最多的城市。

开放合作方面，口岸一直是致力于打造航运中心的上海的突出优势之一。2016 年，上海集装箱吞吐量为 3713.3 万标准箱，2021 年突破 4700 万标准箱，连续 12 年蝉联世界第一；2021 年，上海浦东和虹桥两大机场年货邮吞吐量达 436.6 万吨，刷新了上海航空货运枢纽保障能级的新纪录。同期，上海口岸进出口货物总额突破 10 万亿元，继续保持全球最大口岸城市地位。

这些成绩的取得，离不开进博会的赋能，也与进博会连年成功举办形成一种"共振"。同时也向外界证明，作为进博会永久举办城市，上海确实是实至名归。在这份成绩单面前，更多人或能够更具象地体会到，为何国家会把举办进博会这个重任交给上海。

上海为何能让进博会"越办越好"

本届进博会，也是在常态化疫情防控下举办的第三届进博会。这种特殊情况下，不仅要办，而且要"越办越好"，确实是不小的考验。

在这方面，外界又一次看到了上海城市品格中的精益求精。

以本届进博会为例，上海海关设立了110个进博会通关专窗和专用通道，全天候服务进博会人员及展品进出。

交通出行方面，航空、铁路设置了进博专用通道和接待服务中心，为参展团体提供重点迎送、便捷候乘等全流程服务；住宿餐饮方面，继续实施住宿价格管控措施，已发布946家宾馆酒店、16.32万间客房的房源清单；观展服务方面，继续沿用"证件复用""急证急办"等措施，实行线上补换证件，进一步提高证件办理效率，有效节省了展客商现场办理的排队等待时间……

上海还为进博会专门制定了《上海市服务办好中国国际进口博览会条例》，通过地方立法对服务办好进博会提供法治支撑。

此外，自2022年5月16日起，本届进博会的配套活动就开始接受申办，也即意味着筹备工作差不多提前半年就开始启动，要知道这期间上海还经历了疫情的考验。而到2022年7月，本届进博会企业展签约面积占规划面积的比例已经超过80%，已签约的世界500强和行业龙头企业就超过260家。

这一方面表明，经过5年的持续探索和积累，上海对进博会这样的国际展会的筹备越来越专业、成熟。这个过程中，上海的城市软实力、对外形象，以及营商环境，与国际交往、对话的能力，都在不断提升，并受到越来越多全球客商的认可。另一方面也显示出进博会的国际"磁场力"越来越大。

据悉，共有284家世界500强和行业龙头参加第五届进博会企业展，数量超过上届，回头率近 90%；来自 127 个国家和地区的企业参加企业商业展，66 个国家和 3 个国际组织亮相国家综合展，数量同样均超过上届。

据统计，前四届进博会参展企业发布的新产品、新技术、新服务超过 1500 项，累计意向成交额达 2700 多亿美元。本届进博会也将有数百项新产品、新技术和新服务亮相，"首发""首展"更是均超往届。

进博会规模和人气的持续上涨，无疑为"越办越好"提供了最具说服力的注脚。

进博效应，从上海辐射全国，走向世界

虽然上海是进博会的主场，但进博会的国际影响力，本质上源自国家的开放支撑和强大的国内市场。

过去 10 年，中国货物贸易占世界比重从 2012 年的 10.4% 提升到 2021 年的 13.5%，10 年间累计进口服务超过 4 万亿美元。开放的中国正在全球产业链中扮演越来越重要的角色，这为进博会的国际影响力和号召力提供了基本盘。

党的二十大报告指出，中国坚持对外开放的基本国策，坚定奉行互利共赢的开放战略，不断以中国新发展为世界提供新机遇，推动建设开放型世界经济，更好惠及各国人民。进博会就是中国展示对外开放的一个重要平台，以及为世界提供新机遇的重要窗口。

站在上海这座城市看待进博会，它所带来的"进博效应"体现在两个方面。一是对国内的辐射带动效应。举个简单的例子，2021 年，上海升级为欧莱雅北亚区总部；2022 年 10 月，欧莱雅全球首家自建智能运营中心在苏州奠基。类似的情况，在这几年很常见。

也就是说，进博会的平台赋能，不仅进一步坚定了跨国企业持续投资上海

的信心，也给国内其他地区带来新的机遇。这实际也就为构建新发展格局、推动整个国家的高水平开放，提供了更强劲的动力支撑。

二是在国际上的溢出效应。进博会致力于为全球的经贸往来、投资促进、人文交流提供一个合作舞台。各个国家和企业都可以在这样的国际展会上展示自己、推销自己，找到商机、捕捉趋势，在抓住"中国机遇"的同时，也促进彼此间的交流、互信。在这个维度，历经 5 年的品牌塑造，进博会也的确越来越成为全球共享的国际公共产品。

尤其是在当前单边主义和保护主义不断抬头、全球疫情造成世界交流受阻的大环境下，进博会的照常举办所凸显出来的开放合作决心及开放平台价值愈显可贵，为全球坚定互利共赢发展、凝聚更多开放共识注入了信心。

开放已刻入因海而生、向海而兴的大上海的基因之中。这座立于开放潮头、立志打造开放枢纽门户的城市，也是一个更加开放的中国的展示面。5 年间，随着进博会溢出带动效应持续放大，进博会已成为上海的一张新名片、新品牌，也为国家助推高水平对外开放展示了担当、积蓄了动力。

（2022 年 11 月 5 日）

咖啡馆数量全球第一，
上海如何切入万亿大市场？

任　然

上海人有多爱咖啡？

一个细节或许可以说明：前段时间有这样一句话颇为流行——"当咖啡馆热闹起来时，生活就回来了"。当然，上海人对咖啡的偏爱程度，通过数字对比会让人有更直观的了解。

日前，2022 上海咖啡文化周正式开启。开幕式上发布的数据显示，截至 2022 年 6 月底，上海咖啡馆达到 7857 家，不仅在国内排名第一，还远超纽约、伦敦、东京等国际大都市。上海每万人咖啡馆拥有量为 3.16 家，平均每平方公里拥有咖啡馆 1.3 家，已成为全球咖啡馆数量最多的城市。

还有一组数据能够说明上海的咖啡香味有多浓：国内年人均咖啡消费量在四五杯左右，而上海超过 20 杯；上海的咖啡消费人群与消费金额，均遥遥领先于国内其他城市。2021 年上海的咖啡消费金额，比北京、广州、深圳之和还要多。

那么，咖啡到底是如何风靡于上海的，它又带来了怎样的经济价值？

上海与咖啡的不解之缘

据公开资料，咖啡最早进入上海，可以追溯至 19 世纪上海开埠之时。也就是说，相比于星巴克等咖啡连锁品牌在近 10 来年才在国内主要城市大面积开店，咖啡在上海的历史已经有 100 多年。

说到咖啡馆的历史，很多人都会心生一种浪漫情愫。比如，它时常与一些文化名人联系在一起。诸如巴尔扎克、海明威等知名作家和萨特等知名哲学家都与咖啡馆有着很多故事。

当然，上海的咖啡馆也在我国文学史上留下了不少印记。像鲁迅、张爱玲等都曾是上海咖啡馆的常客，并在作品中有相关记载。

正是因为很早就受到咖啡文化的影响，与其他城市相比，上海的咖啡消费有一个很突出的特征，那就是它不再仅仅是一种白领的专属，而是有着非常大众化的基础。

这方面，有一个比较有代表性的镜头——在讲述上海爱情故事的电影《爱情神话》中，徐峥饰演的老白去找街边的修鞋匠修鞋时，后者竟在手摇咖啡，并不急不慢地对催促自己的老白说，现在是"Coffee Time"。

一定程度上说，大街小巷的咖啡馆，可能更能够诠释上海的市民文化。或者说，日常的咖啡消费，已经成为上海生活方式的一部分。

一方面，作为由国外引入的消费品类，咖啡是"海派文化"的一个重要象征。它在一开始就契合了上海市民文化中追逐潮流以及讲究精致的一面，成为"摩登上海"的一个注脚。

另一方面，在现代社会，咖啡制作简单和易携带的特点，咖啡馆所营造的放松氛围，均契合了上海的快节奏生活。人们出入咖啡馆不再仅仅是一种纯消费行为，也杂糅了社交、商务等需求。咖啡馆真正成为相当一部分人的"第三空间"。

上海的咖啡消费能力强，还离不开一个重要支撑，那就是超大规模的市场优势。很多人都知道，上海的常住人口接近 2500 万，居全国第二。而且，上海的城区人口接近 2000 万，居全国第一，比北京还高出整整 200 万人以上。

上海如何"改造"国内咖啡市场

在很大程度上说,咖啡已经成为塑造上海城市气质的一个重要力量,或者说,咖啡基因已经刻入上海的市民文化之中。

但是在咖啡塑造上海的同时,上海也在改变咖啡。

我们衡量一个外来事物在一个地方的发展成熟度,有一个重要参考标准,那就是它的本土化程度到底如何。在这方面,应该说,上海对国内咖啡市场的"改造"是很明显的。

有统计显示,在上海的七八千家咖啡馆中,除了大家常见的星巴克、瑞幸等国内外连锁品牌外,有一半的咖啡馆其实属于"小众"的独立或创意咖啡馆。也就是说,在全球的咖啡市场中,上海不再仅仅扮演一个输入地的角色,而且也在孕育自己的咖啡品牌。

这一点其实是市场熏陶的结果。众所周知,很多国际咖啡品牌进入中国内地,都会首选上海作为第一站。这既是因为上海对外来新品牌的接受度高,也是因为上海市场最为多元,容量也最大。一个咖啡品牌在上海市场站稳脚跟,才更有底气向其他城市进军。

从这个角度看,上海其实也扮演着一个咖啡市场启蒙者的角色,成为咖啡文化、咖啡品牌和消费方式向国内更多城市输出的一个窗口。这种背景下,自然会有更多的机会孕育出更契合中国人口味偏好的"自主"咖啡品牌。而它们诞生的过程,也成就了上海咖啡产业的活力。

这表现在两个方面。一是在最直接的层面上,旺盛的咖啡消费促进着社会消费活力。上海已经连续多年成为国内社会消费品零售金额最高的城市,市民化的咖啡消费正是其中重要的一部分。二是在咖啡上下游产业的发展上,上海正在谋划一篇大文章。

一杯小小的咖啡中有大大的潜力

千万别小瞧了一杯小小咖啡的市场潜力。据《2022 中国咖啡产业白皮书》披露，2021 年中国咖啡行业市场规模达 3817 亿元；预计 2025 年，中国咖啡行业市场规模将超过 10000 亿元。

也就是说，看起来不起眼的一杯杯咖啡背后，实际蕴藏着一个万亿级市场。这也就不难理解，近年来中石化、中国邮政、李宁等"大佬"纷纷跨界切入咖啡赛道。

在这方面，国内咖啡消费文化最浓烈、消费能力最强的上海，自然不会错过这个大赛道。

就在此次上海咖啡文化周开幕之际，位于虹桥品汇的"虹桥国际咖啡港"举行了授牌和开港仪式。虹桥国际咖啡港是国内首个专业品类进口集散平台，主要致力于为咖啡贸易企业提供保税展示、保税交易、价格形成、信息发布等核心服务。目前，已有国内外多家知名咖啡贸易企业和进博参展企业入驻咖啡港。同时，咖啡港还将与云南、海南等国内咖啡主产区合作，助力中国咖啡走向世界。

此外，虹桥品汇还与上海技师协会咖啡专业委员会共同发起成立了"上海咖啡产业联盟"。而为推动咖啡行业人才的"上海标准"早日出炉，咖啡港还与上海市人社局技师协会达成深度合作，将与盟友们共同参与编制中国咖啡师职业认证标准。

在不久的将来，我们或将看到"上海标准""上海规则"在全球咖啡产业版图中占有一席之地。事实上，这次上海咖啡文化周开幕式上，已经发布了"上海咖啡豆价格指数"和"上海咖啡金融产品"。

未来，上海将依托虹桥国际咖啡港，通过建设"从豆到杯"的咖啡进出口服务平台、推动相关金融机构推出咖啡贸易专项金融产品、建立咖啡贸易联盟、推动咖啡企业深入产地等一系列举措，加强产业布局，提升产业链影响力，努力将上海打造成为咖啡贸易产业新高地，进一步提升上海在国际咖啡贸易市场上的地位和影响力。

从微观层面来看，得益于咖啡文化和咖啡消费活力的红利，上海咖啡行业也在为创业、就业提供新支撑。如有数据显示，2021 年咖啡行业融资事件近 30 起，整体融资额超过 170 亿元，大有盖过新式奶茶风头之势。

统计显示，2021 年中国新增咖啡相关企业 2.59 万家，同比增长 12.5%，现存咖啡相关企业达 15.9 万家。其中，上海是咖啡品牌落地首选，诞生了最多的本土品牌。而"上海咖啡馆数量有 7857 家，保守估计一线咖啡师至少有 2.3 万人"。

种种迹象表明，历经 100 多年的浸润和发展，上海已把咖啡和咖啡产业做出了自己的"味道"。

（2022 年 8 月 6 日）

华南国家植物园，
对广州意味着什么？

宋金波

2022 年 6 月，国务院同意在广东省广州市设立华南国家植物园。而在 2022 年 4 月 18 日，国家植物园已在北京正式揭牌。

2021 年 10 月 12 日，国家主席习近平以视频方式出席《生物多样性公约》第十五次缔约方大会领导人峰会并发表主旨讲话。习近平指出，中国正式设立三江源、大熊猫、东北虎豹、海南热带雨林、武夷山等第一批国家公园。同时，本着统筹就地保护与迁地保护相结合的原则，启动北京、广州等国家植物园体系建设。

新设立的华南国家植物园，由国家林草局、住房城乡建设部、中科院、广东省和广州市人民政府合作共建。华南国家植物园的落地，对于广州这座城市未来的发展，无疑有着更加特别的意义。

第二座国家植物园落地广州，是水到渠成

华南国家植物园有多重要？先说一个数据：目前，我国共建立植物园（树木园）近 200 个，但国家队仅有两个。

华南国家植物园落地广州，其实算不上意外。换言之，除非没有"华南国家植物园"这样一个设计，但凡有，就很难跑到广州之外去。

首先，当然是因为广州的自然禀赋够好。

广州所在纬度，是我国植物多样性最丰富的地区之一，更重要的是，中国

科学院华南植物园也在广州。

此次国务院批复中没有明确华南国家植物园的范围，鉴于中科院是合作共建单位之一，再参考北京国家植物园的建设路径，一般认为，华南国家植物园大概率将在中科院华南植物园的基础上扩建。

1929 年 12 月 4 日，我国著名的植物学家陈焕镛在广州创建了中山大学植物研究所——这是华南植物园前身。华南植物园先后由陈焕镛、陈封怀两位著名植物学家、两代华南植物研究所所长兼主任。在他们的青年时代，中国还没有植物园，他们是这项事业的拓荒者。

华南植物园是中国历史最久、种类最多、面积最大的南亚热带植物园，被誉为永不落幕的"万国奇树博览会"，有"中国南方绿宝石"之称，也是全国三大植物园之一。

此外，园地规模庞大，广州园区占地 4237 亩，肇庆鼎湖山园区占地面积约 17000 亩。拥有馆藏标本 100 万份的植物标本馆，拥有中国第一个国家级自然保护区和中科院目前唯一的自然保护区——鼎湖山国家级自然保护区。

华南植物园地位已经这么高了，那么代表大片华南国土上植物资源的第二个国家植物园，选择在广州建设，显然是水到渠成。

建设国家植物园，花城再添一张"绿色名片"

华南国家植物园落地广州的第二个因素，则是因为广州向来对"绿色"的看重。

广州又叫"花城"。根据住建部《2020 年城市建设统计年鉴》数据，在 4 个直辖市、5 个计划单列市和 24 个省会城市样本中，截至 2020 年底，广州是中国内地主要城市中人均公园绿地面积最高的城市，人均公园绿地面积高达 23.35 平方米，在全国大中城市中遥遥领先。

在广州背后，广东省还是中国公园最多的省份，共有 4330 个公园，平均每 42 平方公里就能找到一个公园。

可以说，广州完全有资格、有能力、有资源打造好国家植物园这个"绿色名片"。

也自然可以想见，在国家植物园落地广州后，广州的生态环保事业、城市生态文明建设，都会迈上一个更高的台阶。广州的城市绿化水平也将在现有水平上，向更加精细管理的方向迈进。

但仅仅从"实至名归"这样一个角度看待国家植物园落地广州与这座城市的关系，似乎尚显不足。

国家植物园的价值，不仅体现在科学层面。国务院的批复文件中就提到，华南国家植物园将坚持以华南地区植物迁地保护为重点；坚持对植物类群系统收集、完整保存、高水平研究、可持续利用；提升科普教育功能，讲好中国植物故事。

国家林草局相关负责人接受参访时也指出，启动建设国家植物园体系意义重大。结合区域特色优势，收集展示具有民族特色的珍稀濒危植物，可使国家植物园成为展现中国悠久历史文化和民族精神的重要载体。

在一定程度上，国家植物园与博物馆类似，不仅是一种资料陈列场所，也是关乎国家、民族叙事的公器。由此而论，国家植物园落地"花城"，对广州来说，首先在广东一省内再次彰显了广州的中心地位。

广州"第四城"地位受威胁？不能只看 GDP

作为多年来华南区域的政治、经济、文化中心城市，可以说，广州一直以来的表现非常优秀。

但也不可否认，在省会城市追求高首位度已经渐成潮流，有些省会城市

"做大做强"的速度惊人。由于深圳 GDP 已经超过广州，加之东莞、佛山等一批经济强市的存在，使广州的首位度似乎不太高。

同样，在全国范围内，由于多种原因，单看 GDP，广州后面始终有追兵。到 2022 年初，有人已经再次炒作起重庆、苏州对广州"第四城"地位的威胁了。这些讨论在目前还是形式大于内容，但也足以让广州多几分危机感。

而国家植物园落地广州，至少在广东省内，再次强化了广州作为珠三角中心城市的地位。这个加分虽然不是体现在经济增量上，但只要这个国家层级的科学文化牌子还没有旁落，广州这个"中心"的地位就不会轻易衰落。

大胆预言一下，广州这个"中心突出"的趋势，在可见的将来还可能加强。

而从全国的角度，北京与广州，第一个与第二个，一北一南，两个国家植物园在时间优先度与空间布局上，都显然形成了一个"南—北"轴线的端点。广州的重要，一览无遗。

固然，由于欧亚大陆在东西向上生物迁徙便利，同纬度上动植物种类都更容易出现同质化，所以仅仅从技术角度来看，植物资源的差异化展示也是南北轴重要，而东西轴相对来说不那么重要。

但不可否认，这恰好和近年来中国经济社会发展的维度一致：北京是北方的经济中心，而广州所在的珠三角，也是南方的经济中心（至少是重要一极）。未来，中国经济社会要实现可持续、均衡发展，广州作为一个端点的价值，必然超过多数城市。

华南国家植物园落地广州，广州的"安全感"更强了。因此，对广州未来发展的期望值，也可以调高一线。

（2022 年 6 月 11 日）

上海再造新名片：
世界一流设计之都

孙欣祺

设计，塑造人类现代文明；创意，驱动文明持续发展。作为全球超大型城市的上海，正向着创意设计产业的新高度迈开大步。

2022 年 2 月 17 日，上海建设世界一流"设计之都"推进大会在上海展览中心友谊会堂召开，上海多部门联合印发《上海建设世界一流"设计之都"的若干意见》，提出上海到 2025 年基本建成设计产业繁荣、品牌卓越、生态活跃、氛围浓郁的"设计之都"，到 2030 年全面建成世界一流"设计之都"。

目标很明确，时间也并不久远，上海有这样的实力和底气。

建筑与景观：创意灵感的物理载体

在设计之都的建设上，上海其实一直在路上。

严格意义上讲，自 2010 年加入联合国"创意城市网络"以来，上海已用 12 年的时间筹建"设计之都"。当然，从更大的维度上说，自改革开放以来，无数次先行先试，无不是在为这座城市夯实创意设计的地基。

在上海，有着肉眼可见的设计之美。提起上海，很多人脑海里都会浮现出陆家嘴和外滩。

浦江西岸，万国建筑博览群记录着城市的历史风貌；浦江东岸，陆家嘴"三件套"和东方明珠又见证着高速发展的城市现状。一江之隔，两种建筑风格；一座城市，两处时代印记。这本身就是一种别样的时代设计。

沿着浦江漫步，又有另一番风味。2017年底，黄浦江两岸45公里岸线公共空间的全线贯通，为上海的母亲河绣上花边。

这条狭长的岸线，凝结着上海各区独特的创意设计：杨浦将老工业遗迹保存开发；徐汇打造亚洲最大文化载体群落；浦东构建东岸"氧气库"；黄浦滨江依托外滩建筑群成为"世界窗口"；虹口北外滩更成为市民游客节假日必选的热门打卡地。

公共空间的景观设计，不仅体现在黄浦江这条主动脉上，更可见于城市大大小小的"血脉"中。

以我为例。对于20年前的我来说，离家最近、过节必游的公园，是4公里以外的世纪公园。即便因为课业繁忙无暇出游，只是趴在窗台上看公园内时而燃放的高空烟花，已是一种享受。

现如今，小区两侧的街道被改造成微型公园，步道、座椅、绿化一应俱全。步行5分钟，走过两个路口，就能在家门口更为宽敞的文化公园里跑步健身。"一步一景，移步换景"，课本里经常出现的写作手法，真实地存在于我的身边。

建设"设计之都"，上海已用可阅读的建筑和多用途的景观，构筑起创意灵感的物理载体。

文化与时尚：设计里的人文气息

上海曾被誉为"东方巴黎"。

两座城市之间的类比，直观地反映在城市地标的连线上：塞纳河对应黄浦江，香榭丽舍大街对应南京路，埃菲尔铁塔对应东方明珠······但流于表面的类比，既显得生搬硬套，又恰恰忽视了地标背后两者真正的相通之处——城市的人文气息。

香榭丽舍大街的香艳、卢浮宫的奢华、圣母院的典雅，共同谱写了巴黎人的浪漫；在上海，错落有致的文化场馆、绚烂缤纷的时尚活动，乃至镶嵌在街头巷尾的咖啡馆，都使这座城市香气袭人、光彩夺目。

上海力争建设国际文化大都市，需要一批具有国际水准、体现上海特色的标志性文化设施载体，为打响"上海文化"品牌、做大做强文化"码头"、做实做优文化"源头"提供有力支撑。

近些年，从"揽尽上海千年历史"的广富林文化遗址，到重新揭幕的上海大世界，再到不久前开馆的浦东美术馆，以及建设中的上海图书馆东馆、上海博物馆东馆、上海大歌剧院……上海正在通过建筑设计带动文化产业，将历史照进现实，将海派文化推向世界。

文化场馆拔地而起，文化产业蓬勃兴起，上海处在全球文化交融的中心位置，招徕四方宾朋。每年举行的上海国际艺术节、上海国际电影节、上海国际时装周，以及众多艺术大展，汇集顶尖艺术家及作品，吸纳前沿的艺术设计理念与思潮，掀起阵阵时尚风暴。

与此同时，市民群众的热情参与、积极反馈也在另一个层面上烘托出这座城市浓烈的文艺氛围，让创作设计的灵感火花得以生生不息。

工业与信息：设计赋能的科技成果

在高速发展的信息化时代，设计已不再局限于艺术，而是上升到更高的层面，具有多元的功能。

《上海建设世界一流"设计之都"的若干意见》即指出，上海要以工业设计和数字设计赋能先导产业，加强集成电路设计，聚焦生物医药、医疗器械等产品和技术设计，突破人工智能核心算法设计；引领重点产业，推动电子信息、生命健康、汽车、高端装备、新材料等产业设计能力全面提升……

这其实就是在以设计赋能科技，以创意引领产业。将设计与科技完美融合，也是上海近年来的一贯追求。

每年 5 月，上海科技节如约启幕。历时三十载的科技节，如今成为创新成果发布会、科技产品展示厅、科技工作者的节日、公众的科技嘉年华。

每年金秋，世界顶尖科学家论坛在沪召开。全球顶尖科学奖项得主与中国两院院士共聚浦江之滨，共议当前全球面临的重要命题，为中国乃至世界的科技发展出谋划策。

连续 4 年，中国国际进口博览会如期举办，上海成为各国优势产业杰出成果的重要展示平台……

举办科技节、科学家论坛、博览会，是为了凝聚科学共识、激发设计灵感、共享科技成果，也是为了承接节日展会的溢出效应，将展品化为商品，将理念落于实际，以人才驱动科技发展。

打造世界一流的"设计之都"，上海有三个具体的目标——更美的环境、更潮的氛围、更酷的产品。当然，要实现更美、更潮、更酷，上海需要一个更强的大脑。

我们常用"绣花针般的工夫"来形容上海的城市治理，这是因为上海体量大、人口多、产业密集、要素丰富，要系统性地解决任何城市难题，必须拿出足够细致的方案，采取足够精密的手法。

建筑大厦，需要考量每一尺高度的安全隐患；布置景观，需要思忖每一寸土地的利用价值；工业开发，需要计算每一个零件的装配参数。每一尺、每一寸、每一个，都是设计的产物，都是"设计之都"的砖石。

感慨于上海之大，也可用心体会上海之细。未来的数年，我们不妨共同关注、参与"设计之都"的进击之路。

（2022 年 2 月 19 日）

这个东北小城，
凭啥这么火？

朱昌俊

自 2022 年 2 月 4 日起，中国进入冬奥时间。赛场上，运动员们的激烈比拼还在继续；赛场外，关于冰雪经济的讨论变得热闹起来。

这几天，一座叫七台河的边陲小城突然火了起来。这座常住人口不到 70 万的小城，在过去 20 年里贡献了近半数的中国冬奥金牌，成为中国冬奥会冠军"密度"最大的城市。七台河市还专门发布了冬奥主题歌曲，俨然成为北京冬奥的一大"分会场"。

作为因煤而兴的资源型城市，近年来七台河也遭遇了发展转型的苦恼，但却意外在冰雪领域找到新的城市名片。这也让坐拥得天独厚冰雪资源的整个东北地区，在发展冰雪经济上有了更多的憧憬。

七台河，东北冰雪经济的一个缩影

七台河的成功不是偶然的。它每年有 4 个月气温在零下 20 摄氏度，气候和地理条件都非常适合开展各种冰上运动。有网友说，现在你去倭肯河（七台河的"母亲河"），就知道为什么七台河出冠军了，河面上全是滑冰的。

除了群众基础好，还有一个很容易被忽视的因素是，七台河接近 80% 的城镇化率，其实也为冰雪运动的开展提供了有利的场景、经济和观念支撑。

此外，冰雪文化的传承、"关键教练"的坚持，以及政府的因势利导，也共同促成了七台河群众体育与竞技体育的"双向奔赴"。

如 2014 年，七台河开始探索"体教结合"人才培养模式，创建短道速滑特色学校，将短道速滑基础人才放在校园培养。于是，也就有了网友所调侃的"短道速滑的尽头是七台河"。

在竞技体育大放异彩之后，当地也开始重视冰雪产业的发展。如积极引进承接赛事及开展训练和培训，并连续举办了冰雪嘉年华、冰雪体育文化旅游产业发展高峰论坛等相关活动，甚至还引进了一批冰雪装备制造企业。

值得一提的是，2021 年 12 月，牡佳高铁开通，七台河正式迈入高铁时代，让七台河在发展冰雪经济上有了更大想象空间。如今，借助高铁，哈尔滨到七台河的时空距离缩小到 3 小时，这直接促成了七台河冰雪游的升温。

七台河的脱颖而出，在一定程度上是坐拥资源优势的东北在发展冰雪经济上的一个缩影。

黑龙江，中国现代冰雪旅游产业肇兴之地

虽然这次冬奥会的主场不在东北，但在赛场上，"东北光芒"无所不在。

有统计显示，按照出生地划分，这次冬奥会中国体育代表团的 176 名运动员中，东北籍的就有 100 名。目前，中国知名的冰雪运动员，如杨扬、王濛、武大靖、申雪、赵宏博等，都系"东北产"。

在冰雪竞技运动上的突出表现，自然让东北对发展冰雪经济有了更多的期望。

这里要指出的一点是，所谓冰雪经济，不能狭隘地理解为冰雪体育。从大的层面讲，凡是与冰雪相关的产业，其实都可以称为冰雪经济。比如，其产业链下游的消费层面，有冰雪运动、培训、赛事、旅游等；上游则包括冰雪运动装备制造、人才培养等。

以七台河所在的黑龙江省为例，它被称为中国最早开发冰雪、运营冰雪的

省份，是中国现代冰雪旅游产业的肇兴之地。

事实上，当前全国不少地方的冰雪产业，从运营模式到人才，很多都是从东北移植而来。

除了因冬奥被带火的冰雪运动，之前黑龙江的雪乡、冰雕等，早已名声在外，成为当地旅游经济的厚重 IP。

在黑龙江"十四五"规划和二〇三五年远景目标纲要中，黑龙江进一步提出，践行"冰天雪地也是金山银山"理念，探索建立多元化的冰雪资源价值实现路径机制，积极推进冰雪资源产业化，把冷资源变成热经济。

具体目标和措施包括：打造国际著名冰雪产业大区和冰雪经济强省，到 2025 年冰雪产业总产值突破 2100 亿元；构建大冰雪产业体系，培育冰雪全产业链，打造成最具知名度和影响力的冰雪旅游首选目的地、人才培养基地、装备研发制造基地和赛事承办地；支持黑河、大兴安岭、抚远等地建设汽车寒地测试和培训基地等。

"吉林产""辽宁造"也不甘示弱

同处东北的吉林、辽宁，在发展冰雪经济上也不甘示弱。

如吉林在 2016 年 9 月，就出台了全国首个专门研究冰雪产业的政策意见；2019 年 12 月，吉林省又正式印发《关于以 2022 年北京冬奥会为契机大力发展冰雪运动和冰雪经济的实施意见》。

2021 年 3 月，吉林还和新疆在北京签署了共同创建中国（长白山脉—阿尔泰山脉）冰雪经济高质量发展试验区战略合作框架协议，提出促进西北、东北、华北联动，打造全球冰雪产业投资合作战略平台，成为中国冰雪产业创新发展高地、世界冰雪产业第三极。

辽宁则基于自身在装备制造上的既有优势，将冰雪经济的重点放在了大力发展冰雪装备制造业上。像这次冬奥会上，主火炬"大雪花"的动力机械装置、运用火箭外壳技术制造的高性能滑雪头盔、世界首创的"旱雪魔毯"等，均系"辽宁造"。

相关研究报告显示，2022 年中国冰雪运动产值将达到 8000 亿元，2025 年将达到 1 万亿元，占整个中国体育总产值的五分之一。

可以说，未来在行情看涨的冰雪经济、冰雪产业中多分一杯羹，将是东北经济转型升级不可错过的一个重要支点。在国际上，也有不少类似的成功先例。

眼下，冰雪经济在中国仍是一个朝阳产业。乘着冬奥和消费升级的东风，拥有天时、地利之便的东北，在发展冰雪经济上，也被国家寄予厚望。

如 2021 年国家发改委组织召开的东北振兴省部联席落实推进工作机制会议就提出，积极培育健康养老、冰雪经济、文化旅游等新业态。也有全国政协委员呼吁，把冰雪经济巨大潜力转化为东北振兴发展新动能。

一流的资源，呼唤一流的管理和服务

当然，东北地区做大做强冰雪产业，除了天时、地利，更取决于人的努力。

应该看到，冰雪产业如冰雪运动一样，都具有相当高的专业门槛。有业内人士指出，消费升级给了冰雪资源一流地区跨越式发展的战略契机。但当前冰雪资源丰富地区，还面临着"一流资源，二流管理，三流服务"的客观现实。

其实，东北地区的管理、服务短板，在过去几年一些旅游热点事件中已有直观体现。继续提升服务水平，赢得消费者信赖，并激发市场力量在冰雪产业上的参与积极性、创造性，或是东北挖掘冰雪经济潜力必须要跨越的坎。

且要注意的是，随着技术进步、基础设施完善，自然资源在发展冰雪运动上的绝对优势将被削弱，国家也提出了冰雪运动"南展东进西扩"的目标，像新疆、京津冀甚至一些南方城市，目前也在发展冰雪经济上具备了自身特色。

在此背景下，东北地区只有进一步把资源优势、冰雪文化优势转化为产业优势、品牌优势、服务优势，才能最大程度挖掘好冰雪经济的潜力和红利。

还要提醒的一点是，东北三省都把发展冰雪经济放在了重要位置，因此在资源禀赋、社会风俗、产业结构趋同的背景下，坚持错位、协同发展，避免"内耗"，在体现各自特色的同时，又共同强化东北冰雪产业的整体品牌号召力，十分重要。

我们期待，作为冰雪王国的东北，也能在世界范围内成为冰雪经济的重要一极。

（2022 年 2 月 12 日）

市长挂帅打造足球重点城市：
走好"强基"之路

林　风

2022 年卡塔尔世界杯亚洲区 12 强赛前 6 轮战罢，国足 1 胜 2 平 3 负积 5 分，排名小组第五。无论是专业机构的预测，还是在球迷心中，国足出线仅剩下理论可能。而在稍早前的东京奥运会，女足也折戟赛场。

以至于，有球迷如此揶揄：中国足球两大幻觉——男足能进世界杯，女足仍是世界一流。

的确，过去很多年，中国足球似乎坠入了一个恶性循环的怪圈，很多人都在寻找振兴中国足球的药方。在这样的背景下，一个新闻引发关注：深圳成立全国足球发展重点城市建设工作领导小组，领导小组组长由市长覃伟中兼任，副组长由分管副市长兼任。

全国将建 16—18 个足球相关重点城市

很多网友和球迷不解，为什么要成立足球发展重点城市建设工作领导小组？足球作为一项竞技体育运动，行政力量参与的引导和规划，真能有用吗？对此，不妨从两个剖面来看待。

纵向来看，足球发展重点城市不是新鲜事物，而是几十年来中国足球改革发展的一个传统路径。

早在 1979 年，国家体委就确定了 16 个足球重点城市。其中包括北京、上海、天津、大连、广州、沈阳、长春、重庆、青岛、南京、武汉、西安、昆明、石家庄和延边朝鲜族自治州、梅县。

1992 年，梅县、石家庄、长春、南京、昆明被拿掉，增加了深圳，16 个足球重点城市变成了 12 个。2001 年，足球重点城市又变为了 17 个，增加了成都、厦门，此外，昆明、长春、南京重新回到阵营。

而近年来，中国足协又在江苏、浙江、四川、武汉、成都、大连 3 省 3 市开展了足球改革试点工作，为足球重点城市建设积累经验。

很明显，如今深圳提到的足球重点城市，不是突然"蹦"出来的。更重要的是，足球重点城市也不是孤立的一项政策。要看到，它是推进体育强国建设、深化中国足球改革的题中之义，是一个长期的探索过程。

2015 年 2 月，中央全面深化改革领导小组第十次会议审议通过《中国足球改革发展总体方案》。其中提出，要加强对足球工作的领导，各地要把足球改革发展纳入重要议事日程。

2021 年 5 月 28 日印发的《体育总局关于开展全国足球发展重点城市建设工作的指导意见》明确提出，到 2035 年，足球成为我国建成体育强国的标志性事业；"十四五"时期（2021—2025 年），全国建成 16—18 个足球相关重点城市。

随后，国家体育总局办公厅印发文件，正式启动全国足球发展重点城市遴选工作。2021 年 7 月，国家体育总局牵头成立了全国足球发展重点城市工作领导小组。

正是在以上政策的不断完善和推动下，目标、路线和时间表都明确了。与此同时，也就不难理解为何会有足球工作"领导小组"的出现。

而从横向来看，成立全国足球发展重点城市建设工作领导小组，或者正在推进此工作的，也不止一个深圳。

2021 年 10 月 16 日，武汉市宣布成立市足球发展重点城市建设工作领导小组，组长由市长程用文担任。而早在 2021 年 9 月 22 日，杭州市便宣布成立全国足球发展重点城市建设工作领导小组，组长由市长刘忻担任。

更多的例子，不再一一列举。

能否发挥辐射作用，面临多重考验

搞明白了足球重点城市的来历，球迷们可能还想知道，为什么要推进建设足球重点城市？答案是，希望能够集中力量、重点突破，让这些城市发挥以点带面的作用。

按照相关文件，入选足球重点城市的，是"足球基础好、发展条件好、工作积极性高的城市"。

而其建设标准也是比较清晰的：这些城市需要拥有2支（含）以上男、女职业足球甲级俱乐部，全市青少年足球人口占在校学生人数达到50%，建设完成1个国家级青训中心，每万人拥有足球场地达到1块以上等。

足球是圆的。作为一种探索方式，这样的思路未尝不可。然而，不管足球重点城市最终花落谁家，几十年来的发展经验都表明，足球重点城市真正发挥辐射效果仍面临多重现实考验。

其中一个考验是政策落实问题，这也涉及怎样激活"坚持举国体制与市场机制相结合"。

熟悉中国足球的人都知道，中国足球从来不缺好政策，更不缺目标。无论是国家队还是联赛，近些年享受的政策和支持都不少。然而现实却是，不论是各赛事成绩还是专业人士和球迷的观感，中国足球似乎一直在原地踏步，甚至倒退。

就在前不久，世界名帅、原男足主教练马尔切洛·里皮（Marcello Lippi）表示：在中国，足球运动曾经发展到了一个顶峰，但由于缺乏良好的青训基础而萎靡不振。如今的中国足球已经倒退了20年，无论从联赛还是国家队层面，都退步了。

现在，地方领导牵头重视，又有资金等条件支持的足球重点城市，其发展关键在于三个方面：一是保持政策的稳定性、延续性和精准性，让政策能够持续、有效地抵达相关主体和个人，而不是卡在半路；二是建立起足够有效的评估体系、反馈渠道和退出机制；三是在行政力量与市场力量的磨合上，行政力量要不越位、不错位，关键时刻也要不缺位。

当然，最大的考验还是量与质如何转化的问题。

如今，中国足球屡被提及的一个担忧是后继无人。不论是联赛水平、注册球员数量还是专业后备人才，我们与国外一些发达国家相比，都有很大差距。

而足球重点城市，是有一系列清晰的考评指标的，包括球队、球员、足校、球场规模、足球专业人士等。能够入选足球重点城市，"量"的层面恐怕不是问题，关键是如何体现出"质"。

世界足球发达国家早已有了经验——"质"要有体现，主要是沉下心，扎实发展青少年足球和抓好基础青训工作。在这方面，过去我们欠的账太多了。而附着在青训和青少年足球上的两个难题，则是怎样解决"体教融合"和人才输送的问题。

要探索渠道，让有天赋或精英型的青少年足球人才在踢球的同时完成升学梦想；也要打通如何向专业队伍乃至国字号队伍输送优秀青少年球员的渠道，做到人尽其才，才尽其用。

振兴中国足球，允许有多种不同的改革路径，足球重点城市是方法之一。抓好基础青训和社会足球文化的建设，给专业力量、专业人士多一点宽容和耐心，中国足球才有可能尽早实现质变。

（2021 年 11 月 20 日）

中国第五个"世界美食之都"，
为什么是淮安？

邓海建

人世间不可辜负的"爱与美食"，说到底，还不是因了人人皆为"饮食男女"。

2021 年底，联合国教科文组织官网公布新一批 49 个城市加入联合国教科文组织"创意城市网络"，淮安成功入选"世界美食之都"，成为继成都、顺德*、澳门、扬州之后，第五个获得此殊荣的中国城市。

对这一新称号，淮安人乃至江苏人，可能都会表示淡定：这事儿，意料之外，情理之中。

说意料之外，是因为可能很多人还不了解这座苏北名城。"苏大强"有"十三太保"，各个文韬武略甚是了得。因地缘或区位禀赋的差异，人们对淮安这座城市的印象，坦白说不如苏锡常脸熟，更多停留在"周总理故乡"的认知上。其实，昔有"南船北马、九省通衢"之称的淮安，今日依然是沟通南北的重要水运枢纽城市。这些年，淮安喊出打造"绿色高地、枢纽新城"的口号，很是响亮。

说情理之中，是因为单纯从美食文化视野观之，淮安确实够得上"王者"级别。这座城，可不是只有啤酒和小龙虾的。事实上，淮安是淮扬菜的重要发源地和传承地。淮扬菜始于春秋，盛于明清。淮安现存名菜名点 1300 余种，有 298 道入选省级非遗，为全国设区市最多。软兜长鱼、平桥豆腐、盱眙龙

---

* 2002 年 12 月 8 日，国务院批准调整佛山市行政区划，撤销顺德市，设立佛山市顺德区。2003 年 1 月 8 日，并入佛山市，成为佛山的市辖区。

虾、洪泽湖大闸蟹、文楼汤包、秦栏卤鹅……淮上佳肴，声名远播。

这些听起来就很好吃的美食，是一座城市味觉与文化的道场。

"国风"淮扬菜

淮扬菜，"淮"在"扬"之前，足见淮安菜的分量。追根溯源，还是经济基础决定上层建筑，是所谓"仓廪实而知礼节"的道理。比如，《马可波罗游记》第66章《淮安府》写道："淮安府是大批商品的集散地。通过大河将货物运销种地。这里盐产量极其丰富，不但能够供应本城市的消费，而且还行销远近的地方。"

盐贾繁盛如斯，美食自然精细。清朝康熙年间《淮安府志》中记载："涉江以北，宴会珍错之盛，淮安为最。"古代水路是出行首选，漕运枢纽、盐运要冲的淮安，在美食上领先其他城市几个段位，又有什么奇怪的呢？别忘了，当年的淮安，可是驻有漕运总督府、江南河道总督府的风水宝地。在中国大运河淮安段入选世界遗产名录后，淮安这座城市被誉为"世界美食之都"，也就不算特别的"高配"了。

淮安菜和淮安美食文化，算得上是"国风"般的存在。比如淮安菜的荤菜，以水产为主，没有什么生猛海鲜，更不会刀下出现保护动物；淮安美食的做法，在刀功、火候、搭配、造型上，很是考验匠心本事，没两把刷子还真难驾驭；又比如它的味道，略偏清淡或清甜，没有重口的不适感。韵致、中庸、内敛、本真，与川菜或粤菜相比，同样精彩、更为普适，这大概就是国宴多以淮扬菜为主的因由。

"襟吴带楚客多游，壮丽东南第一州。"淮安，便是这样一座不温不火的城市。地处中国南北地理分界线、中国南北气候过渡带、中国南北文化交融区，这座城市见惯运河盛世、写就江淮精彩，淮安美食大抵也是沾染了这样的气质，才会圆融和合、大道至简、和精清新、存心养性。

美食，于一座城市来说，说到底还是市民的作品。五味调和之中，氤氲着地理的资源禀赋、历史的风流云散。

小城美食多

成都、顺德、澳门、扬州、淮安五城之中，除了成都是省会、澳门为特别行政区外，其他三城都可以归入"小而美"的类别。为什么是这些小城的美食入了联合国教科文组织的法眼呢？要知道"世界美食之都"堪称世界美食圈的顶流金字招牌，全球仅有9个城市获此称号。

很多人大概会想到一点：体量小的城市受城镇化和人员流动的影响更小，更容易保留住"原汁原味"的本土饮食特色。这反映在生活中，就是一个已被普遍接受的生活经验：美食往往隐藏在街头巷陌平平无奇的小餐馆内，隐藏在烟火缭绕的大排档中。但这还不是全部。

还是以淮安美食为例吧——

一是有历史。早在《尚书》中就有"淮夷贡鱼"，这被认为是淮扬菜系最初的文献记载。在隋唐之际，淮扬菜便位列"川、淮、鲁、粤"四大传统菜系。明清时期，淮扬宴席的发展迎来高潮。食客给出"和精清新、妙契众口"这样的五星好评，名副其实。

"吃"都能吃出这么源远流长、丰富厚重的历史来，"出圈"水到渠成。

二是有传承。今天，四河穿城、五湖镶嵌的淮安，将美食与现代服务业及生态保护融合发展，助推食品产业转型升级。仅每年生产2亿份便当，覆盖长三角、辐射全中国，就足以让它成为当之无愧的"中国食品名城"。淮安全市食品产业产值突破1000亿元，汇聚了旺旺食品、今世缘酒业、双汇食品、全稳农牧等一大批骨干龙头企业；拥有以"盱眙龙虾""淮安红椒"为代表的地理标志商标 129 件，位居全国设区市前列。

古有古的吃法、今有今的产业，美食产业化、产业科技化，吃得有意思，吃得有"价值"。

从美食到"饮食观"

十里不同天，饮食各有别。从满汉全席到街巷小吃，各有各的风骚，各有各的格调。淮安也好、扬州也罢，乃至与它们遥相呼应的成都、顺德与澳门，担得起"世界美食之都"的，除了看得见的联合国教科文组织"创意城市网络"评判标准，另一个或许更重要的标准，就是这些城市的美食都有"渊源"、有"意思"。

渊源，是说真正有滋有味的美食，是吸引眼球又摄人心魄的。就像周星驰电影里的"黯然销魂饭"，不过一碗普通的叉烧饭加荷包蛋，但就是能让人吃出热泪盈眶的情绪与情感。在中国人的观念里，美食，如果只剩下食材和方法，而没有文化或情感加持，大概只能叫"口腹之欲"。

淮扬菜名噪天下，自然也少不了文人墨客的情思纠结：从西汉辞赋家枚乘，到唐朝的李白、刘禹锡，到宋代的秦观、陆游、司马光……在曲水流觞、诗文酒会中，美食才有了故事与灵魂。

意思，是讲真正精雕细琢的美食，讲究个食不厌精、脍不厌细的功夫。这里，要普及一个有趣的冷知识。厨师在淮安历来有着特殊的社会地位：淮安向有"二难"之说，所谓"二难"，就是"秀才"和"厨子"。这两个门类，都要千锤百炼才能扬名立万。书读好了可成秀才，手艺精了可成厨子，只有这样，人生才有上游的机遇，家族亦能过上殷实的日子。对美食的匠心、对职业的敬畏，其实也是对美好生活的追求与向往。

美食未必是网红，却多叫人念念不忘。让"已识乾坤大"的食客，仍有

"犹怜草木青"的少年感。

今天的一些城市，走得太快了，慢下来做几个"小菜"的时间也风吹云散，更别说还能就着"小菜"来点诗词歌赋。好在，老祖宗洋洋洒洒五千年，我们还能在美食的传承与检视中，重温那些闲适的美好。就像徜徉在"世界美食之都"，听听俚语雅音、尝尝道地滋味，人生终究也会恬静下来。

愿每座可爱的城市，都有烟火气的美食可热爱，亦有不断流的文化可托怀。

（2021 年 11 月 10 日）

北上广深都进榜了，
"蓝天指数"也是城市软实力

城市竞争有很多维度，人口、GDP、交通、教育等，是最常被用来讨论和评价的指标。但近年来，城市的又一个重要软实力——环境质量，越来越受到关注。

2021年10月，亚洲清洁空气中心在"2021中国蓝天观察论坛"发布了"2021年蓝天百强城市榜"，在纳入评分的168个重点城市中，合肥市摘得综合评分排名桂冠。入围前10名的城市，还有雅安、佛山、广州、江门、中山、湖州、深圳、金华、池州。

与传统的空气质量城市排名不同，"蓝天百强城市榜"评估的是城市的3年滑动平均空气质量改善情况和政策措施，分别得到"成效分"和"努力分"，加总得到"综合评分"，旨在鼓励城市加大力度不断改善空气质量。

大中小城市空气质量都在持续改善

榜单显示，"努力分"排名靠前的均为一线或新一线城市。前10强分别为：杭州、广州、上海、深圳、北京、成都、济南、武汉、青岛、天津和郑州（并列第十）。"成效分"前10强城市则为：雅安、湖州、佛山、江门、池州、金华、中山、咸宁、拉萨、眉山。

观察这几份排名，我们可以得出一些规律性认识。比如，综合评分较高的城市，也即努力程度和实际成效综合表现最好的，既有广州、深圳、合肥、佛山这样的一二线城市，也有雅安、江门、池州等三四线城市。

这种多元化的分布状况，可以说是过去几年，全国地级及以上城市空气质量整体改善的一个缩影。

有数据可以支撑。比如，自 2013 年以来，中国空气质量已连续 7 年显著改善。对应到具体的城市，2016 年，国家提出到 2020 年，地级及以上城市空气质量优良天数比率要达到 80% 以上。而《2020 年全国生态环境质量简况》显示，当年全国 337 个地级及以上城市优良天数比率达到 87%，超标完成任务。

不过，"努力分"排名靠前的基本上是清一色的一二线城市。

这一方面或表明，"大城市"对空气质量治理更为重视，力度更大；另一方面，或也是因为"大城市"有更多的财力、技术等资源及转圜空间去支撑空气质量治理。

"成效分"排名靠前的，则主要是三四线城市。这些城市本身空气质量就有较好的基础。像进入前 20 名的拉萨、丽水，就在 2020 年全国空气质量最好的十大城市之列。

此外，这些城市人口、产业规模都相对较小，空气质量治理相对更容易见成效。

综合来看，"城市变得越来越宜居"——无论一二线大城市，还是三四线小城市，至少从空气质量改善的角度来说，是完全成立的。

经济发展并不与"好空气"对立

"蓝天百强城市榜"，更侧重评估的是城市在近 3 年来的空气质量改善程度和努力程度，指向的是治理增量和过程，而非绝对值。

如果仅看空气质量指数，又会是不一样的结果。

根据生态环境部通报，2020 年 1—12 月，全国 168 个重点城市中，安阳、石家庄、太原、唐山、邯郸、临汾、淄博、邢台、鹤壁、焦作等 10 个城市空气质量相对较差，排名最靠后。海口、拉萨、舟山、厦门、黄山、深圳、丽水、福州、惠州、贵阳等 10 个城市空气质量相对较好，排名最靠前。

上述空气质量最差的 10 个城市中，河北占了 4 个，河南占了 3 个，山西占了 2 个，山东占 1 个。

它们有几个特点，比如，全部位于北方。众所周知，北方不少地方冬季散煤取暖，且降水少，在整体上相比南方地区面临更大的空气治理压力。

此外，上述城市多数都是资源型重工业城市。像唐山、邯郸、临汾等严重依赖钢铁和煤炭工业，空气治理任务和难度不容低估。

不过，随着产业结构调整等综合治理的推进，改变正在发生。一个比较具有代表性的案例是，曾经全国污染最严重的十大城市中，最高时有 7 个来自"世界第一钢铁大省"河北。但到 2020 年，河北只剩下 4 个城市上榜。

空气质量最好的十大城市，则全部来自南方地区。它们大多数靠海，或者"靠山"，地理条件上更有利于污染物的扩散；且产业结构相对更合理，污染排放相对较小。

当然，"好空气"也离不开后天努力。

比如深圳是唯一上榜的一线城市，也是 GDP 10 强城市中空气质量最好的，这与其对环保的重视和投入密不可分。如深圳将全市总面积近一半的土地划入"基本生态控制线"范围，是环保立法较早、较完善的城市。

观察空气质量最差和最好的城市榜单，有几个启示。

比如，空气质量治理必须久久为功。

曾经，十大空气质量最差的城市名单就引发争议，因为它的名单在一定时间内比较固定，一定程度上掩盖了一些城市的努力和进步，不利于激发治理积极性。毕竟，空气质量改善需要时间和过程。但从河北的例子来看，只要足够坚持，就一定会有成果。

这方面，德国鲁尔区从曾经全球污染最严重的工业区蜕变为世界空气污染治理典范，也同样应该给那些因历史和现实原因叠加而形成的"污染大户"以治理信心。

再比如，深圳的例子一方面说明虽然先天条件会影响一个地方的空气质量，但后天努力可以弥补先天不足。另一方面也表明，经济发展与"好空气"并不对立，且高质量的经济发展反而更利于空气保护和治理——无论是有助于减少污染排放，还是可增加治理资源保障。

合肥近年来人口和 GDP 体量都显著增大，但依然能登上"蓝天百强城市"榜首，实现经济发展和空气质量治理的双丰收，同样是一个注脚。

此外，像上海 2020 年全社会用于环境保护的资金投入就高达 1087.86 亿元，占上海市生产总值的比例为 2.8%。如此大手笔的环保投入，无疑是建立在良好的经济发展基础之上。

"蓝天指数"也是城市竞争力

随着社会经济发展达到一定水平，民众对包括空气质量在内的环保要求越来越高，加之碳达峰、碳中和目标的提出，未来城市的空气质量治理必将被摆在更突出的位置。

尽管这些年中国城市的空气质量都在整体改善，但治理任务依然任重道远。

像 2020 年全国 337 个地级及以上城市，空气质量达标率仅有 59.9%，也即仍有 40% 以上的城市空气质量未达到合格线。对此，依然要有清醒认知和持续行动。

从城市发展的角度看，未来城市空气质量等环保软实力，必将在城市评价体系中占据更重要的分量，也将成为人们选择在哪座城市工作和生活时一个愈加重要的参考指标。

　　"基本的环境质量是一种公共产品，是政府必须确保的公共服务。"尤其是在即将开启的碳中和时代，这方面的"公共产品""公共服务"提供水平，愈发考验城市的综合能力。

　　总之，"蓝天指数"已成为城市吸引力、竞争力的一部分，每个城市都要重视起来。

（2021 年 10 月 31 日）

大型主题公园新版图：
全球第五座环球影城来了

朱昌俊

继上海迪士尼乐园于 2016 年 6 月开园后，又一家全球顶流级主题公园即将在中国正式开门迎客。这一次，地点是北京，主题公园是环球影城。

2021 年 8 月，北京环球度假区官宣，将于 9 月 1 日开启试运行，这标志着世界上第五座、亚洲第三座环球影城主题公园即将诞生。而在此之前，度假区已经进行了为期 3 个月的内部压力测试。

"南迪北环"格局形成

众所周知，大型主题公园是拉动消费的一个重要利器。在北京环球度假区正式营业之后，中国内地的大型主题公园将形成"南迪士尼、北环球影城"的双雄鼎立格局，为国内旅游消费注入新 IP、新活力。

大型主题公园从选址到建设，再到运营，是一件非常复杂，也对相关方面能力要求非常高的事。作为"世界第一主题公园"最具竞争力"候选园"的迪士尼乐园和环球影城主题公园，至今在中国内地只有上海和北京才有，这本身就非常能够说明问题。

以北京环球度假区为例，虽然它正式开工是在 2015 年，但最早立项可追溯至 2000 年。也就是说，其最终面世，前前后后经历了 20 年左右的时间，并且即便开工后，也多次延迟开园时间。

公开信息显示，北京环球度假区总投资约 500 亿元，面积超过 4 平方公里。一期预计年接待游客超过 1000 万人次，全部建成后预计年接待游客超过 3000 万人次，将成为全球规模最大的环球主题公园度假区。

建设和运营如此体量的大型主题公园，背后没有足够的消费活力和城市综合能力支撑，是难以想象的。综合这些因素，北京确实是最理想的选择之一。

当然，引进环球影城主题公园，北京也有着自己的综合考量。这对提振北京消费活力、助力休闲文化产业的发展具有重要意义。

在全国旅游版图上，北京具有相当的地位。但是，此前缺乏一座世界级的主题公园，始终是北京旅游文化产业发展的一个重要软肋。

根据《2020 中国主题公园竞争力评价报告》，2020 年综合竞争力排名前五的主题公园分别是上海迪士尼主题乐园、珠海长隆海洋王国、深圳世界之窗、深圳欢乐谷、深圳锦绣中华民俗村，没有北京的身影。

且从国内十大主题公园的分布看，长三角拥有 4 家，大湾区有 5 家，京津冀仅有 1 家。

在此意义上，北京环球影城主题公园，不光是为北京贡献了一座文化旅游新地标，也将有力缓解整个京津冀区域在高端主题公园发展上的不足。

提升通州，影响全国

打造环球影城度假区，也是北京空间格局优化、推进城市副中心建设的一个重要杠杆。该项目的选址正是北京城市副中心——通州，这是北京全市服务业最大的外资项目，也是城市副中心最大的产业项目。

最直接的是，它能够加速副中心文化产业集群的发展，带动商业、旅游、餐饮、交通等产业和配套基础设施的发展与完善。更深一层，则是提升整个副中心的区域价值。相关方面可利用这个巨大的 IP 来导流，包括人口、投资、产业、就业等要素和资源。

当然，这样一个世界级主题公园的落成，其综合利好，肯定不局限于北京一座城市。和上海迪士尼一样，它所吸引的主要是全国游客，这对于当前扩大国内消费具有积极作用。

对于那些向往主题公园游的国内游客来说，迪士尼乐园和环球影城主题公园双双落成后，意味着基本上不需要出境，就能够有选择地畅游世界顶级主题公园了。尤其是放在当前全球疫情背景下，这个利好就更显突出了。

不过，环球影城主题公园到底能够吸引多少人气，最终还是要看服务说话。特别是面对先行登陆中国市场的上海迪士尼，北京环球影城要想取得成功，势必得在服务和运营水平上拿出过硬表现。

据悉，北京环球影城将世界上先进的文化创意、旅游休闲、科技创新、生态环保等和本土文化元素进行有机融合，有效提升了高端文化旅游要素在本市旅游产业构成中的比重，从而带动相关产业升级发展。

北京环球影城主题公园的特色之一是充分融入中国元素和文化 IP。如一期中国元素占 35%，主要体现在场面设计（演出、巡游、烟火表演等）和视觉方面（建筑形式、餐饮种类）；二期则将完全以中国文化为主，开发建设以中国经典电影为主题的游乐场馆。

这对于国内文化产业，应该说是一个发展、展示和学习的机会。

值得一提的是，日前国务院批准在上海、北京、广州、天津、重庆率先开展国际消费中心城市培育建设。而北京环球度假区的开园，算得上为北京建设国际消费中心城市提供了一个具有代表性的支点。

多年来，内地城市社会消费品零售总额排名，都维系着上海第一、北京第二的格局。现在，两座城市都拥有了顶级主题公园，它们能否带动更多的城市，产生新的变数，值得期待。

近几年，国内主题公园在各个城市可谓遍地开花，除了像迪士尼、环球影城这样的国际大牌，更多的还是本土企业开发的品牌。这是国内主题公园游需求和消费能力提升的必然表现，也是本土企业开发能力进步的结果。

但是国内主题公园同质化、运营能力不足等问题还是比较突出。尤其是一些主题公园的开发者由地产开发商转型而来，在经验、资源、专业能力等方面都存在一些不足。

现在，面对上海迪士尼和北京环球影城一南一北的"强强格局"，本土主题公园该如何回应竞争，并在这种竞争中学到更多，依然是一个需要直面的问题。

（2021 年 8 月 28 日）

凭"房票"买房，
为什么是武汉？

熊　志

2021 年 7 月 28 日，武汉市房管局发布《关于加强购房资格管理工作的通知（征求意见稿）》。意见稿提出，购房先申请购房资格，符合条件才能领到购房的"房票"，有效期 60 天。

这一政策被解读为凭"房票"买房，而"房票"这一称呼，很容易让人联想到计划经济时代的各种票类，因此引发了广泛的关注。那么，到底该如何理解呢？

凭"房票"买房，并非武汉首创

首先，从具体的政策内容来看，所谓的"凭房票买房"，是指在武汉限购区域购买住房的意向购房人，要在申请到购房资格后，才能凭认定结果购房。并且，一张"房票"一次只能登记一个楼盘，登记一次后即时锁定，有效期为 60 天。

因为打上了"房票"的概念，这个政策被视为武汉的首次创新，但事实并非如此。

其实在 2019 年，武汉市武昌区的二手房买卖，就有过类似的试点。而从 2020 年 1 月 1 日开始，武汉已经在全市开始推行商品房资格核查"房票制"，购房者要在房管局申请，审批通过才能够正常买房。这次的新政策，只是延续而已。

而在武汉之外的其他城市，类似的购房资格审查，早已相当普遍。即便是一张"房票"只能登记认筹一个楼盘的措施，也不是武汉开创的。

以杭州为例，2020年发布的《关于进一步明确商品住房公证摇号公开销售有关要求的通知》明确提到，报名参加限购范围内新建商品住房公证摇号销售的购房家庭，在摇号结果公示前，不得参加其他新建商品住房项目的购房意向登记。

其实严格来说，所有针对购房者的限购，都可以理解为"房票制"，只不过有的是以户籍作为审查依据，有的是以连续的社保、个税记录等为依据。所以，武汉的政策，只是限购手段的再次升级，只是因为"房票"的噱头，给舆论造成了一种误解。

当然，武汉推出的楼市新政，也是有一些创新色彩在里面的，其中最突出的是将购房资格审查前置。也就是说，过去是先登记购房意向，交定金，网签时再审查资格，现在是先审查资格，有资格才能去楼盘认筹。

以前，有购房者交了定金，到资格审查阶段又不过关，导致各种纠纷。购房资格审查前置的作用在于，减少不必要的纠纷。提前将不具备购房资格的人"筛"出去，还能减少楼市虚火。

这一招和一对一认筹可以起到组合拳作用，为楼市降温——购房者在意向买房前，要确保有购房资格；有了资格，还得想清楚到底登记哪个楼盘。而相较于过去的一张"房票"可以登记认筹多个楼盘，新政策可以避免楼盘登记人数过多，推高房价上涨的预期。

围绕购房资格审查的改变，以及一对一的认筹机制，至少可以说明两个问题：第一，政府可以动用的调控手段，远比我们想象的要多，更多时候还是决心问题；第二，房地产调控的力度，到了空前强大的地步，房住不炒，稳房价、稳地价、稳预期，不可动摇。

主动加码的武汉，着眼长远发展

这两天，中央层面关于房产调控可谓连出重拳。2021 年 7 月 22 日，国务院召开加快发展保障性租赁住房和进一步做好房地产市场调控工作电视电话会议，提出对调控工作不力、市场波动大的城市，要坚决予以问责。在推出问责机制后没几天，住建部负责人就针对房价上涨过快，约谈了银川、徐州、金华、泉州、惠州 5 个城市。

而对于武汉来说，虽然之前的楼市热度不及深圳、杭州等城市，但主动给自己加码，将购房资格审查的端口迁移，其实也不算太意外。

首先，由于新冠疫情，武汉 2020 年房地产行业受到了较为严重的冲击，楼市也因此受到很大的影响，大量的购房需求积压延后。这就导致 2021 年以来，武汉楼市快速回暖，积压的购房需求集中释放，房价出现了明显的上涨趋势。

国家统计局发布的 70 城房价数据显示，2021 年 3—6 月，武汉新建商品住宅销售价格分别同比上涨了 5.5%、6.7%、7.3%、6.7%，二手住宅销售价格分别同比上涨了 2%、2.8%、3.1%、4.2%。

而武汉在 2021 年 3 月发布的《市保障房管局办理方案》中提到，要确保新建商品住房和二手住房同比价格指数原则上不超过 5%。

其次，武汉在过去这些年大力城建，城市面貌实现了较大的提升，加上良好的区位条件、经济发展迅速，房价也是一路上涨。

对一座城市来说，房价上涨是一把双刃剑。有上涨的动力，说明经济在发展，人口在流入，居民有购买力。但上涨过快、泡沫过大，一方面会挤压实体产业，另一方面也会对买不起房的群体造成挤出效应。

比如，武汉作为高等教育的重镇，拥有百万规模的大学生，人才流失问题却相当突出。为了依托高校优势留住人才，武汉不得不推出"百万大学生留汉创业就业计划"。

而从人口增长趋势看，过去10年，武汉的常住人口从978.5万增长到1232.7万，增量可以排到第九位，但增幅其实要比一些二线城市低很多，包括佛山、南宁、昆明等。

所以，武汉要留住人、留住人才，进一步做大人口规模，就得将房价稳定在大多数人可以承受的范围，楼市调控的需求，自然会相当紧迫。如果任由房价上涨，也会对武汉的留人计划起到负面的作用。

正如新华社时评提到的，"合理房价是一个城市的竞争力所在"。对各大城市来说，稳房价、稳地价、稳预期，减轻房地产依赖，提供更宜居的城市环境，不仅对应着中央的地产调控红线，也是自身长远发展的必然要求。

（2021 年 7 月 31 日）

在校大学生最多的城市，
为何是广州？

朱昌俊

高考志愿填报季，"选城市还是选学校"等话题又热了起来，一些相关的排名再次受到关注。比如，人们会发现，在校大学生数量最多的城市是广州。

截至 2020 年 6 月 30 日，全国在校本专科生数量超过 100 万人的城市仅有 3 座，分别是广州、郑州、武汉。其中，广州以 130.71 万人的数量稳居全国第一。如果加上研究生数量，广州的高校在校学生将超过 140 万人，同样位居全国城市榜首。

说到传统的高等教育重镇，人们首先想到的会是北京、上海、南京、武汉等城市。与其经济实力相比，广州在高等教育上的存在感并不算很突出。

如广州的 "985" "211" 大学仅 4 所，这个数量不仅远低于北京、上海，也仅有西安、南京的一半。在更能代表高等教育含金量的在校研究生数量上，广州也低于北京、上海、武汉、西安、南京。

但是，在在校大学生总量上，广州却一骑绝尘。其原因是多方面的。

常住人口基数大，产业门类齐全

最显而易见的原因是，广东的常住人口多，为广州高校提供了强劲生源。

根据 "七普" 数据，广东常住人口已连续 14 年位居全国第一；和 2010 年第六次全国人口普查时相比，广东新增人口总量也位居全国第一。也就是说，广东的总人口优势还在继续扩大。

事实上，像在优质高等教育资源上存在明显劣势的郑州，其大学生数量目前已经超过武汉，位居全国第二，在很大程度上也得益于河南巨大的人口基数支撑。

并且，相较于内陆地区，广东高考毕业生由于经济、文化等多方面的原因，去外省上学的意愿相对较低，这也进一步增加了省会广州的大学生数量。

但是，仅有人口基数的优势还不够。

广州身为一线城市，经济实力强，产业门类齐全，为高校毕业生提供了大量的就业机会，可以吸引更多的人报考本地大学，在高等教育的投入上也更有底气，这同样是非常重要的因素。

根据相关统计，广州高校毕业生的本地留存率居全国前列。而不少全国性顶级高校的毕业生，也往往把以广州为代表的珠三角地区作为就业首选地。

换言之，广州是在高等教育资源和就业容量上结合得非常好的城市。这与武汉、西安、南京、长沙等高等教育实力不俗的城市，因为产业发展上的差距而对本地大学生留存不足，形成了鲜明对比。

正是因为这种强大的就业容量，广州虽然在顶级高等教育资源上不算拔尖，但其普通高校也不愁招不到学生。甚至，近些年出现一种趋势，不少“双一流”大学在广州开设分校。

与此同时，因为财力雄厚，广州乃至整个广东在高等教育的投入上也更有保障。如2019年全国教育经费执行情况统计公告显示，广东一般公共预算教育经费排名全国第一，是唯一突破3000亿元的省份。

此外，还有两点因素值得注意。首先，广州身处的珠三角，不仅有广州、深圳这样的一线城市，还有东莞、佛山、惠州、珠海等一众二三线城市，其产业发展层次多，对不同类型人才的需求强。因此，广州建大学，尤其是在建设一些偏实用性人才的高等职业技术学校方面的动力非常强。

比如，在广州的82所本专科院校中，专科院校达到了45所，这个数字同样位居全国第一。专科学校虽然办学层次相对较低，但却为广州和整个珠三角输送了大量的产业工人，体现了高校服务于本地经济的能力。

其次，在一定程度上说，产业上的结构差异，也是同为一线城市的广州在高等教育结构上与北京、上海存在明显区别的重要原因之一。如近期挂牌的广州交通大学（筹），其建设的一个重要初衷就是提升广州交通类人才培养规格，满足广州国际综合交通枢纽建设的需要。

挑大梁的省会，包容务实的城市性格

此外，广州的在校大学生数量最多，还因为它集聚了广东省内一半以上的高校。广东目前拥有 154 所高校，其中 82 所都在广州。

而像高校数量排名第一的江苏省，167 所高校中，省会南京只有 51 所，不到三分之一；排名第三的山东省（152 所）与河南省（151 所），省会济南与郑州的高校分别只有 65 所和 44 所，都远不及一半。

按照时下"强省会"的说法，在高等教育方面，广州是妥妥的"最强"省会，没有之一。

这种分布格局，与广东各区域的经济发展不平衡有关，像目前广东经济相对落后的非珠三角地区，仍有不少城市没有本科大学。另外，深圳、东莞、佛山这些经济强市的大学数量也严重偏少，被归到"最缺大学的城市"之列。

因此，整个广东的高等教育人才培养重任大部分都落到了广州的肩上，在校大学生数量自然少不了。

高校和在校大学生数量多，支撑了广州乃至整个珠三角发展的人才需要，同时也为广州的人口增长和活力提供了重要保障。过去 10 年，广州常住人口增长接近 600 万人，在全国仅次于深圳。

正是看到了高等教育对于地方发展的重要性，近些年，不少城市都在竞相争抢高校。而广州案例表明，一个地方要有能力培养人，更要有能力留人。

也就是说，只有经济发展水平和高等教育水平合拍，才能真正让更多的人才"为我所用"，实现社会发展效益的最大化，同时也反过来为高等教育水平的持续提升提供经济基础。

此外，广州在校大学生数量上的"生猛"，与这座城市长期以来所展现的包容、务实的城市性格，也构成了一种自洽。

正是因为包容、务实，它培养并接纳、输出了不同层次的人才，也最大程度为自身发展蓄积了多元化的人力资源支撑。这样的城市品性，值得所有城市学习。

当然，在高等教育方面，广州自身也不是没有烦恼。如其顶级高等教育资源厚度还与其经济实力不甚匹配。而深圳、佛山等珠三角城市也在加速高等教育补课，广州的霸主地位多少面临挑战。

（2021 年 7 月 10 日）

城市生长的澎湃记录

两年前的春天，我与澎湃新闻的小伙伴们在粤港澳大湾区采访。我们从长三角走到珠三角，最后写下《北雄安南大湾，中国"双子星"战略意味深长》收尾，一周 40 个采访点，密度最频的一天跑 4 个城市，最大的感触还是：作为中国经济高速发展的引擎之一，珠三角城市群拔节生长的惊人速度。

深圳自不必说：这座 1979 年才建市的城市，在短短 40 年时间里，从一个默默无闻的小镇到拥有 2000 万人的现代化国际都市，奇迹般崛起于中国南方。而珠海、佛山、东莞、中山、江门……一路走下来，其实很难分清行政区划、城市与城市之间的界限，大湾区"9+2"城市似乎已生长到一起，成为一个巨型有机体。

在长三角，同样的情形也在上演。以上海为中心，加上苏州、无锡、常州、南通、嘉兴、湖州、宁波、舟山，已形成"1+8"的上海大都市圈格局。今年 3 月，与上海 11 号线终点站花桥站相接的苏州 11 号线启动全线试跑，这意味着沪苏两地的地铁网络将完全相接，未来如果你愿意，可以从上海滴水湖站一路坐地铁到苏州的古镇同里。

城市生长，澎湃不息，媒体有责任、有义务将这一伟大的进程记录下来。两年前，澎湃推出"新城市志"栏目，力求用崭新的评论员视角分析解读城市和区域经济，全面记录中国城市狂飙突进新发展，深度解读城市转型升级新突破，如今呈现在读者面前的这部《中国新城市：迈向现代化的创新转型和突破》，就是这一成果的精选结集。

作为改革开放后出生的一代，我们有幸经历和见证了中国历史上发展最快的时期：从 1978 年到 2022 年，中国 GDP 从 0.37 万亿元增长到 121 万亿元，占世界经济的比重从 1.7% 提高到近 18%，排名从全球第十一到第二。中国过去 40 多年的飞跃式发展，放到全球看，也是极其罕见的。

如果说中国改革开放是一部伟大的史诗，那么这部史诗里，当然不止GDP 增长这一条"叙事线"。

20 世纪 80 年代初，作家高晓声发表了名动一时的小说《陈奂生上城》，一个"上"字，形象地揭示出那个年代农村人对城市的态度：新奇、憧憬、忐忑、困惑，甚至不适。只有最敏锐的作家才能预见到，城市化（城镇化）的浪潮将席卷中国，"上城"乃至留在、融入城市会成为几代中国人的集体行动和选择。

改革开放以来，中国开启了人类历史上最为宏大的城镇化历程，改变了延续几千年以农业为主的生活方式，城镇常住人口从 1.7 亿增加到 9.2 亿。到 2022 年末，中国的城镇化率达到 65.22%，几乎三分之二的中国人目前已生活在城市——诺贝尔奖得主斯蒂格利茨曾预言，中国的城镇化将是"21 世纪对世界影响最大的两件事"之一。

与规模宏大的城镇化相伴的，是中国城市的快速生长：截至 2021 年末，中国共有 691 个城市，其中大城市 106 个，GDP 超过一万亿元的城市24 座。

党的二十大报告指出：推进以人为核心的新型城镇化，加快农业转移人口市民化。以城市群、都市圈为依托构建大中小城市协调发展格局，推进以县城为重要载体的城镇化建设。坚持人民城市人民建、人民城市为人民，提高城市规划、建设、治理水平，加快转变超大特大城市发展方式，实施城市更新行动，加强城市基础设施建设，打造宜居、韧性、智慧城市。这些都为媒体做好新时代城市宣传报道提供了遵循、指明了方向。

站在"十四五"的门槛上，城镇化的下一个增长点在哪？有专家指出，中国城镇化率仍有较大提升空间，特别是从区域来看，中西部地区城镇化率落后于东部地区，发展还不充分，未来具有较大的发展潜力。去年5月，中共中央办公厅、国务院办公厅印发《关于推进以县城为重要载体的城镇化建设的意见》，县城将成为未来城镇化的重点支撑。

本书能顺利出版，要特别感谢学林出版社副社长楼岚岚，作为专业出版人，她给我们提供了很多宝贵的意见。我跟岚岚曾经共度一段学习的时光，我们也一起交流了很多关于城市的话题，那些每天都在生长的城市看似宏大、冰冷、与我们无关，但它实实在在地提供了多元的文化，滋养了我们的性格，增进了我们与他人的交往。就像陆铭教授引用陶渊明的千古名句"结庐在人境，而无车马喧。问君何能尔？心远地自偏"时所说，偶尔厌倦了大城市的各种病，那就去用内心的安宁来治，"心远"即可，而未必是归隐山林，毕竟大多数人在大多数情况下还是害怕孤独。

要特别感谢各位撰稿的专家学者、媒体同仁，感谢秦朔、陆铭两位老师的倾情指导和推荐，感谢学林出版社编辑胡雅君的辛勤付出。本书由王磊统稿，陈才、李勤余、沈彬、甘琼芳参与相关编辑工作。限于编者水平，本书一定有不足或错谬，请广大读者给予批评指正，让我们在今后的报道中能够做得更好。

澎湃新闻副总编辑

2023年3月

图书在版编目(CIP)数据

中国新城市:迈向现代化的创新转型和突破/澎湃
新闻编. —上海:学林出版社,2023
ISBN 978-7-5486-1925-3

Ⅰ.①中… Ⅱ.①澎… Ⅲ.①城市化-研究-中国
Ⅳ.①F299.21

中国国家版本馆 CIP 数据核字(2023)第 066543 号

责任编辑　胡雅君　王　慧
封面设计　今亮后声·小　九　白　今

中国新城市
——迈向现代化的创新转型和突破
澎湃新闻　编

出　　版　**学林出版社**
　　　　　(201101　上海市闵行区号景路 159 弄 C 座)
发　　行　上海人民出版社发行中心
　　　　　(201101　上海市闵行区号景路 159 弄 C 座)
印　　刷　上海商务联西印刷有限公司
开　　本　720×1000　1/16
印　　张　28.25
字　　数　39 万
版　　次　2023 年 5 月第 1 版
印　　次　2023 年 5 月第 1 次印刷
ISBN 978-7-5486-1925-3/F·72
定　　价　88.00 元

(如发生印刷、装订质量问题,读者可向工厂调换)